现代旅游职业教育体系研究

杨卫武　郝影利　著

南开大学出版社
天　津

图书在版编目(CIP)数据

现代旅游职业教育体系研究 / 杨卫武，郝影利著.
—天津：南开大学出版社，2015.11
ISBN 978-7-310-05007-9

Ⅰ.①现… Ⅱ.①杨… ②郝… Ⅲ.①旅游教育—职业教育—教育体系—研究 Ⅳ.①F590

中国版本图书馆 CIP 数据核字(2015)第 256294 号

南开大学出版社出版发行
出版人:孙克强
地址:天津市南开区卫津路 94 号 邮政编码:300071
营销部电话:(022)23508339 23500755
营销部传真:(022)23508542 邮购部电话:(022)23502200
*
天津泰宇印务有限公司印刷
全国各地新华书店经销
*
2015 年 11 月第 1 版 2015 年 11 月第 1 次印刷
230×170 毫米 16 开本 14 印张 2 插页 230 千字
定价:30.00 元

如遇图书印装质量问题,请与本社营销部联系调换,电话:(022)23507125

本书得到

上海市第三期双名培养工程职教一组旅专基地

资助出版

序 言

现代职业教育体系是指适应经济发展方式转变和产业结构调整要求、体现终身教育理念、中等和高等职业教育协调发展、满足人民群众接受职业教育的需求、满足经济社会对技术技能人才需求的教育系统。现代职业教育体系以各级各类职业院校和职业培训机构为主要载体，具有适应需求、有机衔接、多元立交的特点。

现代旅游职业教育体系是我国现代职业教育体系的重要组成部分，既包括办学的层次与内容，即与现代旅游业发展业态和技能需求相适应，由旅游中等职业教育、旅游高等职业教育、应用型本科旅游教育以及专业学位研究生旅游教育等上下贯通和有效衔接所组成的多层次的职业教育体系，能够满足各层次的旅游职业人才需求；也包括办学的体制与机制，即办学制度和人才培养模式的具体实施。

目前，我国的旅游职业教育体系已初步建立了初、中、高三级层次。其中，中职和专科层次比较成熟，本科层次定位不清，研究生层次才刚刚开始，还没有博士层次的旅游高等职业教育。总体来看，旅游职业教育仍然存在着社会吸引力不强、发展理念相对落后、行业企业参与不足、人才培养模式相对陈旧、基础能力相对薄弱、层次结构不尽合理、基本制度尚不健全、国际化程度还不高等诸多问题。旅游职业教育各层次之间还没有真正科学、有机地衔接起来，还没有搭起真正的“立交桥”，更谈不上“网状”体系了。因此，旅游职业教育需要建立体系内上下衔接，体系外相互转换的现代教育体系。

本书在参考和借鉴学术前辈以及其他同仁诸多成果的基础上，结合近几年关于旅游职业教育的持续研究和办学实践，力求在现代旅游职业教育体系的构建方面进行些许突破性的尝试与探索。

本书从旅游行业人才需求调研与分析入手，通过解析我国全日制旅游教育体系的现状，总结近几年来我国旅游教育改革的探索与实践，在借鉴国际旅游职业教育体系建设经验的基础上，尝试构建适应旅游业发展的现代旅游职业教育体系。本书内容共分为五个部分，即旅游业发展及旅游人才需求分析、我国全日制旅游教育体系分析、我国现有跨层次旅游教育改革探索、国际旅游职业教育体系研究以及构建适应旅游业发展的现代旅游职业教育体系。最后一部分试图研究构建适应旅游业发展的现代旅游职业教育体系，这也是本书突破性的研究成果。

目 录

第一章　旅游行业发展及旅游人才需求分析

第一节　旅游行业的范围及其我国旅游业总体发展状况

一、旅游行业的范围

（一）世界旅游组织对旅游业的界定

根据世界旅游组织的“旅游卫星账户”（TSA）分类方法，对旅游业范围进行界定，如表 1-1 所示。

表 1-1　世界旅游组织“旅游卫星账户”分类

1	酒店及同类服务业	Hotel and similar lodging services
2	第二处住所	Second home ownership (imputed)
3	餐馆及同类服务业	Restaurants and similar food serving services
4	铁路客运业	Railway passenger transport services
5	公路客运业	Road passenger transport services
6	水路客运业	Water passenger transport services
7	航空客运业	Air passenger transport services
8	交通运输支持服务业	Supporting passenger transport services
9	交通设备租赁业	Passenger transport equipment rental services
10	旅行社及同类服务业	Travel agencies and similar services
11	文化服务业	Cultural services
12	体育和其他娱乐业	Sporting and other recreational services

由于旅游业的层次性特点，即在与旅游活动相关的行业中，有些行业完全或在很大程度上依赖旅游活动而存在，如酒店、旅行社等；有些则是没有旅游活动仍可继续存在，但企业规模会缩小，如交通、饮食、文化娱乐、金融保险等。

另外，专门从事旅游产品设计策划的旅游创意业也属旅游业中的一个专门行业。这里的“旅游产品”是广义的旅游产品，旅游创意业包括景区规划设计、旅游房产设计、旅游服务产品设计、旅游企业管理咨询等。

（二）我国行业管理范围的旅游业

根据目前我国行业管理分工的现状，旅游业涉及如下为旅游者提供服务和产品的行业：

- 客运交通；
- 住宿业；
- 餐饮业；
- 旅游旅行中介；
- 旅游吸引物；
- 商业零售业；
- 文化体育娱乐业；
- 旅游咨询业；
- 旅游装备制造业。

（三）旅游职业教育体系的人才培养类型

1. 第一类别：旅游通用职业人才

通用职业是指社会转型过程中社会分工趋向庞杂和交融，职业边界模糊，一些职业扩散演变为一般或者通用的工作技能。在旅游通用职业人才类别中，这些职业人才既可归属于旅游行业，也可分属于社会其他行业，如工程设备、会计、计算机网络、美工、采购等专业技术人才。

2. 第二类别：旅游特有职业人才

特有职业人才是指必须具备较高的旅游行业的专业知识技能和专业职业素质，并且主要在旅游行业就业的人才，如酒店职业经理人、计调、导游、餐厅服务人员等。这也是我们旅游职业教育体系的重点所在。

（四）本项目所研究的旅游业研究范围

本项目研究的是现代旅游职业教育体系，有些旅游行业如旅游装备制造业不属于旅游教育人才培养范畴，因此，本项目所涉及的旅游业研究范围，如表 1-2 所示。

表 1-2　本项目的旅游业研究范围

序号	旅游产业	产业特征	包含范围
1	酒店及住宿接待业	服务管理型	商务型酒店、经济型连锁酒店、度假型酒店、酒店式公寓、青年旅馆、家庭旅馆、豪华邮轮、野营和房车露营地等
2	餐饮业	产品生产型	酒店餐饮、中餐厅、西餐厅、日本料理、宴会厅、咖啡厅、快餐厅等
3	旅游会展业	策划组织型	展览、会议、节事活动等
4	旅行社业	文化传播型	旅行社、网络旅游服务商等
5	景区行业	休闲接待型	景区、公园、娱乐区、游乐区、主题公园、体育园区、古镇等
6	旅游智力行业	创意型	旅游规划、旅游策划、旅游咨询

二、我国旅游业总体发展状况

（一）旅游总体发展现状

改革开放以来，伴随着我国人均消费水平的不断提升，我国的旅游业快速发展，产业体系日趋完善，旅游业已成为我国国民经济发展速度最快的行业之一。《国务院关于加快发展旅游业的意见》的出台，体现了国家将旅游业打造成为国家战略性支柱产业的战略目标。《意见》中明确提出了“要把旅游业培育成为国民经济战略性支柱产业和人民群众更加满意的现代服务业”①，这给我国旅游业的发展带来了千载难逢的战略机遇。

随着中国迅速成为世界旅游大国，旅游业已经成为中国吸纳就业人数最多的行业之一。2012 年，中国首次成为全球第一大出境旅游消费国，继续保持全球第三大入境旅游国的地位；同时，我国国内旅游发展持续强劲，拥有全球最大的国内旅游市场，在世界旅游发展格局中具有举足轻重的地位。

（二）2012 年国内旅游市场基本概况

2012 年，全国国内旅游人数为 29.57 亿人次，比上年增长 12.0%。其中，第一至第四季度分别为 8.75、6.56、6.95、7.31 亿人次；城市居民旅游人数为 19.33 亿人次，农村居民旅游人数为 10.24 亿人次；过夜游客为 13.03 亿人次，一日游游客为 16.54 亿人次；经旅行社组团出游人数为 9246 万人次，散客人

① 中华人民共和国国务院. 关于加快发展旅游业的意见[OEBL]. http://www.gov.cn/zfwj/.

数为 28.64 亿人次；外地旅游人数为 7.7 亿人次，本地旅游人数为 21.87 亿人次。按出游目的分类，探亲访友占 39%，观光游览占 32%，商务出差占 13%，度假休闲娱乐占 11%，健康疗养占 3%，其他不足 2%。按同行人数分类，一人出行的占 39.4%，两人出行的占 24.2%，3 人出行的占 21.9%，其他共占 14.5%。

国内旅游收入 22706.2 亿元，比上年增长 17.6%。其中，第一至第四季度分别为 6468.3、4660.3、5569、6008.6 亿元；城市居民旅游花费为 17678 亿元，农村居民旅游花费为 5028.2 亿元；过夜游客花费为 16843.9 亿元，一日游游客花费为 5862.3 亿元；经旅行社组团出游的游客花费为 1530.5 亿元，散客花费为 21175.7 亿元；外地游客花费为 10083.5 亿元，本地游客花费为 12622.7 亿元。

国内游客人均花费 767.9 元，比上年增长 4.9%。其中，第一至第四季度分别为 739.2、710.4、801.3、822 元；城镇居民出游人均花费 914.5 元，农村居民出游人均花费 491 元；过夜游客平均花费 1292.7 元，一日游游客平均花费 354.4 元；经旅行社组团出游人均花费 1655.3 元，散客人均花费 739.4 元；外地旅游人均花费 1309.5 元，本地旅游平均花费 577.2 元。按出游目的分类，人均花费从高到底依次是商务出差、观光游览、度假休闲娱乐。

2012 年春节黄金周期间，全国共接待游客 1.76 亿人次，比上年同期增长 14.9%；实现旅游收入 1014 亿元，增长 23.6%。中秋/国庆 8 天假日期间，全国共接待游客 4.25 亿人次，按可比口径增长 23.3%；实现旅游收入 2105 亿元，按可比口径增长 26.3%。两个“黄金周”长假实现的旅游收入占全年国内旅游收入的 13.7%。

（三）2012 年国内旅游市场主要特点

（1）总体保持平稳较快增长。2012 年，我国国内旅游市场在国际经济不景气、国内经济发展趋缓的形势下，仍保持快速增长的势头。国内旅游人数和旅游收入分别增长 12%和 17.6%，处于近年来增长较快的水平。旅游收入增幅高于旅游人数增幅，游客人均消费持续增加。2012 年城镇居民和农村居民旅游人数增长分别为 14.6%和 7.3%，旅游花费则实现双位数增长，分别达到 19.4%和 11.8%。我国国内旅游消费人均增长缓慢甚至城镇居民人均旅游花费一度下降的态势得以扭转。各季度的数据也充分体现出国内旅游市场良好的稳定性。

（2）拉动社会消费的作用持续扩大。国内旅游市场的主体作用进一步凸显，旅游人数和旅游收入占旅游接待总人数和旅游总收入的比重分别达到95.7%和87.9%。国内旅游人数占全国客运量比例达到7.8%，国内旅游收入相当于当年国内生产总值（GDP）的4.4%，相当于当年第三产业增加值的9.8%，相当于社会消费品零售总额的11%。乡村旅游带动了1500万农民就业。从国内旅游消费结构看，旅游对交通、餐饮、购物的经济拉动进一步扩大。2007年国内旅游消费中，交通、餐饮、购物的比例分别为24.5%、15.1%、16.5%。2012年，散客外地旅游花费构成为：交通37.5%，餐饮20.4%，购物18.6%；散客本地旅游花费构成为：餐饮30.5%，交通25.7%，购物23.8%。旅游业对就业、扶贫、区域增长等方面的作用更加显著，更多的地方将旅游业作为促进国民经济增长的战略性支柱产业，统筹城乡发展的龙头产业，城市转型发展的先导产业。

（3）市场结构的大众化、散客化趋势更加明显。近年来，城镇居民旅游市场保持较快增长，2012年旅游人数和花费的占比分别达到65.37%和77.86%。一日游市场成长较快，2012年旅游人数和花费的占比分别为55.9%和25.8%。散客市场比重进一步上升，2012年旅游人数和花费的占比分别达到96.9%和93.3%。城镇居民经旅行社组团出游人数为7530万人次，占城乡经旅行社组团游客总人数的81.4%，且主要集中在第三季度，占城镇居民组团出游总人数的43.8%。第一季度为旅行社组团出游淡季，仅占全年12.1%。

（4）区域出游的比重差距继续缩小。除华东地区出游率明显较高外，华北、东北、中南、西南和西北五个地区的出游率差异并不明显。国内旅游市场分布进一步向均衡化发展，对优化市场结构、产业布局和公共服务起到促进作用。2012年外地游出游率最高的为华东地区，其次是华北地区，西北地区出游率最低。本地游出游率前五名依次为上海、浙江、福建、北京和广东。

三、我国酒店业发展现状与趋势

（一）我国酒店业发展现状

2013年，酒店业正处在深度转型期。在全球经济增长明显放缓、中国经济下行压力、入境旅游者减少以及公务接待量下降的多重压力下，酒店行业在前20年高速增长的势头已经放缓，企业面临着转型升级、面向大众发展的新任务。在此种情况下，酒店企业应清醒地认识到，市场结构的调整是长期趋势，不可逆转，酒店业要适应外部环境变化的趋势，积极转型升级。

1. 酒店数量及规模

根据国家统计局公布的数据，截至 2012 年底，全国共有 11367 家星级酒店，拥有客房 149.72 万间、床位 267.74 万张；拥有固定资产原值 4767.54 亿元；实现营业收入总额 2430.22 亿元；上缴营业税金 152.95 亿元；全年平均客房出租率为 59.5%。11367 家星级酒店呈正态分布：五星级酒店 640 家，四星级酒店 2186 家，三星级酒店 5379 家，二星级酒店 3020 家，一星级酒店 142 家。

表 1-3　星级酒店综合情况

合计	酒店数（家）	客房数（间）	床位数（张）	客房出租率(%)
五星级	640	252035	385219	59.91
四星级	2186	437364	827957	60.63
三星级	5379	603185	1081088	59.24
二星级	3020	197534	369338	57.26
一星级	142	7070	13834	54.35

从总体存量上看，多数本土酒店集团在 2012 年实现了规模上的快速增长。与 2009 年相比，国内酒店总数增加了 369 家。酒店数量超过 50 家的集团有 15 个，比 2011 年增加了 4 个。而国际酒店集团方面，英国洲际酒店集团、香格里拉酒店集团、美国喜达屋国际酒店集团等三家跨国巨头在华的酒店客房数均已突破 1 万间。

2013 年第一季度我国国民生产总值为 118855 亿元，同比增长 7.7%，低于上一年同期的 8.1%的增速，也比上一年四季度的 7.9%略有下降。一系列经济数据显示，我国经济增长正在放缓。

在住宿和餐饮行业，一季度全国餐饮业收入累计 7712 亿元，同比增长 8.3%。同时，住宿与餐饮业收入合计同比增长 4.5%，增速低于国民生产总值。国家旅游局发布的住宿与餐饮业景气指数以及企业家信心指数也分别从上一年同期的 117.5 和 121.1 下降到 79.8 和 81.2，下降相当明显，数字也远低于其他行业。住宿与餐饮业整体增速缓慢，经营不景气。

根据典型企业数据显示，2013 年 1～4 月份酒店市场经营情况与去年同期相比，总营业收入同比下调 16.43%，平均出租率同比下降 9.31%，平均房价同比下降 7.2%。整体营业收入中，餐饮销售额下降了 17.25%，下降幅度较大，客房销售额下降 9.57%。行业整体营收数据全线下滑，企业经营困难。

2. 酒店档次

不同酒店集团选择不同市场档次定位战略，全面覆盖型、高档集中型和低端集中型品牌格局正在形成。

本土酒店管理集团方面，高星级酒店的发展占据主导地位，四星级、五星级酒店在本土酒店管理集团中所占比例高达70%以上。与此同时，经济型档次酒店只有港中旅、锦江国际等极少数集团的数量有较大增幅。而与之相对的如家、格林豪泰、7 天等经济型集团快速扩张，均已进入全球酒店集团50 强。而国际酒店管理集团方面，大多数的国际酒店集团还是以中、高端档次酒店为主，只有少数酒店集团是以全档次酒店配备进行全方位发展的，如洲际集团、雅高集团和温德姆集团在中国市场都同时拥有相当数量的顶级五星级酒店和三星级、四星级的经济型快捷酒店。

3. 酒店类型和品牌

从酒店类型的布局来讲，各集团展开了不同类型酒店品牌的布局和扩张，并逐渐形成了三大集团阵营：

第一阵营，全品牌型酒店集团，如锦江国际、港中旅、洲际集团、雅高集团等，旗下的酒店品牌覆盖了旅游度假型、会议商务型、中档商务型、经济快捷型等几乎所有的酒店类型；

第二阵营，高端品牌型酒店集团，如开元集团、首旅建国、凯悦集团、万豪集团、香格里拉集团等，旗下的酒店品牌档次定位主要集中在高端五星级、四星级酒店，但是类型也主要以豪华商务、综合会议、度假和主题精品酒店为主；

第三阵营，中低档酒店集团，如格林豪泰、如家、7 天等，主要以三星级及以下的经济型酒店作为主营项目。

4. 酒店分布区域

城市化及市场竞争压力进一步推动酒店向二、三线城市布局，全国性市场基本形成，但区域发展水平不均衡。

以北京、上海、广州、深圳为主导的一线城市酒店业绩指标在2012 年都实现了显著的增长，二线城市业绩指标涨幅则趋于平缓。过度供给仍然是中国大多数酒店市场所面临的问题。

（二）我国酒店业发展趋势

1. 酒店发展集团化

在国际化程度越来越高的酒店行业，集团化成为中外酒店经营管理不可避免的潮流与趋势。面向未来，中国需要能够参与国际竞争的旅游酒店企业集团，否则，将严重阻碍我们成为旅游强国的进程。

同时，我们应该清楚地认识到，中国酒店业集团化的状态和国际酒店集团相比，仍有很大差距。从经营规模、知名度、经营管理体制、人才培养机制、品牌效应、市场拓展、对外形象、宣传包装、酒店特有文化、分销渠道等各方面，中国的酒店集团在短时期内都很难与国外大型酒店集团形成有力的竞争，因而，未来的五年将是我国本土酒店管理集团迅速发展、迎头赶上的黄金时期。

2. 信息化、智能化发展趋势

掌握国际酒店业最前沿的东西，比如信息科技在酒店业的应用，这些我们虽然已经在做了，但还处于初级阶段。与国内其他行业相比，酒店业常为自己与国际接轨较为顺畅而自豪，但用国际标准来衡量，我们还有许多要掌握和运用的东西。随着 IT 技术等高新技术的发展，客房的创新也尽显高科技的踪迹，行业信息化、网络化、智能化将成为新的趋势。

3. 星级酒店规模和效益呈持续稳定增长

我国国内社会稳定、经济持续增长、人均收入增加、生活条件改善、旅游休闲成为时尚，为国内酒店快速发展创造了良好的基础条件。联合国世界旅游机构预测，到 2020 年，中国可能超过法国成为世界第一大最受欢迎的旅游目标国，入境过夜旅游者为 9500～13900 万人次，年平均增长率为 5.7%～7.75%。2020 年全球将有 16 亿国际游客，中国将有 1.3 亿游客入境，有可能成为世界上第一大入境国。

4. 高档次酒店发展迅速

目前，我国星级酒店数量尚不及德国、英国、法国和意大利平均水平的一半。目前中国星级酒店的客房总数约为 200 万间，预计 5～7 年内能够增长到 500 万间。中国的酒店市场有望在 5～10 年内超过美国。据权威机构估算，未来十年高端酒店数的年均复合增长率将在 15.0%以上，因此，未来高端酒店的增长速度来源于新建高端酒店的增长速度。

5. 中国高端酒店的主流变为房地产开发业加跨国公司品牌

在未来相当长的一段时间内，中国酒店业的高端酒店市场将继续以本土房地产开发业加跨国公司酒店管理品牌的合作模式为主流，原因是本土酒店管理集团与国际知名酒店管理集团在高端酒店的管理经验、运作模式、人才储备以及品牌建设等诸多方面还存在差距。地产开发商借助跨国公司酒店管理品牌的引进来提升地产项目本身档次和附加值的营利模式，更是助长了此风的盛行，也进一步削弱了本土酒店管理集团在国内高端酒店管理市场的占有率。但是，我们应该看到，本土酒店管理集团也清醒地认识到了自身的差距和不足，在大力扩展管理酒店数量的同时，也注重狠抓内部管理制度、品牌建设、人才培养和引进机制以及信息化建设，从而进一步缩小在这些方面与国际酒店管理公司的差距，在中国高端酒店管理市场上逐步扩大自身的影响力。

6. 休闲度假酒店的需求将迅速增长

随着旅游的持续发展，休闲度假旅游将逐渐进入民众的生活，度假型酒店适应了目前中国旅游业由观光型向休闲度假型转变这样一个大的发展趋势。据统计，我国的度假酒店还没有世界顶级产品。在旺盛的酒店需求推动下，众多世界顶级的酒店管理集团正在中国迅速布阵，未来几年很可能将催生出世界一流的奢华旅游产品。

7. 经济型酒店仍将继续发展，品牌整合会加快

近年来经济型酒店快速发展并形成了三大阵营：其一是全国性的国内经济型酒店品牌，如如家快捷、锦江之星、七天连锁等；其二是区域性的国内经济型酒店品牌，如上海莫泰 168、重庆扬子江饭店等；其三是国际经济型酒店品牌，如美国温德姆集团旗下的速 8、法国雅高集团旗下的宜必思等。

虽然涌现出许多经济型酒店品牌，但根据经济型酒店网统计的数字，目前全国百余个经济型酒店品牌中，连锁规模达 50 家以上的只有 10 家，连锁规模 10 家以上的也仅有 25 家。2007～2008 年，前 10 大经济型酒店品牌市场占有率更是由 85%下降至 38%。究其主要原因，无非是过度发展导致竞争加剧，尤其是以短期投机为目的、期待把企业迅速做大上市或转手套现的投资者的加入，更加大了经济型酒店行业发展的未知性。

未来 3～5 年，一方面经济型酒店市场仍将以资本的较量、发展速度的较量为主，另一方面，酒店品牌建设的竞争、服务质量的竞争以及综合管理能力的竞争将越来越在竞争中占据主导地位。那些资本势力较弱、只注重规模而没有核心竞争力的企业必将面对被兼并、被收购的命运。从静态的角度来看，国内二、三线城市乃至农村市场仍有广大的酒店发展空间，而大量存在且分布极广的低端无品牌的旅游星级酒店也为优势品牌的兼并、收购提供了广阔的市场。从动态角度来看，市场未来的格局将是以 10 余家著名酒店品牌为主导，市场占有率在 50%以上。

8. 会议会展和奖励旅游市场将快速增长

我国会议会展和奖励旅游市场的快速发展，已经成为国内城市酒店需求增长的主要驱动力。据国际会议协会公布的最新统计数据，2000 年至 2009 年间，中国国际会议市场年平均增长率达到 12.8%；2009 年全国共举办国际会议 245 场，全球排名第九；会议会展和奖励旅游参与人数全球排名第九，居亚太区第二位，仅次于日本。预计在未来的 3～5 年中，我国的会议会展和奖励旅游市场还将会以每年 8%左右的幅度增长，有望在 2015 年跻身世界前五名。

从地域上看，由于北京、上海、广州作为我国重要的门户城市，拥有成熟的基础设施，并且积累了一些举办该类活动的宝贵经验，因此在会议展览市场上占有较大份额。但是，同时我们也应该看到，如成都、重庆、大连这样的二线城市，在该市场上也开始有所作为。

根据仲量联行酒店集团 2010 年对会议组织者所做的调研，杭州、广州、丽江、南京、三亚、深圳和西安是最受推崇的新兴会议目的地。因此，可以预见，会议会展和奖励旅游市场的需求将继续成为这些城市酒店业未来 5 年发展的关键因素。

9. 互联网将成为酒店营销的最大平台

我国互联网发展有三个新动向：一是从应用领域看，我国互联网正从信息传播和娱乐消费为主向商务服务领域延伸；二是从服务模式看，互联网正从提供信息服务向提供平台服务延伸；三是从传播手段看，传统互联网正在向移动互联网延伸。

中国网民数达 4 亿人，已经超过美国，成为世界上网民人数最多的国家。互联网的飞速发展及消费者生活网络化的潮流，使得越来越多的旅行者通过网络自主预订房间。

据统计，2007 年起，中国在线酒店预订量以每年 40%的速度快速增长，到 2013 年，中国在线旅游市场规模已突破 130 亿元。

随着越来越多酒店纷纷建立官网，开始深入挖掘旅游业与新兴互联网行业交错的这一广大领域，未来网络在线预订、电子邮件营销、网络互动式营销、微博营销、手机移动互联网应用程序营销以及酒店搜索引擎将成为最流行和最有效的酒店营销方式。可以预见，未来一段时间，网络互动服务将成为消费者最关注的酒店服务内容之一，而自主预订也将成为市场主流。

10. 酒店服务将进入定制化阶段

所谓定制化服务意识模式，就是酒店为迎合消费者日益变化的消费需求，以针对性、差异性及个性化的产品和服务意识来赢得市场的服务意识模式。

切实贯彻定制化服务模式，就要求酒店企业深入细分客源，根据自身的经营条件选准客源市场中的一部分作为主攻对象;通过建立科学的客史档案，灵活提供各种“恰到好处”的服务；强化客源管理；以独特的主题形象深入人心，在充分理解顾客需求和顾客心态的基础上，追求用心极致的服务，和顾客建立一种稳定的、亲近的关系。

11. 酒店管理向人性化发展

从长远来看，随着经济发展以及工资水平全球化进程，人才竞争势必成为酒店业生存竞争焦点的焦点。因此，酒店企业将会更多地采用以人为本的管理方式来密切企业与员工的关系。未来的酒店企业将会更加注重提高员工的知识含量，在人员培训上，将会以一种“投资”观念舍得较大投入。在酒店企业内部，将会建立一套按能授职、论功行赏的人事体制，通过员工的合理流动，发挥员工的才能；通过目标管理，形成一套科学的激励机制，在企业内部做到自发自主；通过酒店企业文化，利用文化的渗透力和诉求力，培养忠诚员工，确保酒店企业人力资源的相对稳定。

12. 创建独具特色的酒店文化成为潮流

从整体上说，目前我国酒店业是供大于求，进入了买方市场。同时，由于大部分酒店提供的是简单重复的产品、重复的服务，采取的是同样的竞争战略、同样的营销模式，使得这种供需矛盾显得更加突出。而解决问题的根本出路在于创新。

全方位实施组织创新，完成制度创新、管理创新、技术创新等，为酒店打造核心竞争力。同时，随着酒店文化越来越受到客人追捧，创建独具特色的酒店文化成为当前酒店业创新的新课题，能否利用酒店所创建的独特文化氛围来吸引客户，为客户带来不同的文化体验和认同感，将是塑造酒店优势品牌的关键。

13. 绿色环保概念大行其道

随着酒店业人力成本、能源成本和行政管理成本的不断提升，加上酒店行业能源高消耗、人员高密度的特点，酒店行业利润的不断压缩。如何节约运营成本，提高酒店利润率越来越成为酒店从业人员的重点研究课题。因此，在环保意识日益增强的今天，“绿色客房”已经从创新走向了成熟。大量的绿色酒店将进入市场，并且将利用先进的节能手段及环保方法，在酒店压缩能耗支出方面发挥作用。

14. 中国酒店业未来在档次、类型和分布地域上的发展趋势分析

（1）酒店档次

从酒店档次上看，未来十年高端酒店数的年均复合增长率将在 15.0%以上。目前五星级酒店存量较多的锦江国际、开元集团、首旅建国、世贸君澜等集团，仍在高速吸收五星级酒店项目，未来 3 年内五星级酒店数量均几近翻倍；而高端酒店市场将依然在很大程度上被国际酒店管理集团所把持。

中端酒店市场将形成国内酒店管理集团和国外酒店管理集团相互竞争、各显神通的局面。由于国际酒店管理集团高端品牌的巨大优势，国内酒店管理集团陆续将发展重心向四星级、五星级的中端酒店市场偏移，利用本土酒店集团在一定区域内的影响力及局部优势与国际酒店集团展开竞争。多数本土酒店管理集团对四星级酒店的发展力度将进一步加大，预计未来 3 年内的增幅将达到 40%以上。

低端酒店市场将面临行业洗牌。由于在运作成本、管理体系、营利模式及扩张模式等多方面矛盾的逐步显现，规模较小的集团将逐步退出低端酒店市场，而具有相当规模的经济型酒店集团将继续扩张，从而形成“强者恒强，弱肉强食”的局面，在发展速度上则趋于平缓。三星级档次酒店数量未来三年将总体呈下降趋势。

（2）酒店类型

从酒店类型上看，随着我国旅游业的持续发展，以及国民收入的不断提高，休闲度假旅游将成为国民的主要休闲娱乐方式之一。在旺盛的酒店需求推动下，度假型酒店的发展将使本土酒店有机会脱颖而出，催生出具有中国特色的顶级旅游度假酒店品牌。

经济型酒店仍将继续发展，品牌整合也将加速进行。由于前期的过度发展，导致竞争加剧，尤其是以短期投机为目的，期待把企业迅速做大上市或转手套现的投资者的加入，加深了经济型酒店行业发展的未知性。未来 3～5 年，一方面经济型酒店市场仍将以资本的较量、发展速度的较量为主，另一方面，酒店品牌建设的竞争、服务质量的竞争以及综合管理能力的竞争将越来越在竞争中占据主导地位。那些资本势力较弱、只注重规模，而没有核心竞争力的企业必将难逃被兼并、被收购的命运。

另外，我国会议会展和奖励旅游市场的快速发展，已经成为国内城市酒店需求增长的主要驱动力。预计在未来的 3～5 年中，我国的会议展览和奖励旅游市场将会以每年 8%左右的幅度增长，因此，综合会议型酒店将在未来

的 5 年时间成为城市酒店业的新生力量。

根据市场客源、地域、文化等多方面因素的不同组合，将催生更多类型独特的酒店，比如为了节约运营成本而推出的有限服务中档商务型酒店、赋予酒店一定的文化氛围和当地民族特色的主题酒店，等等。

（3）酒店地域分布

从酒店地域分布上看，北京、上海、广州和深圳等一线城市以及经济发达省份的省会城市的酒店几乎已经趋于饱和状态。因此，未来 3～5 年许多酒店集团将逐渐向中西部地区和经济欠发达地区的三线以下城市布局。而酒店在国内主要旅游城市布局的速度也将继续加快，总体上来说，未来 3～5 年我国酒店发展的区域分布将呈现如下趋势：

- 向经济欠发达省份及沿海地区的二、三线以下城市扩张；
- 向经济发展较为滞后的中、西部地区中经济发展较好的省会城市扩展；
- 向旅游资源丰富，但尚未完全开发的次要旅游城市或者地区发展；
- 新兴的二线城市会展目的地，或者国家将重点发展的二线城市或经济区域，将成为酒店布局和竞争的主要区域。

（4）酒店数量及规模

未来 3～5 年我国高档次酒店将继续高速发展，预计 5～7 年内我国的酒店客房数量将能够增长到 500 万间。

预计未来 3 年里，上海拥有的国际品牌酒店客房数量将居于全国首位，预计将高达 52000 间客房。其次是北京、广州、重庆、大连、深圳的国际品牌酒店客房数量也都将超过 9000 间。目前，这些国际品牌星级酒店正在筹划和筹建阶段，它们对市场的影响将在未来几年逐步显现。

四、我国餐饮业发展现状与趋势

（一）我国餐饮业发展现状

“民以食为天”。长期以来，餐饮业作为第三产业中的主要行业之一，对刺激消费需求，推动经济增长发挥了重要作用，在扩大内需、安置就业、繁荣市场以及提高人民生活水平和质量等方面，都做出了积极贡献。

但是，近几年来，我们可以看到，由于受国内外经济增长放缓、食品安全等不确定因素增多的影响，餐饮业营业收入增幅也相应降低，与前几年的高速增长相比，已出现明显放缓迹象。餐饮业已进入下一个发展周期。餐饮业发展现状为：“步入十年低谷”。

2012年，餐饮行业在发展的同时，面临着食品原材料成本上升、劳动力成本提升、管理人才匮乏、成本控制难等多方面的问题，行业竞争愈演愈烈，全国各地传出的信息除了显示餐饮企业营业收入增幅放缓、成本高起、利润下滑外，更是出现了波及较广的倒闭潮。中国烹饪协会曾经在《2012年上半年餐饮行业形势分析》报告中指出，餐饮企业月倒闭率高达15%，表明2012年我国餐饮业的发展现状和前景都不乐观。整个餐饮行业增速陷入2000年以来除2003年非典时期之外的最低谷。

中国烹饪协会2013年第一季度餐饮行业分析报告中指出：根据国家统计局数据，2013年1～2月份，全国餐饮行业收入4030亿元，同比增长8.4%，比去年同期下降4.9个百分点，这一同比增幅相较于2012年下降了36.8%，而且是近10年来，1～2月份数据第一次出现个位数增幅。特别是限额以上企业的餐饮收入1278亿元，同比下降了3.3%，比去年同期下降17.3个百分点，出现了中国餐饮业改革开放以来的首次负增长。

2012年1～5月，北京餐饮业实现收入330亿元，同比增长11.1%，增幅低于全市社会消费品零售总额2个百分点；上海餐饮行业收入增幅多年来首次跌入个位数，年均增幅不足8%；而湖北餐饮行业在高速发展十多年后，省餐饮协会调研显示，该省75%餐饮企业处在盈亏边缘，三成生存困难，濒临倒闭；厦门地区不少餐饮企业的利润率只有3年前的三分之一，仅有30%的企业有经营利润。餐饮业不仅中式餐饮陷入困境，连洋快餐也受到波及，百胜餐饮与去年相比，由于通货膨胀，营业利润同比下滑4个百分点。

2012年餐饮行业首现“减法”，每月平均有超过100家餐饮企业倒闭，新开餐饮企业只有七八十家的现象；据上海市食药监部门介绍，2012新核发餐饮企业的6800多家，“关停”的餐饮企业7000多家，首次出现“倒挂”，即核准新开的餐饮企业数小于关停的餐饮企业数。2013年年初，随着中央改变作风“八项规定”及“六项禁令”的深入推行，高端餐饮纷纷迈入“寒冬”。春节期间，北京、上海、苏州、成都等大中城市的高端餐饮酒店、会所等生意冷清，营业收入普遍比去年同期下降20%左右，一些企业下降幅度超过30%，个别四星级、五星级酒店甚至首次出现春节歇业的现象。种种迹象表明，餐饮业发展形势严峻，未来餐饮业将面临新一轮洗牌，多重因素影响餐饮业发展。

（二）我国餐饮业的发展特点

在国内外经济增速放缓的大背景下，一方面，中央“八项规定”和“六项禁令”深入推行，另一方面多地出现H7N9禽流感，以及日益突出的食品安全问题等，多方面因素齐聚餐饮业，造成餐饮业出现拐点。餐饮行业经营开始面临困境，探究原因和整合分析将成为行业谋求发展的重要保障。

1. 餐饮业面临高成本、低利润等现实压力

“四高一低”是目前餐饮行业面临的主要困境，即房租、人工、原材料、水电成本高；门店销售难增长，利润水平持续低。

（1）房租10年来上涨近4～5倍

有媒体调查显示，有些企业门店的续租租金上涨达100%，甚至更高。一般餐饮企业房屋租金，有些都占到营收的40%～50%，经营非常难。

（2）原材料普遍涨价

据一家大型连锁餐饮企业介绍，食材成本占收入比重近4成。据2012年数据，食材普遍上涨20%，如牛肉原来每公斤50元，现在已涨到60多元。羊肉去年每公斤不到40元，现在接近50元。

（3）人工成本加速上升

人工工资约占收入的2成。2008年全国餐饮业从业人员月平均工资为1500元，现在全国餐饮业从业人员月平均工资为3000元以上，工资增速较快，将近翻了一番。

（4）水电能源价格超高

中国餐饮百强南京大惠介绍，餐饮业与工业都是平等的市场主体，但水电气价格比工厂却高一大截。如水价每吨高0.7元，电价每度高0.165元。

此外，不同行业的刷卡手续费率更是不同，餐饮业刷卡费用受行业“歧视”。餐饮业净利润不到10%，但刷卡手续费就曾高达2%（后降到1.25%），在各行业中最高。银行人士证实，餐饮业刷卡手续费率甚至比房地产、零售等其他行业高一倍，与珠宝等奢侈品行业的费率相当。这意味着，刷卡手续费将吞噬掉餐饮业15%的利润。南京一家大餐馆，一年刷卡手续费就交了近400万元。尽管2013年餐饮刷卡手续费下调，但费率还是高于其他行业。

综合以上所述，加之食品安全、消费投诉、媒体曝光风险高，这些都在无形中增加了餐饮企业的运营成本，压缩了利润空间，因此餐饮行业利润下降在所难免。成本高，利润低，一旦挣不到钱，关门倒闭将成为必然。

2. 政策因素对餐饮行业发展的影响不容忽视

餐饮业进入“微利”期，倒闭的中小餐饮企业一家接一家。2012年，“八项规定”出台后，反奢靡之风使餐饮业首当其冲，加速了餐饮业转型的到来。

2013年年初，在反对公款消费之风的影响下，众多餐饮企业大量政务酒宴订单流失，成为此后影响高端餐饮业的主要原因，这部分餐饮收入的消失将直接导致酒店或餐饮店经营利润的急速下跌，未来部分高端酒店餐馆的经营前景不容乐观。

3. 食品安全问题将继续影响餐饮行业

近年来，餐饮业食品安全事件不断出现，“地沟油”“人造鱼翅”“化学火锅”“毒餐盒”“麦乐鸡”等问题再次将餐饮食品安全推向风口浪尖。2012年10月，北京市卫生监督所发布，预计2013年6月，全国餐饮业将发布首个食品安全“国标”。目前该标准已覆盖餐馆、快餐店、小吃店、饮品店、甜品站，还包括食堂、中央厨房等集体就餐、送餐单位等。

这项标准的出台，有助于预防、控制食源性疾病。例如日式餐馆中的三文鱼等生食水产品，过去没有明确允许含有多少致病细菌的标准。“国标”出台后，细菌含量多少将有强制性指标，餐馆必须保证“不超标”。另外，如果市民就餐后发生食物中毒、身体不适等情况，卫生部门可以依据这一标准、化验餐馆的饭菜，从而查明是否与饭馆饭菜不卫生有关及餐馆该负多大责任等，并按照相应的法规处理。

在此情况下，餐饮企业欲上市，将面临更大的压力。因为首当其冲的除了企业盈利水平外，还要受食品安全影响。

（三）我国餐饮业发展趋势

随着经济全球化的深入发展和对外开放水平的不断提高，中国餐饮业将呈现五大新的发展趋势。

1. 餐饮消费的方式越来越呈现多元化和现代化

未来一个时期，个人旅行、公务差旅、商务活动、居家消费、休闲娱乐等，都将突破传统的商务餐、家庭餐等范畴，餐饮服务将进一步拓展到自助、宴席、配送等领域。在我国东部沿海城市，快餐市场已经占到限额以上连锁餐饮企业营业额的半壁江山。这一趋势还将带动更多各具特色的消费方式的创新。

2. 餐饮经营的取向将越来越集团化和品牌化。

从2009年到2012年，我国前100强餐饮企业的营业额占全行业比重从4.9%上升到7.7%，平均单家营业额从1.8亿元上升到6.8亿元。这些大型企业集团都拥有自身的服务品牌，几乎全部采取品牌连锁经营。但从国际市场来看，美国前50名餐饮企业营业额占美国行业比重高达20%以上。未来一个时期，中国餐饮业集中度还将有进一步提升的空间。

3. 餐饮服务的内涵将越来越人性化和生态化

近年来，“绿色餐饮”的理念深入人心。有关部门和行业组织已经正式启动“全国餐饮绿色消费工程”，并开展了全国绿色餐饮企业认定工作。随着消费日趋重视生活质量和品味，餐饮业将更多地将自身发展与环境保护、资源节约、健康生活等密切结合起来。

4. 餐饮文化的传播将越来越国际化和市场化

随着中国与世界各国的经济文化交流日益频繁，东西方餐饮文化也在一定程度上得到融合。2010 年，中国餐饮企业营业收入前 100 位企业当中，外商投资企业营业总额占 1/4。今后，不仅会有一大批外资餐饮企业分享中国市场，还将会有更多具有优势的民族餐饮企业走出去，在世界范围内弘扬和创新中国餐饮文化。

5. 餐饮市场的消费越来越农村化和扩大化

当前餐饮业的消费需求主体是来自城镇的居民，而农村餐饮这个庞大的市场还没有真正启动。从餐饮市场的连续性和可持续性看，巨大的农村餐饮市场未来将为我国餐饮经济提供广阔的发展空间。

然而，在中国餐饮行业目前高速发展与未来发展趋势的背后，却是专业从业人员大量紧缺。人才紧缺渐成中国餐饮业高速发展的短板。目前，中国餐饮就业人数逾 2200 万，每年新增就业岗位 200 多万个，但专业的烹饪人才仍然十分紧缺，烹饪人才的专业技能培训和综合素质培养方面存在严重不足。如何解决专业烹饪人才需求方面的问题，是当下中国餐饮行业面临的一个严峻考验。

五、我国旅游会展业发展现状与趋势

会展经济，属于现代社会的高端服务业，是集经济社会乃至政治社会文明成果的交流、集聚、放射、扩大于一身的特殊产业。会展业已经不是过去那种简单商品买卖交易集散地，它汇聚了巨大的信息流、技术流、商品流和人才流，是体现产品或技术市场占有率及盈利前景的晴雨表，不断的推动商品贸易、投资合作、服务贸易、高层论坛、技术和文化交流等各方面的发展与进步。

国际会展业已经经过了 150 多年的发展，运作模式已非常成熟。在此过程中，德国、法国、美国、新加坡等发达国家和中国香港地区一直是会展业发展的领先者，其在长期发展过程中逐步形成了政府推动型、市场主导型、协会推动型、政府市场结合型四种成熟的运作模式，并且凭借其在科技、交通、通信、服务业等领域的领先优势，在世界会展业发展过程中占有着绝对的优势。会展业的不断发展对一个国家和地区的国民经济的快速发展发挥着积极而重要的作用。正因为如此，世界各国及地区都十分重视会展业的发展。

（一）我国会展业的发展现状

1. 国内展览稳步发展，结构进一步调整优化

近十年来，中国会展业以年均20%的速度增长。据中国会展经济研究会专业委员会统计：截至2012年底，全国展馆数量为7083个，总面积为8467万平方米，比2011年增加了294万平方米，展览面积增长3.59%。从展会规模上看，10万平方米以上的大型展馆达到90个；5万到10万平方米的共有211个，许多展馆规模不断扩大。制造业、信息产业、文化产业、服务业等行业的展览会数量增多，其中服务业展会总面积达到约1100万平方米，充分体现了转方式、调结构的态势。

2. 出国展览克服危机影响，总量实现平稳上升

与国内展览相比，出国展览受到国际经济形势更为直接的影响，但国际市场对中国商品的刚性需求以及境外知名展览会的品牌效应、高水准的专业观众组织水平，使得中国企业对于出国展仍然有较强的需求，其发展空间仍较大。新兴经济体和广大发展中国家越来越受到中国参展商的重视。2012年，我国共实施出国办展约1500项，比2011年增加了150项，展出面积近70万平方米，同比增加10万平方米，参展企业5万家。出展项目规模平稳上升；参展地域分布相对稳定，欧美市场仍占主导地位，新兴市场发展迅速；行业分布方面，机电产品类的展览项目所占比例上升；自办展和品牌展效果进一步提升。

3. 地域开展扩大化，发展到多个城市。

据中国会展经济研究会的数据，2012年全国至少在500多个城市或城市以下区、镇等地举办过展览、会议和节庆活动。

4. 参展企业呈现多元和规模发展的态势。

所谓多元，就是指参展企业既有国有的、民营的，又有外资的和股份制的。规模发展的特征就是无论在展览集团、组展企业、展览场馆，还是在设计搭建、展品运输和展会服务等领域都涌现出了一批龙头企业。根据国家贸促会课题组抽样调查显示，民营企业在境内外参展商中均占有较大比重：从国内来看，民营企业占68%，已成为参展绝对主力；从海外来看，民营企业

占47%，也已成为境外参展重要力量，显示了强劲的参展需求。

5. 中国会展市场区域格局已经形成

目前，全国初步形成五大会展经济产业带。①环渤海会展经济带：以北京为中心，包括北京、天津、河北、山西、内蒙古等省市区。②长三角会展经济带：以上海为中心、包括杭州、南京、宁波、无锡、义乌等长三角城市群内的城市。③珠三角会展经济带：以广州、香港为中心，包括深圳、东莞、顺德、珠海、中山等会展城市。④东北会展经济带：以大连为龙头，以哈尔滨、长春、沈阳为中心，以边境贸易为支撑。⑤中西部会展经济带：以昆明、成都、西安为中心，包括郑州、武汉、长沙、重庆、贵阳、乌鲁木齐等城市。除上述五大会展经济产业带外，还形成全国三大会展中心城市，即北京、上海和广州。

6. 会展经济对我国摆脱世界金融危机的影响，发挥了重要作用

2008年之后的一段时间内，世界经济仍没有完全从金融危机的阴影中走出来。这期间，我国会展经济与商品展销相结合，与各地的节庆活动相结合，与招商引资相结合，对我国刺激消费，拉动内需，摆脱金融危机的影响起到了不可估量的作用。例如，为了刺激国内消费，商务部有关部门，将许多外销产品转到国内，为此在全国各地举办了多场以外销产品为主题的展会，取得了很好的效果。一方面繁荣了国内市场，另一方面又为因金融危机影响滞销的出口产品找到了销路。

7. 政府对会展经济的支持力度加大

近几年，在国内外经济增长低迷的情况下，会展业在促消费、扩内需的过程中受到了前所未有的重视。各级政府都在政策、硬件设施、人才培育等方面加大了对会展业的支持。商务部在《关于“十二五”期间促进会展业发展的指导意见》中指出，把会展业培育成我国现代服务业的战略先导性产业；北京市、武汉市、南京市、成都市等多个城市均分别出台了“十二五”会展业发展规划和行动计划。同时，各地政府重视健全会展业的组织机构，据不完全统计，目前全国各省市区设立的会展管理机构已达50多家，成立的会展协会也已达50多家。其次，全国不少地区的政府都设立了发展会展业的基金，数额从几百万到几千万不等。

（二）我国会展业发展趋势

1. 会展经济仍将保持快速发展的态势

未来几年，我国会展业仍将以15%以上的速度增长，会展经济无论从规

模上还是从质量上都将跃上一个新的台阶。并且，在保持会展业高速度增长的同时，将更加注重质量。中央提出的加快经济增长方式的转变同样适用于会展业，中国会展业面临的转型重点是从会展大国向会展强国转变。

2. 会展业将成为现代服务业发展的引擎和助推器

经国务院批准，由国家商务部和北京市政府共同主办的中国（北京）国际服务贸易交易会（以下简称“京交会”）已成功举办了两届。京交会是国家级的综合型服务贸易交易会，是目前服务贸易领域全球唯一的综合型交易会，旨在打造“南有广交会、北有京交会”的格局。举办京交会是落实国家大力发展服务业和服务贸易的重大举措，是我国对外开放进入新阶段的重要标志，是我国转变外贸发展方式的重要平台。首届京交会涵盖服务贸易全部 12 个领域，包括 6 个板块、29 个专题。在 6 个板块中，就包括了会展板块。世界贸易组织、经济合作组织、联合国贸发会议三大国际组织和非盟都应邀参会；我国港澳台、内地 7 个服务贸易发达省市和其他省市自治区都参加了此次京交会。京交会的举办必将推动中国现代服务业和会展经济的快速发展。

3. 政府主导型展会进一步改革创新、转型升级

政府主导型展会在我国会展业中占有重要的位置。主导型展会的存在与发展也成为近年来中国会展经济特色之一。不断深化对政府主导型展会的认识，进一步改革创新、转型升级，也是未来中国会展业的发展趋势之一。

政府主导型展会，其核心是坚持政府对展览经济起主导作用，借助行政资源的力量，大规模的宣传造势，有助于聚集人气，扩大展会影响力，成为带动我国会展经济发展的增长点。这种特点，一方面确实推动中国会展业快速发展，另一方面也容易忽视市场机制的作用，未能实现市场资源的合理配置和优化组合，致使一些项目缺乏可持续的良性发展空间，也影响政府财政资金和行政资源的使用效率。

4. 与产业发展紧密结合，展会主题与时俱进

目前，我国正在进行经济结构的调整。新能源、新材料、通信信息技术和生物工程等新兴产业正在兴起。同时，推动经济增长的内生动力正转向国内消费。为配合经济转型，今后各地应围绕以新兴产业和国内消费为主题，创新展览项目。

5. 场馆的建设将与城市的发展更紧密地结合

随着中国城镇化建设步伐的加快，更多的城市将会展场馆的建设和城市的发展有机地结合起来。例如南宁的会展中心、成都的会展城和郑州的国际

会展中心都已成为城市的标志性建筑，成为城市CBD的核心区。2013年，这种场馆建设和城市规划发展更紧密结合的趋势将进一步显现。现在正在进行这方面规划和建设的城市还有天津和上海。

6. 会展经济将与民生更紧密地相连，在扩大内需，刺激消费方面发挥更大的作用

中央提出要贯彻科学发展观，转变经济增长方式，将过去靠投资、进出口和国内需求“三驾马车”带动经济增长的模式，改变为更多地靠扩大内需带动经济增长。这就意味着在今后相当长的时期内，国家将出台更多的扩大内需的政策，繁荣国内市场。2013年，中央确定的经济工作的总方针是稳中求进，统筹处理好速度、结构、物价三者关系。处理好三者关系，关键在于保持经济平稳较快发展和物价总水平基本稳定，必须下大力气推进发展方式转变和经济结构调整，推动科学发展。而调整经济结构最重要的是扩大内需。这是我国经济社会发展的战略基点。我国正处于重要的战略机遇期，市场空间大，内需潜力大，对发展具有持久的拉动作用。因此，今后我国内需型的展会将有大幅度的增长。在这样的经济背景下，预计未来几年国内扩大内需和刺激消费的展会将层出不穷，在汽车、住房、旅游等各个行业，都会迎来新的增长高峰。

7. 大会展的趋势逐渐成为主流

现代意义上的会展业多指展览与会议的综合体。会议可以为展览带来高层次的观众和强有力的潜在买家，而展览活动也会使会议更加直观和富有吸引力。许多传统展览国家的展览会都与一系列学术会议、专业论坛相结合，不仅贸易效果好，还成为业界分布最新技术和产品的前沿。目前，中国展览、会议、赛事活动和奖励旅游正逐渐融为一体。其中会议产业的规模和经济社会效益大有赶超展览之势。据有关机构统计，2011年，我国会议业的收入已超过展览业。预计，今后中国大会展的趋势将逐渐成为会展业主流，对国民经济的贡献将越来越大。同时，展览与会议日趋融合，展中有会，会中有展的现象越来越普遍。

8. 文化创意将成为会展经济的新亮点

2011年10月中共十七届六中全会通过了《中共中央关于深化文化体制改革、推动社会主义文化大发展大繁荣若干重大问题的决定》。《决定》提出要努力建设社会主义文化强国，并提出到2020年的文化改革发展奋斗目标。今年是贯彻中央提出文化大发展的第一年，预计各地举办的以文化发展为题

材的展会将大大增加，成为今后中国会展经济的一大亮点。

9. 会展业的发展更趋于专业化

在国际上，专业性的展览已成为会展业发展的主流，代表着会展经济的发展趋势。与一般的会展相比，专业展览具有针对性强、参展观众质量高、参展效果好等特点，因此近几年来，我国综合性展览会的举办数量不断减少，许多综合性展览会都不同程度地转为专业性展览。原来的一些综合性的展览已经被细化分为若干个专业展。此外，由于专业展览会能够集中反映某个行业或其相关行业的整体状况，并具有更强的市场功能，因而从产生之日起就受到全国各地特别是会展城市的青睐。专业化是会展业发展的必然趋势，因为只有具有明确的展览主题和市场定位，展览会才对参展商或与会者有足够的吸引力。

10. 展览规模呈扩大化趋势

随着会展业的竞争日趋激烈，各举办机构已不再局限于吸引本国、本地区的参展商，而是把目标更多地投向国际市场，进而扩大展会在国内甚至是地区范围内的影响力，力争提高国际参与程度。目前，随着我国城市化水平的提高，地方政府不断加大对会展业的扶植力度，在大型展览场馆的基础设施建设上，一些地方政府几乎投入了百分之百的资金。很多城市也想通过修建大型展览场馆，举办一些大型的国际会展来提升城市的形象和扩大招商引资，促进地区经济的发展，所有这些必然会导致展会的规模越办越大。

11.“两移”趋势明显

随着中国经济持续不断地增长，饱受金融危机困扰的美欧展览强国纷纷将其展览项目和业务向中国转移，因为会展经济是不以人的意志为转移的，其发展是跟着经济的发展而发展的，经济的发展必然就会带动会展业的发展。现在我国的经济发展正处于上升阶段，GDP 每年的增长都位于世界前列，同时我国在国际上的话语权和经济地位都在提升。为什么近十年中国的会展经济发展得这样好？主要是我们的经济发展了。有一个说法：“世界经济在向中国转移，会展业也在向中国转移。原来，欧洲和美国是会展发展得比较快的地区，现在他们发展到一定程度后又停滞了。会展发展的速度跟经济发展一样，有一些展览，包括论坛在内，都放在中国来了。”这是大趋势，我们要迎合这个趋势，以会展经济促进经济的发展。

同时，国内沿海地区的展览项目和展览业务也有向中西部转移的趋势。随着国家西部大开发和中部崛起战略的实施，近几年中西部地区各省区经济快速增长，有些省区已超过东部沿海地区。经济实力的提高，加快了东部地区展览和会议向中西部转移的步伐，例如，近几年成都会展业的崛起就是最好的例证。未来中国会展业“两移”趋势将日益明朗。

12. 业内强强联合，国际化运作集团化趋势增强

并购和联盟已经席卷了全球经济的各个领域，成为国际市场的一大焦点。作为国际化程度很高的会展领域也不例外。今后国内会展企业将通过资本运作进行兼并与合作。通过兼并与合作，可以利用国内、国际两种资源，开拓国内、国际两个市场，以获得资源的优化配置。目前，世界上许多会展业的大组织、大企业纷纷开始联合，以期优势互补，提升实力，打造业内超级航母。会展业虽然投入大，但回报快，是一个高额利润的行业，其利润率高达25%，因此业内的竞争十分激烈。预计今后国内会展业的大企业为了降低成本、减少风险以便维持高利润率，将会以兼并与合作的方式建立战略联盟，进行国际化运作。目前，在会展行业内盛行一种理念，即与其群雄纷争，不如强强联合、合作经营；与其四面出击，不如集中资源，发展自己的核心优势项目。

13. 现代新技术的应用，为会展业的发展注入了新的活力

信息技术、网络技术等科学技术的快速发展，为全球会展经济的发展注入了新的活力。随着科学技术的迅猛发展，尤其是科技革命带来的大量新工艺、新材料的出现，会展设备现代化已经成为会展业发展的一个不争的事实。实际上，设备现代化也是会展标准现代化、展览内容国际化、展览形式多样化发展的共同要求。更为值得关注的是，随着信息技术的大量应用，向网络求发展空间又成为世界会展业发展不可避免的趋势。有关专家把这种以高科技产业为支撑，以知识经济、信息网络经济为主要内容的新经济对会展经济产生的影响，归纳为快捷、关联和效果三个方面。因为借助网络信息的优势，可以为展商和参展观众双方带来极大的方便和效益，例如，参展商可以在异地向全世界发布自己展览产品的详细信息，参展观众也可以借助个人电脑在任何地方浏览和选择自己喜欢的产品。目前，我国网上展览已初见成效，例如我国第一展——广交会已开拓网上展览，并取得了较好的效果。又如阿里巴巴利用自身的网络资源，正尝试向网上展览发展。今后网上展览将大有发展前途。

14. 通过资本输出和移植品牌会展，抢占国际会展市场

在世界会展业向专业化、国际化和集团化发展的过程中，欧美会展业已

经相当发达，但是其国内发展的空间已经接近饱和。国际会展巨头为了谋求向全球发展，纷纷把目标投向海外，通过资本运作寻求低成本扩张，进入会展业相对落后的发展中国家市场，如德国的汉诺威展览公司直接收购上海一个有颇名气的地面装饰展览会。另外，他们充分利用广泛的业务网络将一些名牌展览移植到他国举办，如慕尼黑国际展览集团成功移植电子元器件博览会（Electronie）到上海举办，在未来的几年中，它还将把高档消费品、建筑材料、交通运输等博览会引入中国。德国的法兰克福展览有限公司也已把原每年春秋两季在德国本土举办的国际消费品展览会（Ambient）移植到中国、日本和俄罗斯。这种跨国运作，既满足了国际市场的需求，同时也抢占了世界展览市场的份额。今后，国际上的展览强国将更多地通过这种方式进入中国的展览市场。

从以上分析可以看出，无论是从会展基础设施、从业人员队伍看，还是从会展活动的数量和规模看，中国会展业都已经具备了相当强的综合实力，并正在步入会展业大国的行列。会展业的迅猛发展尤其是产业规模的持续扩张，为中国会展教育的发展提供了巨大的动力。

六、我国旅行社业发展现状与趋势

（一）我国旅行社业发展现状

截至2011年底，全国旅行社的总数为23690家，同比增长3.98%。全国旅行社总资产711.17亿元，同比增长6.76%，其中，负债461.81亿元，同比增长4.2%；所有者权益249.36亿元，同比增长11.84%。在从业人员规模上，全国旅行社直接从业人员299755人，同比增长8.11%，其中，具有大专以上学历的有200305人，同比增长17.23%。在旅游业务规模方面，2011年全国组织旅游13710.75万人次、35854.01万人天，接待16900.50万人次，33674.13万人天；同年，入境旅游接待2280.81万人次、7165.44万人天，而出境旅游持续走高，全年共组织出境旅游2021.92万人次、8405.71万人天。

从旅行社业务的经营主体（包括以旅行社部门、办事处等形式存在的旅行社企业组织，以及会展机构、网站、俱乐部等未取得旅行社经营权的经营实体）的角度来估测，我们认为，目前全国实际的旅行社业务经营主体超过7万家。

在地域分布上，我国旅行社数量分布依然呈现出“东密西疏、高度集中”的特征，中东部10个省区的旅行社数量均超过1000家，占全国旅行社数量的

56%；江苏和山东两省均超过 1000 家；在少于 500 家的 11 个省市区中，宁夏、西藏和新疆生产建设兵团不足 100 家。在数量规模增长方面，西藏、宁夏的旅行社数量增幅最大，超过 24%；有 7 个省区市的旅行社数量减少，其中四川减幅最大，达到 13.84%。

从区域发展格局来看，东部地区旅行社数量占据了全国旅行社总量的半壁江山，体现了东部地区在我国旅游业发展中的主导态势；但同时值得关注的是，中西部地区旅行社的数量呈现快速增长，其中西藏、宁夏的旅行社数量增幅最大，超过 24%，显示了中西部地区旅游发展的巨大潜力。

最近 10 年，随着休假制度的改革、大众旅游的兴起，国人对旅游服务的需求不断增长，从全国旅行社的数量上看，也一直处于增长的状态。但从历年旅行社的增长率来看，在 2003 年达到高于 15%的波峰后一直呈波动下降的趋势。技术的进步、大众消费模式的变迁、新业态的逐渐成熟，让本来集中度低、同质性强、竞争力弱的传统旅行社的发展空间受到进一步的挤压，2011 年旅行社数量的增长率更是达到历史新低，低于 5%（图 1-1）。

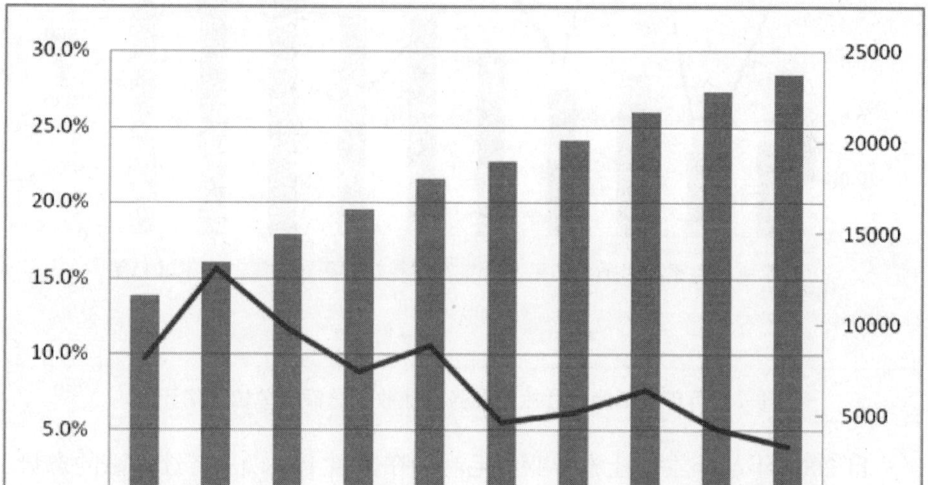

图 1-1　历年全国旅行社数量（单位：家）

截至 2011 年底，全国旅行社总资产达 711.17 亿元，同比增长 6.76%，其中，负债 461.81 亿元，同比增长 4.20%，所有者权益 249.36 亿元，同比增长 11.84%。

从历年数据来看，除去 2003 年、2005 年、2008 年等特殊年份，全国旅行社旅游业务营业收入的一直处于增长状态，而由于这些特殊年份的存在，全国旅行社旅游业务营业收入的增长率便呈现出剧烈波动的状态，如图 1-2 所示。这体现了旅游业的敏感性，即它容易受到外界环境的影响。但也正是因为旅游业的敏感性，它往往能够在受到重创之后迅速恢复，2008 年国际金融危机后，旅游业作为经济体系中率先复苏的产业之一，为拉动消费、促进经济较快恢复做出了很大的贡献。

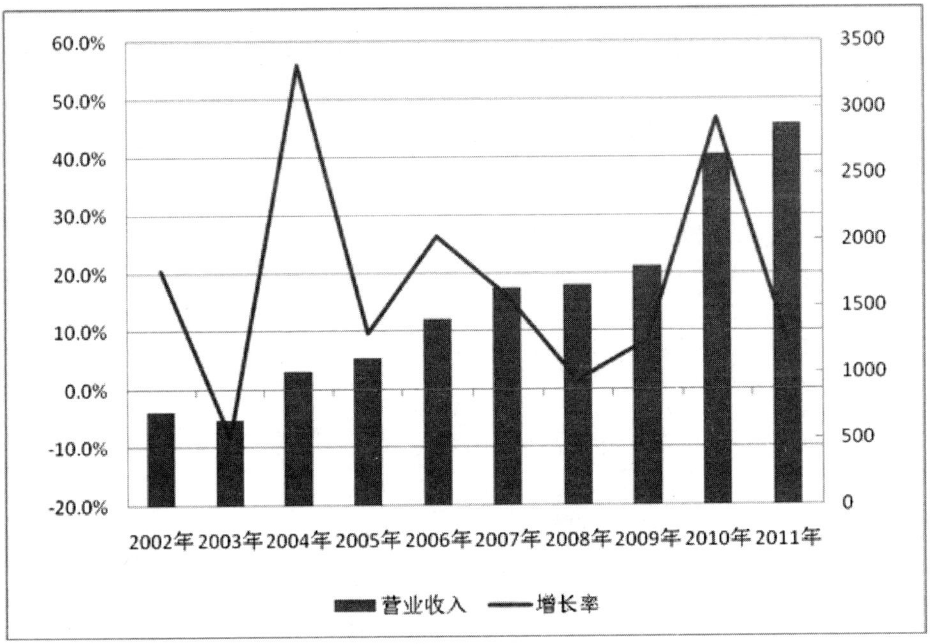

图 1-2　历年全国旅行社旅游业务营业收入总额（单位：亿元）

自 2004 年起，旅行社旅游业务毛利润在数量上呈现出持续上涨的态势。但其增长率除了在 2005 年、2008 年等特殊年份的次年出现增长外，一直处于下降的状态，2011 年相较于 2010 年略微上扬。

2011 年，欧美经济危机加剧，国际环境非常严峻，入境旅游增长乏力，国内旅游则逆势上扬，继续保持两位数的大幅度增长。2011 年度全国旅行社组织国内旅游 13710.75 万人次、35854.01 万人天，接待 16900.50 万人次、33674.13 万人天，同比分别增长 14.70%、9.21%、19.46%、16.79%（图 1-3）。

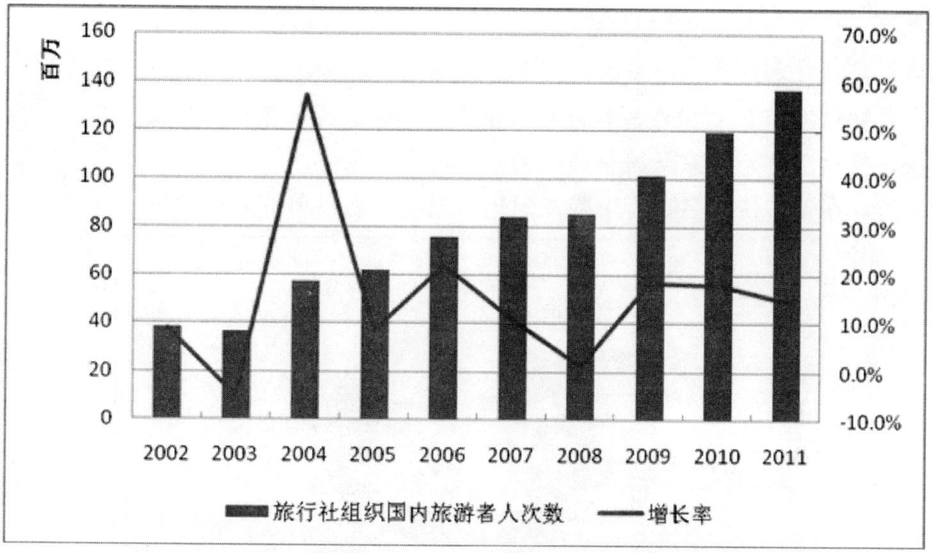

图 1-3　历年全国旅行社组织国内旅游人次数（单位：人次）

2011 年度旅行社组织国内旅游人次排名前十位的省市依次为广东、四川、浙江、江苏、上海、山东、湖北、湖南、重庆、北京，如图 1-4 所示。

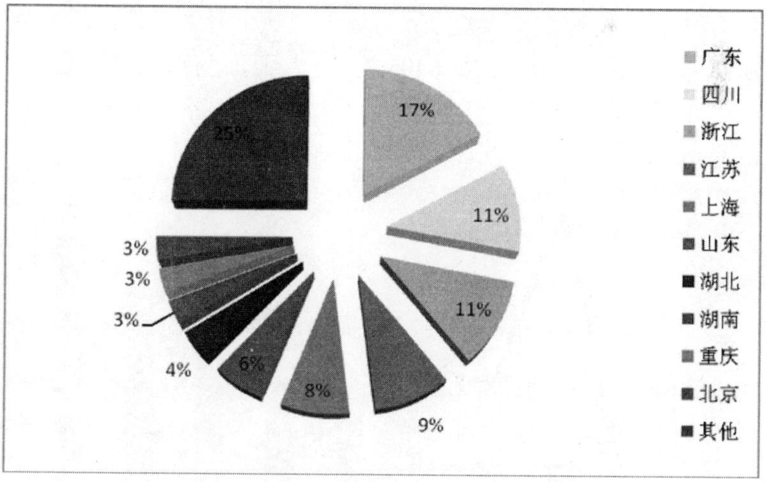

图 1-4　2011 年度组织国内旅游人次排名前十位的地区情况

2011 年东部地区在旅行社组织国内旅游上表现依然强劲，占据前十名中的六个席位，广东省稳居首位。与此同时，西部地区旅行社组织国内旅游人次快速增长，四川省上升 3 个位次，超过浙江、江苏等省跃居第二；重庆进入前十名，排名第九。

2011 年度旅行社接待国内旅游人次排名前 10 位的省市依次为四川、江苏、广东、浙江、云南、山东、上海、湖南、福建、湖北。

2011 年西部省份在旅行社接待国内旅游上表现抢眼，四川省上升 2 个位次，超过江苏、广东跃居第一；云南省上升 2 个位次，超过上海、山东居第五位。东部省份排名略有下降，但仍占据前十名榜单的六个席位。

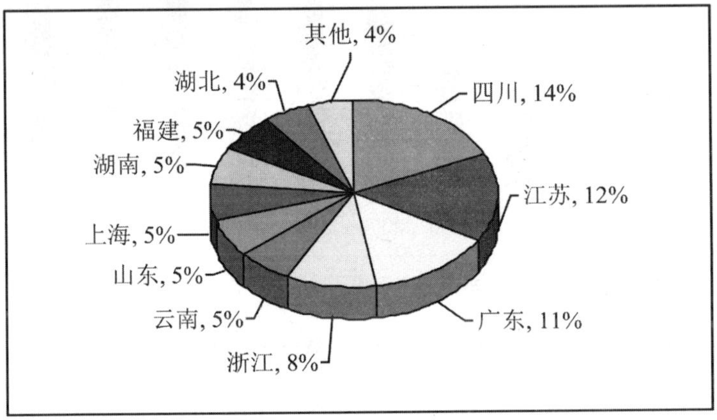

图 1-5　2011 年度接待国内旅游人次排名前十位的地区情况

2011 年中国出境旅游持续走高，仍处于快速上升通道。2011 年度旅行社出境旅游组织 2021.92 万人次、8405.71 万人天，分别同比增长 21.52%、31.93%。

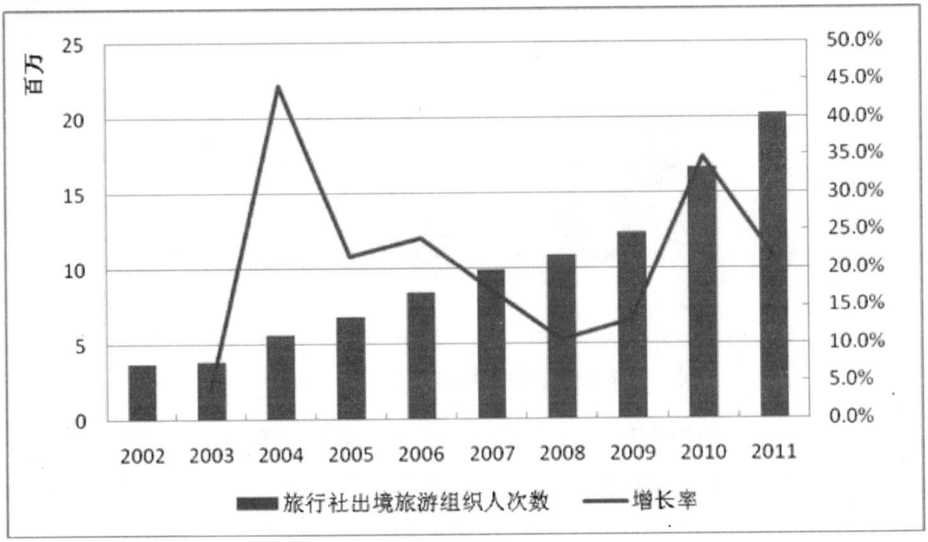

图 1-6　历年全国旅行社出境旅游组织人次数（单位：人次）

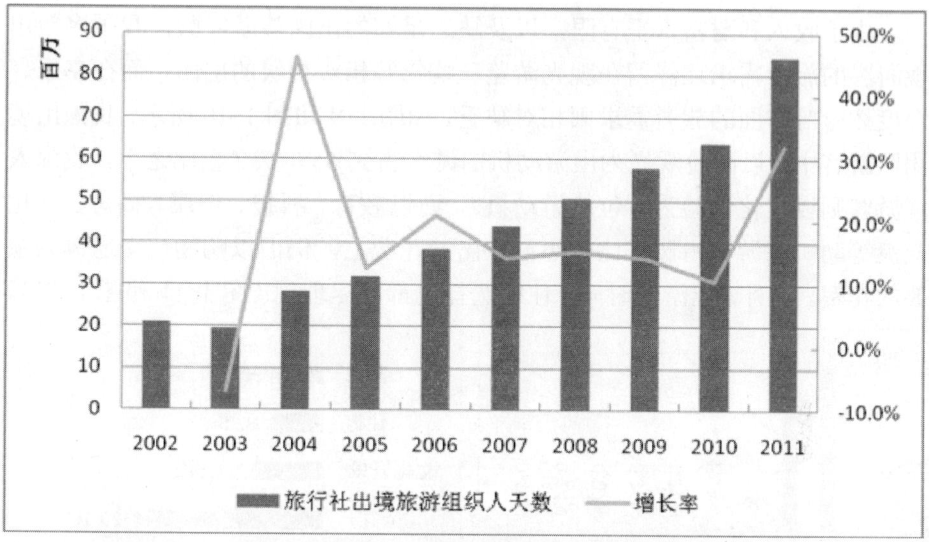

图 1-7　历年全国旅行社出境旅游组织人天数（单位：人天）

2011 年度旅行社组织出境旅游人次排名前十位的目的地国家或地区依次为中国香港、中国澳门、中国台湾，以及泰国、韩国、新加坡、马来西亚、日本、越南、法国，如图 1-8 所示。

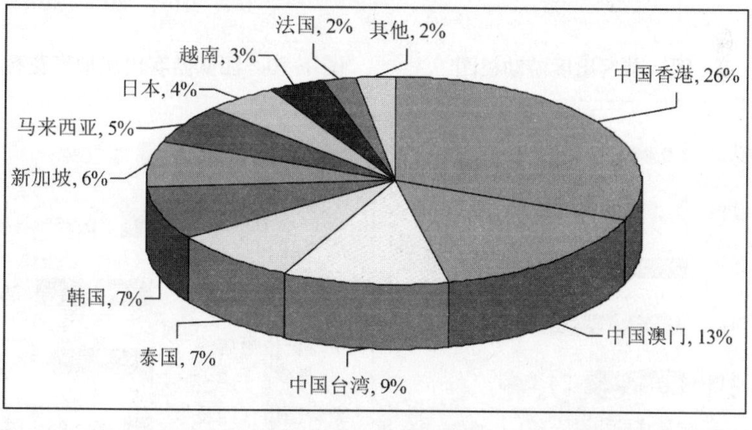

图 1-8　2011 年度组织出境旅游人次排名前十位的目的地国家或地区情况

2011 年，我国港、澳、台地区依然是旅行社组织出境旅游目的地的前三名，具体数字上变化也不大。受 3 月份日本地震—海啸复合型灾害影响，赴日旅游全年出现约 20%的降幅，日本在前十名榜单上下滑 4 个位次，居第八位。2011 年，由于中东与北非地区动荡，部分游客转向东南亚等地区，新、马、泰等国家位次有所上升，越南进入前十名，排名第九。

由于收入和财富水平有限，以及缺乏足够的出国旅游经验，我国多数出境游客的旅游需求还停留在观光游览、购物等相对初级的层面，而在享乐、深度体验等方面的旅游需求则相对缺乏。如图 1–9 和图 1–10 所示，我国出境团队游客中，以游览观光为出游动机的游客占到 55.07%（相比之下，我国入境游客则以文化体验为首位旅游动机），而以教育、科技、健康、商务、文化交流等动机的游客占比都比较小；在出游花费上，仍旧以购物、交通等为主要的花费。另外，出游的时间、住宿选择也都不尽理想（图 1–11 和图 1–12）。

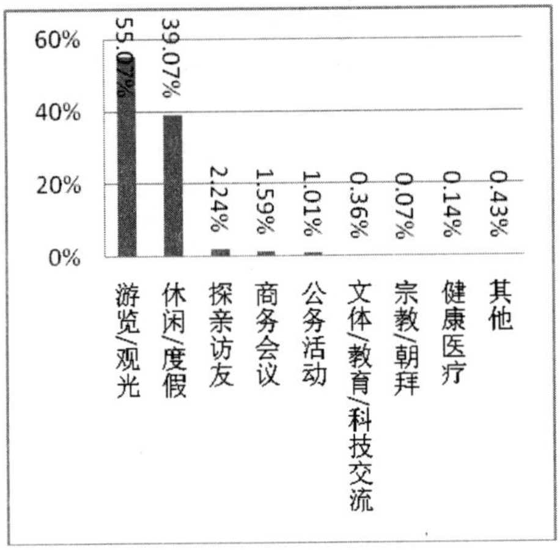

图 1–9　团队游客出境游动机图

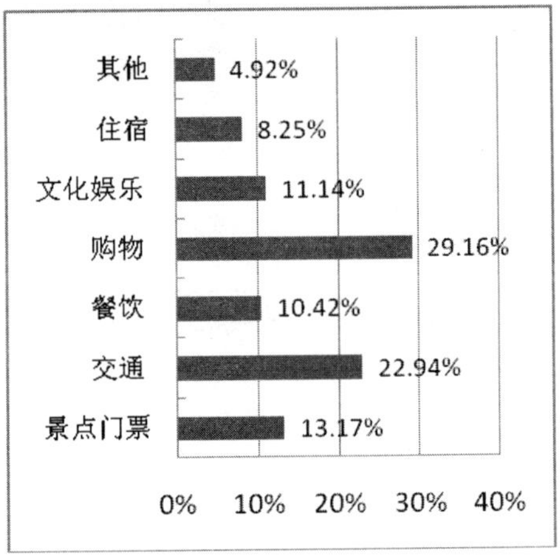

图 1–10　团队游客出境最高花费项目

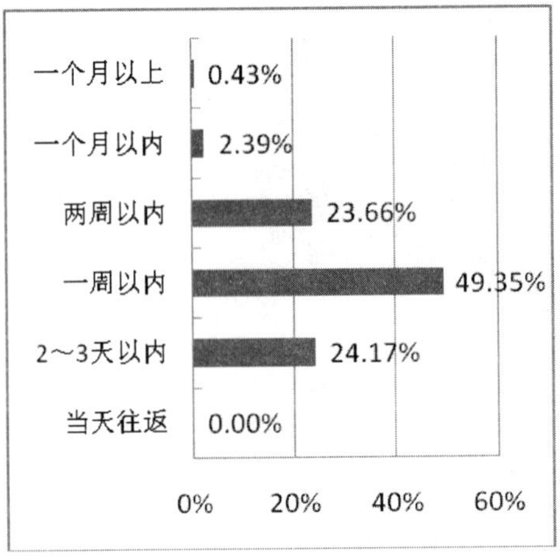

图 1–11　团队游客出境游时间

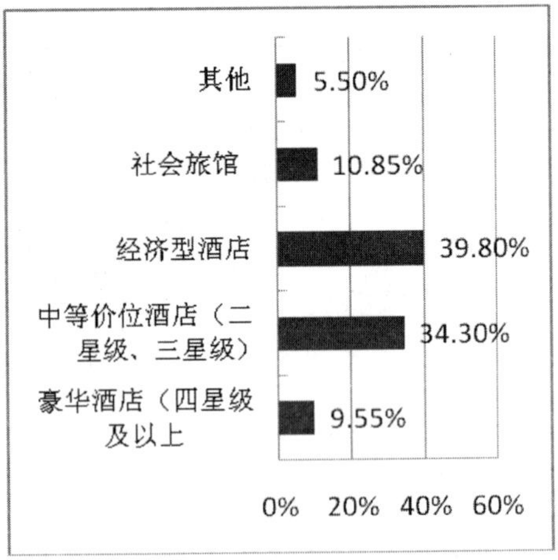

图 1–12　团队游客出境游住宿选择

图 1–13 及图 1–14 进一步表明出游人群多为 25～44 岁的事业期人士，且对景点、交通等基础性服务较为关注。图 1–15 则表明游客多集中于少数高收

入行业人员或学生群体。这些都说明我国出境游客的享受型旅游需求还没有规模化形成。

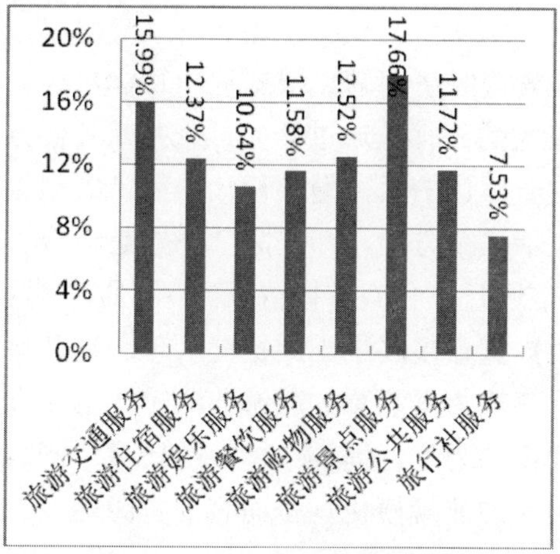

图 1-13　团队游客旅游服务关注

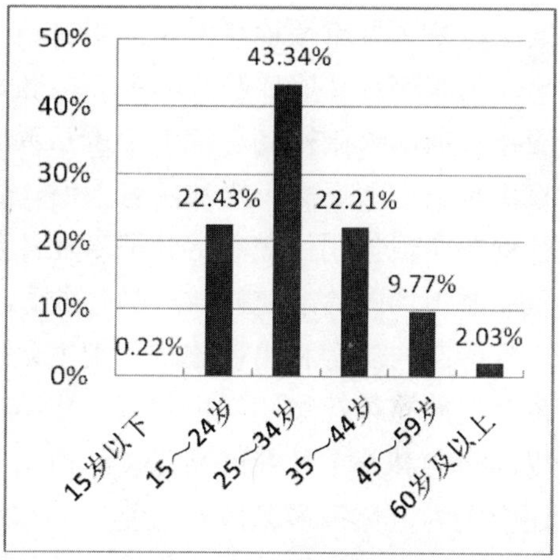

图 1-14　团队游客年龄构成

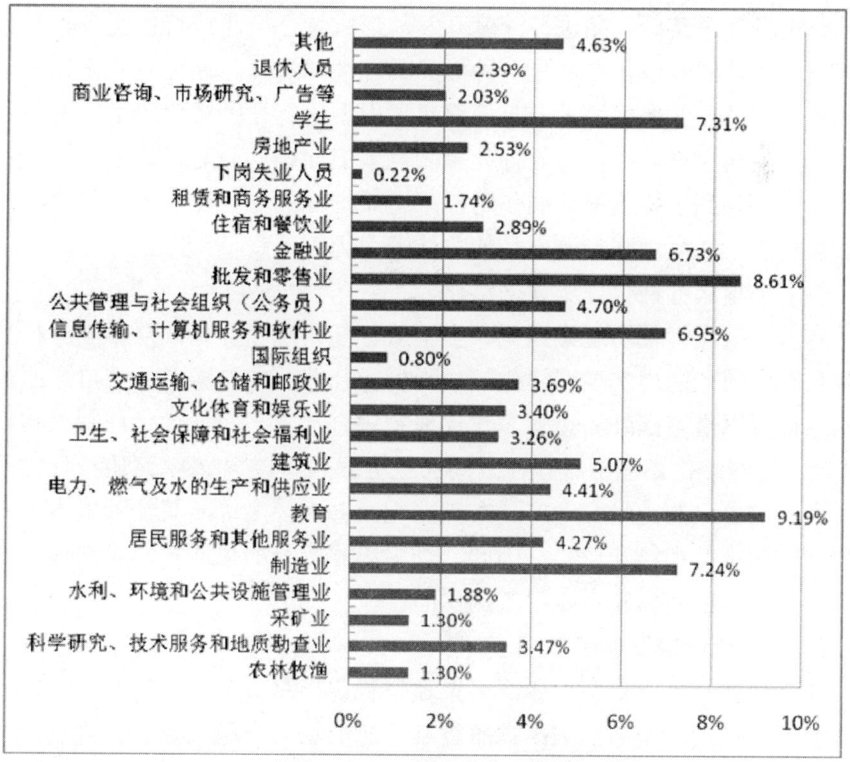

图 1-15　团队游客行业构成

（二）我国旅行社业发展趋势

1. 旅行社的经营发展趋势

（1）大型旅行社集团化

大型旅行社所要解决的中心问题是规模经济问题。根据这一目标，我们应使目前约占旅行社总量 1% 的规模较大的旅行社通过合并、兼并或其他方式重新组合，形成一定数量人、财、物一体化的紧密型旅行社集团。大型旅行社在实现集团化之后，其基本业务包括三个方面，即产品（特别是适合大众旅游市场的标准化旅游产品）开发、市场开拓和旅游接待。而销售业务（这里限指国内旅游和出境旅游）则主要由数量众多的中小旅行社代理。这些举足轻重的旅行社集团把全部资源集中于三块相互联系的旅游业务中，势必会提高自身和整个行业产品开发和市场开拓的力度，提高总体接待质量，同时还会因为避免很多分散的重复劳动和相应的非规模化竞争而减少资源耗费。

（2）中型旅行社专业化

中型旅行社的专业化主要体现在所经营的产品上。中型旅行社应针对某些细分市场，对某些产品进行深度开发，形成特色产品或特色服务。而且中等规模旅行社的专业化发展是一种必然的理性化选择。通过专业化经营集成本优势与产品专业化优势于一身，解决了中型旅行社因规模较小、形不成规模经济，因而也难以直接与旅行社集团竞争的问题。而对行业来说，专业化的特色经营起到了拾遗补缺的作用，中型旅行社的专业化开发会使旅游产品更加多样化，从而增强旅游产品的总体吸引力。

（3）小型旅行社代理实现网络化

随着大型旅行社实现集团化、中型旅行社实现专业化，众多小旅行社的调整是在全国范围内实现网络化，成为旅行社业面向旅游者的窗口。旅行社的网络化可以借鉴国外的经验，与代理制联合起来，即通过代理制来实现网络（这里的网络化还包括旅行社之间的业务联系这层含义）。而旅行社集团如果完全凭借自己的力量实现广泛布点，无疑会大幅度提高其经营成本，而且会加大控制难度和经营风险。因此，众多小旅行社如果能够实现向代理社的转变，就可以彻底摆脱举步艰难的局面。

2. 旅行社销售发展趋势

（1）游客不需要更多门店，多渠道销售是出路

游客只是为了报名而去某家旅行社门店的动力会越来越小，再加上产品雷同、网购分流、停车难等一系列问题，门店业态经受考验（在大城市尤为

突出，二、三线市场这个问题不像大城市那么严重）。未来的旅行社门店，将会以旗舰店、体验店、主题店为主，餐饮化、会所化、沙龙化是门店的发展趋势。门店要转型升级，大数据驱动下的全渠道、泛渠道零售是首选策略，把 O2O 作为重要手段，以游客需求为导向，让旅行社无所不在。一家有实力、有远见的旅行社，应该持续优化门店、大力发展异业合作、积极建设会员俱乐部，以及在微信、微博等渠道拥有不同形式的存在。

（2）PC 电商高投入下难掩疲态

据保守估计，旅行社目前在电商平台每获取一名新用户的平均成本接近 200 元，这样的高投入犹如皇帝的新衣，做电商的大部分都亏钱，但没有人愿意或勇于说破。敢于高投入的旅行社貌似获得了高增长，但是一问起盈利情况却都是“顾左右而言他”，因为大家都明白，电商份额持续做大，主要靠的是比线下还厉害的价格战。而网民更加挑剔，流量费增高、移动互联网重塑格局等，都将迫使目前的旅行社 PC 电商模式进行新的选择。在移动互联网时代，电商在 PC 时代的优势削弱，各大巨头重回起跑线，旅行社迎来新的电商机遇。

（3）跨界合作

“转型升级”并不是旅行社业的专有名词，在移动互联网时代，谁不在转型升级？百度、阿里、腾讯三大巨头，都在跨界。旅行社熟悉的合作，是参与采购联盟、协会，这是典型的 1.0 版时代的合作，利用某一种能够聚合、提升大家或高于大家的捆绑经验和思想去服务客户与游客。现在真正要思考的是：“你能跟移动互联网合作什么？”每个业态、每家旅行社在不同阶段上的条件不同，能够合作的外部资源平衡和尺度不一，但有一点毋庸置疑，那就是做强自身，开放合作，拥抱移动互联网。

（4）唯一不变的是发现和引导顾客需求

旅行社发展了这么多年，一些模式难免固化，但拥抱变化几乎是唯一出路，决心致力于发现和引导顾客需求则是唯一不变的核心能力。放眼所及，新兴旅行社都是在过去十年里抓到了出境游、国内游的需求爆发而兴起。从现在比较成型的旅行社的组织架构来看，通常的“三驾马车”指的是销售、产品、市场，未来以游客需求为中心的管理架构，先后顺序可能变成市场、产品、销售。市场部调研“人”的需求，挖掘游客心理开展痛点营销，产品部改善产品，制造令游客尖叫的惊艳点，引爆流行，以完成销售的最后一公里，三者有机联动、互相促进。基于游客需求调研，把发现和把握游客需求的职能放在第一位，这符合未来发展。

（5）回归销售的本源

销售的本质是买卖及其相应过程和感受：游客花钱买旅游，旅行社提供物美价廉或尊贵服务。旅行社要在产品保障、游客信任与习惯之余，努力增强游客体验。门店的装修和设计影响游客的视觉和心灵，而如何激励员工像“海底捞”那样为客服务，更是旅行社经营者要深思的问题。宾至如归，才是真正的服务，是服务业该有的样子。

（6）自媒体时代的新型客户关系

移动互联网的普及，使社会进入了社交化媒体时代、自媒体时代。在游客一方，旅行社必须不断强化自身标签（也就是品牌），让游客记住并且喜欢、信赖自己；而在旅行社一方，要发挥新科技的作用，多发展会员、粉丝等“可识别游客”。“会员”和“粉丝”，是两套体系，其中有交叉部分，未来的旅行社会员体系会越来越淡化，粉丝生态却越来越壮大。粉丝是喜欢你的旅行社、门店、产品、服务、员工中的全部或部分的那些人，你的旅行社和员工也喜欢他们。普通的会员是靠购买建立实名，却缺少情感联系、个性主张的群体。优秀的旅行社必须发展粉丝体系和服务。发动全民营销，吸引粉丝，留住用户，跟游客一起玩，让游客之间玩起来，这是旅行社发展新型客户关系的重要路径。

3.《旅游法》促进旅行社管理的规范化

《旅游法》对症下药，变革和规范旅行社行业运作模式：对旅行社经营明确规定五个“不得”，禁止零负团费、强迫购物及参加自费项目等情形；变革导游行为模式，明确其工作关系和权限的三个“不得”，实行旅行社与导游的聘任关系，采取“基本工资＋补贴”薪资体系。《旅游法》影响部分线路价格合理上涨，短期部分压制消费需求，长期刺激出游需求释放；同时也产生区域影响差异，部分境外旅游需求或转向境内。旅行社行业整合或启动，经营规范的旅行社将获主动权。相比自由行，旅游团仍具备便利、价格实惠等优势，仍具备发展空间。《旅游法》使各旅行社在同一合理价格区间内竞争，关注点将转移到服务、规模和经营策略上，规范经营、具备创新能力的大型旅行社具备先发优势。

七、我国景区业发展现状与趋势

（一）我国景区业发展现状

截至 2012 年底，全国共有 A 级景区 6042 处。其中 5A 级景区共计 147

处，4A 级景区共计 1966 处，3A 级景区共计 2123 处，2A 级景区共计 1689 处，1A 级景区共计 117 处。

从等级规模结构来看，A 级旅游景区的等级结构仍呈“两头大中间小”的枣核型结构。等级结构中的 4A 级、3A 级、2A 级旅游景区数量庞大，均以千计，分别占 A 级旅游景区总数的 32.54%、35.14%和 27.95%；而 5A 级、1A 级旅游景区的数量较少，所占比例分别为 2.43%和 1.94%。

全国旅游景区发展的主要情况可分述如下。

1. 旅游景区日益成为带动全国旅游产业发展的主体，其地位进一步增强

截至 2011 年底，全国共有各类旅游景区 20976 家，其中，A 级旅游景区 5573 家。旅游景区已成为居民旅游消费的热点之一，景区收益不断增加。2011 年全国 A 级旅游景区接待游客人数 25.54 亿人次，平均每人到景区游览约 2 人次；营业收入达到 2658.60 亿元，在全国旅游总收入的比重在不断提高。2011 年全国旅游景区接待游客人数和综合营业收入增长均超过 20%，增速明显高于同期全国星级酒店和旅行社行业，旅游景区的主体地位进一步增强。

2. 旅游景区发展越来越成熟，精品旅游景区已成为我国旅游景区的中坚力量

从景区接待游客、营业收入、门票收入三项指标看，2011 年全国 A 级旅游景区发展稳定，精品旅游景区成为我国 A 级旅游景区的中坚力量。

从接待游客数量看，5A 级旅游景区年平均接待数量最多，是我国 A 级旅游景区的优势产品；4A 级旅游景区年接待总量最多。报告显示，2011 年全国 A 级旅游景区共接待游客 25.54 亿人次。其中，5A 级旅游景区接待游客 5.53 亿人次，占 A 级旅游景区接待总人数的 21.71%，平均每家景区接待游客 392.20 万人次；4A 级旅游景区接待游客 11.88 亿人次，占 A 级旅游景区接待总人数的 46.64%，平均每家景区接待游客 84.92 万人次。

从营业收入看，4A 级、5A 级旅游景区占全国 A 级旅游景区的比例达到 8 成多。其中，4A 级旅游景区更是游客接待的主体和消费热点。报告显示，2011 年全国 A 级旅游景区实现营业收入 2658.60 亿元。其中，5A 级旅游景区营业收入 413.94 亿元，占全国 A 级旅游景区营业收入的 15.57%，平均每家景区营业收入 2.9417 亿元；4A 级旅游景区营业收入 1744.84 亿元，占全国 A 级旅游景区营业收入的 65.63%，平均每家景区营业收入 1.2562 亿元。

从门票收入看，4A 级、5A 级旅游景区门票收入比重较高，占全国 A 级景区的 78.83%，4A 级、5A 级旅游景区是全国 A 级旅游景区的主体支撑。报

告显示，2011 年全国 A 级旅游景区门票收入 1149.94 亿元。其中，5A 级旅游景区门票收入 158.53 亿元，占全国 A 级旅游景区门票收入的 13.77%，平均每家景区门票收入 2.3102 亿元，一些重点景区如故宫 2011 年门票收入达到 5.9 亿元；4A 级旅游景区门票收入 747.96 亿元，占全国 A 级旅游景区门票收入的 65.06%，平均每家景区门票收入 5346.33 万元。

3. 全国 A 级旅游景区各季度发展均衡，不存在明显的季节性波动

从接待游客、营业收入、门票收入三项指标看，全国 A 级旅游景区各季度发展虽然略有差异，第 3 季度略高于其他季度，但总体发展较为均衡，不存在明显的季节性波动。

在游客接待量方面，四个季度游客接待量分别占全年接待量的 21.22%、26.37%、28.91%和 23.49%。营业收入方面，四个季度营业收入分别占全年总量的 20.69%、26.83%、29.08%和 23.40%。门票收入方面，四个季度门票收入分别占全年总收入的 20.35%、26.30%、28.71%和 24.64%。

4. 景区发展空间逐渐拓展，新兴、新型旅游景区不断涌现，并形成新的热点景区

如新疆阿克陶县克州冰川公园景区 2011 年门票收入为 3.12 亿元，排在全国第 8 位，浙江金华市浦江仙华山景区和台州市玉环县大鹿岛景区 2011 年门票收入分别为 2.31 和 2.30 亿元，分别排在第 14 位和第 15 位。此外，文化类、体育运动类、温泉度假类、商业类和复合型景区不断涌现，拓展了景区发展的空间。

5. 旅游景区服务质量和环境质量持续改善，景区接待能力和水平不断提升

随着经济结构转型和社会发展方式的转变，大量的资金投入到旅游景区，老景区提升改造，新景区不断建设，旅游景区的基础设施日趋完善，服务项目逐渐增多，景区的服务质量和环境质量持续改善。旅游景区管理理念和服务素质的提升及景区服务项目的完善，为全国旅游景区的进一步发展奠定了良好的基础，创造出有利的发展空间。

（二）我国景区业发展趋势

我国景区业发展趋势是，把旅游基础设施建设作为投资的重要方面，有计划地加强旅游区的基础设施建设，为基础设施和服务设施建设创造先决条件。

1. 基建细节化

细节化，就是杜绝以前的粗放式经营管理，设施建设中既充分考虑到旅

游客的需求，也考虑到整体景观的和谐度。比如景区内的公厕、垃圾箱等除要做到数目、位置、卫生环境达标外，还要做到标识美观化、造型景观化，独特美观，与环境相协调。既要从景观质量、环境质量层面加强景观设施、旅游基础设施的完善和提升，包括加快景区游客服务中心、景区内外旅游道路、导览系统、卫生设施、安全设施等方面的建设，同时也需要从景区消费体系和盈利体系的角度完善相关配套设施，包括餐饮、游乐、住宿接待、购物消费等。此外，还应提高标准要求，从打造精品景区角度逐步完善景区游憩体系、景观体系、消费体系、安全体系、环保体系、营销传播体系、服务体系、旅游保障体系等，从而使得景区朝着旅游精品方向健康发展。

同时，旅游景区基础设施建设、游憩设施建设、配套设施建设等是A级景区验收评估的重点，结合景观质量、环境质量标准，全面完善和提升旅游景区各项基本建设，可为A级景区的创建提供分量极重的“砝码”。

2. 产品特色化

旅游产品是旅游生产者和旅游经营者为满足游客的需要，在一定地域上生产或开发出来以供消费的商品或服务，包含核心旅游产品和组合旅游产品。旅游产品的特色化包括核心旅游产品的主题化和组合旅游产品的特色化两个方面。一个景区的旅游产品要想有吸引力，就必须具有独特性，甚至是不可替代的特性，这样游客才能趋之若鹜，所以在进行产品设计时，一定要突出原生态、本土化、静态与动态兼备、时尚与怀旧相济的特色景观。景区只有打造与特色景观文化紧密联系的特色文化旅游产品，树立自己的品牌，创造文化旅游精品，最终才能获得高起点、高品位、健康、有序的发展。此外，要大力扩展旅游产品结构，给旅客提供更多的旅游项目选择，在继续保持观光度假型旅游产品发展的同时，深入挖掘文化内涵，挖掘出更多的文化旅游产品，突出主题，不断创新，大力开发专项旅游产品。景区需要增强旅游项目的参与性、趣味性、互动性、情境化、体验化，纵向发展当地旅游，加快观光型景区向休闲度假型景区的升级，拉长当地旅游产业的产业链，促进产业的优化升级。

3. 管理智慧化

数字地球已经覆盖我们这颗星球，数字化生存已经无孔不入地渗透在我们的日常工作和生活中，以计算机技术和网络化技术应用为主要手段的信息化已成为全球经济发展的趋势。旅游业跨越多个行业，是交通、餐饮、娱乐、住宿、购物等诸多传统服务业的集成，旅游业的智慧化、现代化，不仅是自身发展的需要，也会带动其他产业的优化升级。

旅游管理的“智慧化”就是搭建网络互动平台，让游客与网络实时互动，游程安排进入触摸时代。利用移动云计算、互联网等新技术，借助便携的终端上网设备，帮助游客感受互动体验并及时安排和调整旅游计划，是以一体化的行业信息管理为保障，激励产业创新、促进产业结构升级的重要手段。从2010年起，南京、苏州、温州等城市相继制定了智慧旅游发展战略，至今已经取得了初步成效。国家旅游局也部署了智慧旅游城市试点工作，确定了江苏镇江为国家智慧旅游服务中心。智慧旅游正在从一个新概念，变成可感可触的新体验。借助手机或便携电脑，利用现代信息技术，就可以享受信息咨询、在线支付等周到服务。

4. 旅游人本化

无论旅游的目的地是哪里，旅游的主体始终是人，使旅游者有愉悦感和舒适感是旅游目的地各项建设的最终目的。相对于旅游者的种种心理需求，中国现代旅游业如果缺乏人性化的因素，将会显得空洞，无内涵，从而难以立足于世界旅游市场。因此，旅游人性化的发展趋势是必然的。

旅游的人本化包括自然景观的人性化、景点设计的人本化和旅游交流的以人为本三个方面。不同游客的需求侧重点不同，但他们都有一个共同的需求，就是人性本原的满足。根据现代行为科学的理论，人的行为取决于动机，旅游者对于景观的青睐行为，正是出于要求得到景观对于人性本原满足的这种动机；景点的人本化是让旅游者通过对景点的观光感受到对人性的关注，或使游客通过对景点的观光感受到对人性的爱护；旅游对于服务提供者来说是一种经济行为，但对于消费者来说是一种文化意义、交流意义、联谊意义的人本行为。一个旅游者到一个陌生的地方，他是带着自己所熟悉的生活方式，来了解一种未知的，至少是陌生的东西。旅游者希望得到的，除了观光上的满足和文化上的收获之外，还有一种感情上的寄托，希望得到旅游地人民的理解，建立与他们的友谊，这就是旅游的人本观念。

而人类总是从修学、审美、休憩、康体、交流等某种需求，或几种需求结合出发，开始旅游生涯；当旅游多年，积累丰富经验以后，便开始寻求不同于日常生活也不同于一般旅游的体验式旅游；当体验式旅游达到了一定的积累后，一部分人将会追求旅游作为一种生活方式，一种定时、不定时的，与工作、日常生活同样重要的生活方式，一种在自我实现中不可缺少的生存方式。因此，旅游景观要想吸引游客第一次光顾，首先应具备的特征就是有能力满足以上一种或几种需求，游客满足度越高，到目的地的可能性就越大；而如果想要吸引游客多次到来，则有着更高的要求。游客要求体验式的旅游也就是更多的娱乐体验，这就要求了解游客到旅游目的地的娱乐诉求是什么，再围绕此主题做好文章。

5. 产业多元化

在旅游业的快速发展过程中，旅游业多元化发展的特征日趋明显，既表现为外延多元化，也表现为内涵多元化和动态多元化。一般来说，旅游产业具有投资规模大、回收期长和经营季节化显著等特征，这给旅游业的经营带来了一定的行业风险。而旅游经营多元化则是规避该风险的一个有效措施，同时紧随主业的相关产业多元化有利于景区的做大做强。另外，当前旅游客源市场的多元化，产品的多元化和旅游保障系统的多元化，也从客观上决定了旅游业的多元化，催生了旅游产业的多元化。

根据近几年上市公司的数据研究结果，在现金流动量无大区别的情况下，多元化经营的旅游企业的赢利能力优于其他企业，多元化经营带来的正的经济后果，这就是范围经济和协同效应提高了企业的经营效益。虽然有时一个成功的单体特色旅游产品也会造就一个巨大的“磁场”，形成所在地区旅游市场的聚集效应，但是一个成熟的旅游目的地除了具有核心吸引力的旅游产品外，更需要区域中心城市综合环境对当代旅游者的凝聚力。

综上所述，在旅游业的快速发展过程中，旅游业基础建设的细节化、旅游产品的特色化、景区管理的智慧化、旅游体验的人性化和产业发展的多元化等特征日趋明显，总体表现为外延的延伸和内涵的凝聚。中国不仅是一个旅游大国，而且正在成为旅游强国，其旅游业呈现出全方位、多层次、多样化、新格局的发展态势，并将成为国民经济发展的一个重要组成部分。景区要想获得好的发展，就必须突出当地旅游资源的特殊性和多样性，旅游产品的独特性和组合性，旅游管理的统一性和动态性，旅游运营的针对性和综合性，在充分整合旅游资源的基础上，发挥区域旅游优势，促进旅游业快速协调发展。

八、我国旅游智业发展现状与趋势

（一）我国旅游智业发展现状

1. 旅游智业是一种特殊的新型旅游业态

中国旅游业已经步入智业时代，旅游智业已发展成为具有一定规模和重要影响的新型旅游业态。这是旅游业作为知识密集型产业的内在要求，是知识经济、创意经济的客观要求，也是实施旅游业“两业”战略的必然要求。中国旅游未来研究会课题组发布的《新10年中国旅游发展趋势预测（2011～2020）》指出，旅游决策对智力的需求更加明显，旅游发展对人才的需求更加迫切。《中国旅游业“十二五”发展规划纲要》明确提出“支持咨询、规划、设计等旅游相关的智力型企业发展”，发挥旅游业对信息咨询、文化创意等部门的重要促进作用，鼓励旅游产业中的自主创新，构建旅游业研发创新体系，建立旅游企业对外投资和旅游项目招商引资咨询服务体系。作为一种特殊的旅游业态，旅游智业不仅影响着特定区域旅游发展的思路与方向，而且对旅游人才需求等领域也产生了影响。

20世纪90年代就有人提出“旅游业是典型的点子产业”的观点，还有学者对景区管理咨询的商业空间与拓展对策进行分析。随着第一轮旅游规划高潮的出现，为旅游业提供智力服务的群体与机构随之产生，但因为市场性不强而没有被视为“产业”。2003年，第四届“远见讲坛”将“站在专业创新和时代浪潮上的旅游智业”作为主题。袁健指出：旅游智业已经构成了旅游业生产力更新的源泉，是旅游业健康发展的神经和发动机。这是国内“旅游智业”被首次正式使用。同年，刘锋撰文指出，旅游智业是旅游业生产力升级换代的动力源泉，是旅游业健康发展的神经系统。2004年，达沃斯巅峰旅游景观设计中心作为国内首家专业旅游咨询类企业参加国内旅游交易会，说明国内旅游业开始进入“智业时代”。

当时，国内明确提出旅游智业见解的主要有远见旅游发展机构的袁健和国务院发展研究中心的刘锋。2003年，袁健指出，旅游智业延伸了20世纪90年代策划界提出的“智业”这个概念，专指旅游业中知识含量和技术含量高或相对高、产品以非实物性为主要形态的事业圈或产业群，其内容包括管理咨询、规划设计、科技开发、理论研究等，其产品形态是一种信息符号[①]。2006年，刘锋指出，旅游智业是知识经济与旅游业联姻后的一门新兴产业，其实质就是通过智力来贯穿旅游业策划、规划、设计、投资、开发、运营、营销、管理等各个环节，以实现旅游产业真正意义上的无缝对接。他们站在从业人员的角度提出了对旅游智业特征、内容、产品、实质的认识，在一定程度上反映了旅游智业的本质特征，为后人认识旅游智业奠定了基础。

① 袁健. 站在专业创新和时代浪潮上的旅游智业[EB/OL]. http://www.yuanjian.net/about_Chief.asp

在对相关专家进行咨询的过程中，还有人认为，旅游智业就是头脑产业、知识产业、创意产业，体现了旅游智业的某些特征。综合以上观点，结合自己的思考，笔者认为，旅游智业即旅游智力服务业，是对通过知识的获取、应用和创新，以非实物形态的产品为旅游业相关部门提供问题解决方案的专业性智力服务机构的统称。这一定义在以上认识的基础上强化了旅游智业的本质特征——专业性智力服务机构；明确了旅游智业的核心能力——知识的获取、应用和创新；说明了旅游智业的产品形态——非实物的问题解决方案；指出了旅游智业的服务对象——旅游业相关部门（包括政府职能部门、旅游企业、其他涉旅组织）；此外还指明了“旅游智业”这一称谓的集合性特征。

理论上，凡是以旅游企业为主的客户群所需要的智力服务都构成旅游智业的业务领域，数量达到一定规模之后会催生相应类型的旅游智业机构。根据对巅峰智业集团、远见旅游发展机构、绿维机构、奇创旅游规划咨询机构、来也旅游发展公司、智成旅游智业机构、青岛金石创意旅游智业机构、香港维恩旅游智业集团、河南创景天下旅游机构、麟德旅游规划顾问有限公司等代表性旅游智业机构的分析，现阶段旅游智业的重点业务与相应部门构成主要包括规划设计、创意策划、营销推广、管理咨询及相关领域五个方面。其中，旅游规划设计是现阶段国内旅游智业的主要阵地，是多数旅游智业机构的核心业务，也是市场接受度最高的领域，依据《旅游规划通则》提供区域旅游发展规划、旅游区各层次规划、各类专项规划（如旅游公共服务专项规划）及融合性规划（如旅游城镇规划）等产品。旅游创意策划主要是根据客户具体需求，有针对性地提供形式灵活、类型多样的产品与服务，比较注重构思的新颖性和方案的独特性，如绿维机构推出的商业策划、产品策划、总体策划、专项策划等。旅游营销推广主要是依托自营媒体或整合其他企业资源，为企业提供传播旅游形象、举办营销活动、实施市场拓展计划等方面的服务。旅游管理咨询主要面向景区、酒店、餐厅等旅游企业，提供战略、经营、管理、法律、财务、人力等方面的咨询服务。相关领域主要涉及旅游项目调研、旅游项目招商引资、旅游景区托管、旅游人才培训、旅游设施设备研发、旅游技术中介、旅游市场调研、旅游专业信息供应、旅游企业委托的专项研究等。例如，绿维机构提供市场调查、招商、旅游房地产、泛旅游产业、农村规划、建筑表现等服务。

在企业存在形态上，除了专门从事上述业务的独立企业之外，国内旅游智业还包括提供上述服务的准企业机构、其他业务机构和独立执业者。准企业机构主要是各类科研院所尤其是各涉及旅游院校中的教学研究机构，依托人才优势，多以所属单位的名义，向政府或企业提供旅游管理咨询、规划、策划等社会服务，收取相应费用。其他业务机构是指以广告策划、建筑设计、园林规划、景观设计、城市规划、工程咨询等为主要业务的企业，因业务关联、客户要求或出于开拓市场等方面的考虑，同时从事与旅游相关的规划、设计、咨询业务。独立执业者是受艺术、建筑、景观设计等专业传统的影响，在创意经济兴起背景下大量涌现的以个人工作室形态存在的旅游智力服务提供商。

2. 旅游智业的发展现状

继 2004 年达沃斯巅峰旅游景观设计中心参加国内旅游交易会、2005 年旅洽会上深圳中国旅游规划院签下大单之后，2006 年旅洽会专设“智慧馆”展区，一批旅游规划设计机构集体亮相，展示了中国旅游智业的力量。2006 年 10 月底，在北京举办了以“为旅游行业义诊·为中国旅游投智”为主题的首届中国旅游智业巅峰论坛，魏小安在发言中将“智业是旅游的助力”作为中国旅游发展八大新趋势之一。此后，每年一次的旅游智业巅峰论坛对旅游智业理念的传播起到了重要的促进作用。目前，国内旅游智业呈现出以旅游规划设计机构为主、以创意策划与营销推广业务机构为辅、以企业经营管理咨询业务机构为补充的格局。根据国家旅游局公告统计，截至 2013 年底，仅经过国家旅游局认证的甲级旅游规划设计资质单位就已达到 53 家，乙级 253 家，丙级则更多。目前国家对创意策划、营销推广及其他业务尚未提出资质要求，加之有些业务是依托原来已经存在的机构进行的，因此相关机构的数量难以准确统计。但可以肯定的是，这类机构的数量、规模与收入已经大大超过旅游规划设计资质单位。

（二）我国旅游智业发展的趋势

中国旅游智业发展呈现高知识度、高创新度、高互动度、高贡献度和高责任度的趋势。其中，“高知识度”是指知识含量高，智力依赖性强，具有较强的专业性；“高创新度”是指创新性强，旅游创意密集度高，重视问题解决方案（通常为旅游产品设计与营销方案）的新颖和独特程度；“高互动度”是指紧密结合市场需求，客户通过阐述委托意图、陪同考察、参加项目讨论、提出修改意见等形式参与生产过程；“高贡献度”是指旅游智业作为旅游产业创新体系和区域创新网络的重要组成部分，对经济发展、文化传承、生态保护、民生保障方面产生积极、深远与广泛的影响；“高责任度”是指涉及精神产品的生产，肩负物质、精神、生态文明建设等多种功能，要求旅游智业机构及其从业人员必须具有高度的社会责任感。

第二节　我国旅游人才现状与需求分析

一、我国旅游人才数据

中国旅游人才发展研究院根据全国13个省（市区）旅游人才资源调查统计数据，经过科学分析，建立数学模型，推算出2009年全国旅游人才发展数据。本项目参考了中国旅游人才发展研究院的旅游人才发展数据，制作出的图表较为清晰地展示出旅游人才现状，可为旅游职业教育培训体系提供参考。

（一）我国旅游人才规模

2009年，全国旅游就业总人数（包括直接就业和间接就业）为7590万，占全国就业总人数的9.7%；其中旅游直接就业人数1350万，大专以上学历旅游人才272万人，占全国旅游就业人数总量的20.15%。

（二）我国旅游人才结构

1. 旅游人才区域结构

2009年，全国大专以上学历旅游人才约为272万人，其中东部地区旅游人才达158万人；中、西部地区旅游人才规模接近，均为57万人；东、中、西各地区旅游人才占行业总人数的比例分别为58%、21%和21%。东部地区集聚较多旅游人才。如图1-16所示。

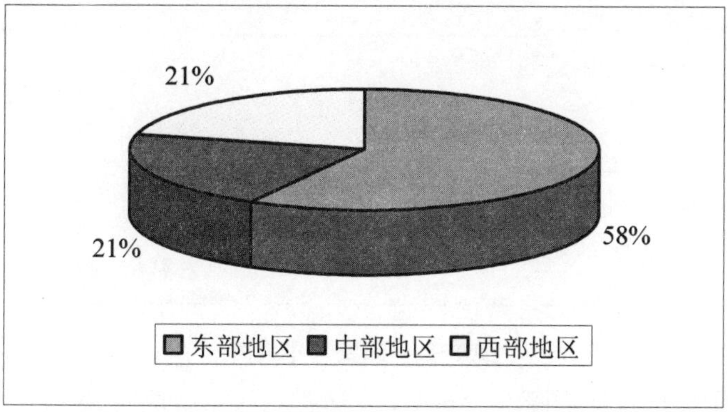

图1-16　旅游人才区域结构图

2. 旅游骨干人才结构

旅游骨干人才主要包括旅游行政管理人才、旅游经营管理人才、旅游专业技术人才、旅游服务技能人才四支旅游人才队伍。

2009 年，在旅游骨干人才队伍中，旅游行政管理人才 6.0 万人，占总数的 2.2%; 旅游经营管理人才 21.9 万人，占总数的 8%; 旅游专业技术人才 25.3 万人，占总数的 9.3%; 旅游服务技能人才 218.8 万人，占总数的 80.5%。如图 1-17 所示。

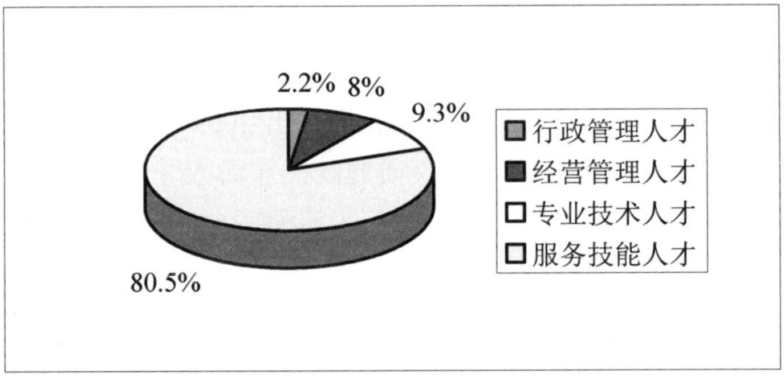

图 1-17　旅游骨干人才结构图

从图 1-17 中看出旅游人才结构呈金字塔型结构，如图 1-18 所示。

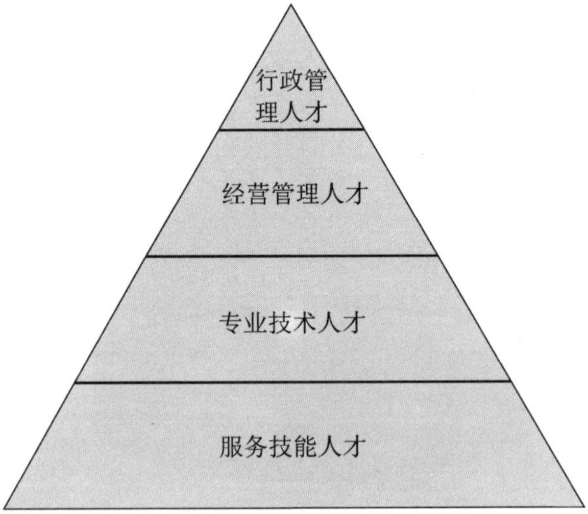

图 1-18　旅游人才结构

3. 旅游企业人才结构

2009 年，旅游企业人才 264.5 万人，其中旅游酒店人才 83.3 万人，占旅游企业人才的 31.5%；旅行社人才 35 万人，占旅游企业人才的 13%；旅游车船公司人才 1.2 万人，占旅游企业人才的 0.5%；旅游景区人才 71 万人，占旅游企业人才的 27%；其他企业单位的旅游人才 74 万人，占旅游企业人才的 28%。如图 1-19 所示。

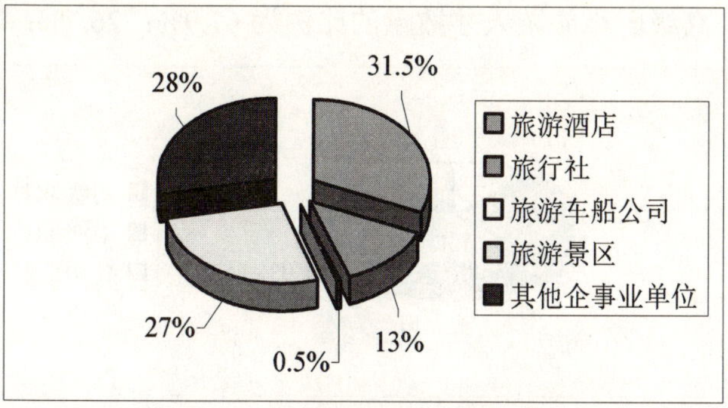

图 1-19　旅游企业人才结构图

从数据可以看出，旅游人才主要集中在旅游酒店、旅行社、旅游景区、旅游车船公司等为主的旅游企业。

4. 旅游人才素质结构

（1）旅游人才学历特征

2009 年，我国大专以上学历旅游人才约 272 万人。其中，大专学历旅游人才 252 万人，占旅游人才总数的 92.6%；本科学历旅游人才 18.3 万人，占旅游人才总数的 6.7%；研究生学历旅游人才 1.7 万人，占旅游人才总数的 0.7%。如图 1-20 所示。

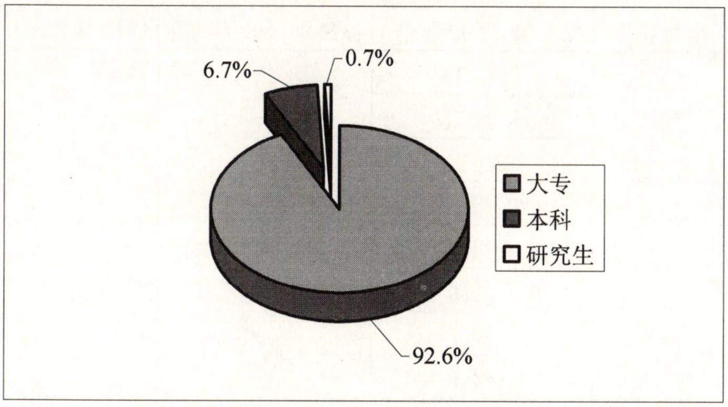

图 1-20　全国旅游人才学历结构图（万人）

从数据可以看出，旅游人才整体素质有很大提高，但高层次旅游人才数量较少。

（2）具有专业技术职称人才特征

2009 年，有专业技术职称旅游人才 23.5 万人，占旅游人才总数的 8.6%。其中初、中、高级职称旅游人才数量的比例为 61.9%：26.7%；11.4%。

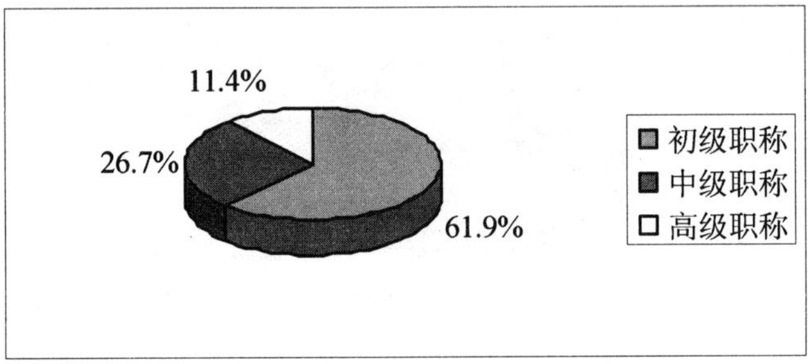

图 1-21　具有专业技术职称人才结构图

（3）具备职业资格人才特征

根据人力资源和社会保障部颁发的《职业资格证书》（包括《技术等级证书》、《技师合格证书》、《高级技师合格证书》）类型不同，分成“技术工人”和“技师”两类，并进行相应分级；将《技术等级证书》中四级、五级工定为“中级工”，高于五级工的定为“高级工”，低于四级工的定为“初级工”；持有《技师合格证书》的定为“技师”，持有《高级技师合格证书》定为“高级技师”。

表 1-4　职业资格级别表

<table>
<tr><th>现行等级</th><th>现行级别</th><th>原等级工（97 年前）</th><th>原级别（97 年前）</th><th>原证书名称（97 年前）</th></tr>
<tr><td rowspan="3">五级</td><td rowspan="3">初级</td><td>一级工</td><td rowspan="8">技术工人</td><td rowspan="8">《技术等级证书》</td></tr>
<tr><td>二级工</td></tr>
<tr><td>三级工</td></tr>
<tr><td rowspan="2">四级</td><td rowspan="2">中级</td><td>四级工</td></tr>
<tr><td>五级工</td></tr>
<tr><td rowspan="3">三级</td><td rowspan="3">高级</td><td>六级工</td></tr>
<tr><td>七级工</td></tr>
<tr><td>八级工</td></tr>
<tr><td>二级</td><td>技师</td><td></td><td rowspan="2">技师</td><td>《技师合格证书》</td></tr>
<tr><td>一级</td><td>高级技师</td><td></td><td>《高级技师合格证书》</td></tr>
</table>

2009 年，旅游人才中持有职业资格证书人员 13 万人，占旅游人才总数的 4.7%。在有职业资格的旅游人才中，初级工 8.7 万人，占 67.2%；中级工 2.4 万人，占 18.6%；高级工 1.3 万人，占 9.6%；技师 0.4 万人，占 3.0%；高级技师 0.2 万人，占 1.6%。

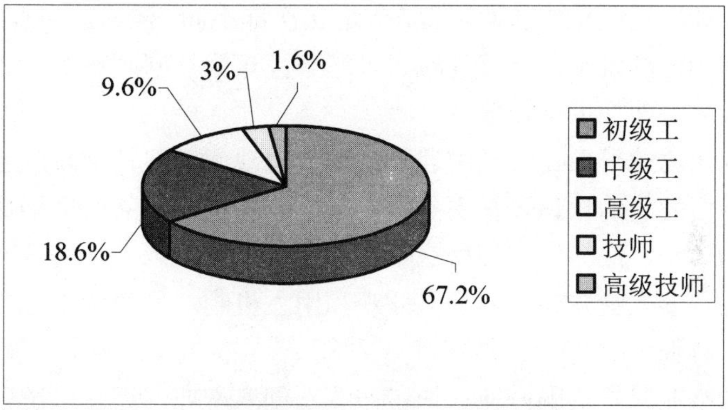

图 1-22　具有职业资格旅游人才结构图

（4）旅游人才专业与外语语种特征

2009 年，旅游人才中学旅游管理专业的占 46%，将近半数；学计算机专业的占 1%；学电子商务专业的占 0.3%。

2009 年，在旅游人才中，学过外语的人数有 252 万人，占旅游人才总数的 92.5%；没学过外语的旅游人才有 20 万人，占旅游人才总数的 7.5%。在学过外语的旅游人才中，以英语为主要语种，占旅游人才总数的 91.2%，德语占 0.8%，日语占 0.2%，朝鲜语占 0.1%，其他语种不到 0.1%。

（三）旅游人才学历结构

调研结果显示，酒店及住宿接待业越来越注重人才的培养和管理。随着经济的发展，软实力在酒店及住宿接待业中发挥着越来越重要的作用，从高层到底层的优秀管理团队日益成为企业核心竞争力。酒店对管理者的要求重素养轻学历，学历不是酒店选择管理人员最看重的因素。

在酒店业和社会餐饮业中，餐饮部门基层管理者大多不具备高等教育学历，尤其担任厨房高级管理职务的人员就更少具备大专以上高等教育学历，这些状况严重限制了传统餐饮业的专业技能和管理水平的提升。餐饮业高级人才很缺乏，特别是高级技术型人才和操作型人才的缺乏尤为明显。

现在会展业人才主要集中在上海、北京、广州等大都市，虽然会展人才中高层次人才的比例比其他行业相对较高，但是中国的会展人才培养与会展人才需求存在着巨大的反差，人才培养不适应企业需求的现象比较严重。会展业需要大量专业人才和相关人才，而且对人才的需求是分层次的，非常需要能跨越不同层次、懂得不同专业的复合型项目经理人才。

旅行社对人才的重视处于转型升级的阶段。以前旅行社的发展忽视了人才的培养和发展，大部分从业人员学历层次都不高。随着旅游业的快速发展，行业标准的逐渐规范，旅行社对人才越来越重视，同时在引进和培养相关专业技术人才方面加大了力度。

休闲游憩业目前在发展中遇到的人才短缺问题，一是政府层面以及企业层面对旅游发展的认识还很不到位，为人才发展营造的环境不尽如人意，许多相关的体制、法律法规尚处在不完善阶段，无法为人才的发展提供支撑；二是因为很多企业缺乏成熟的人才观和用人机制，导致留不住人才或者人才流动过于频繁。

旅游智业就是头脑产业、知识产业、创意产业，因此旅游智业的人才层次相对较高。各旅游企事业单位普遍认为，随着市场竞争的不断白热化，旅游智业变得越来越重要，市场对这方面人才的需求量越来越大。部分企事业单位要求相关专业的人才具有本科以上学历，但是大部分单位认为此类人才的实践能力和实践经验更为重要，对学历层次的要求相对不是非常的严格。

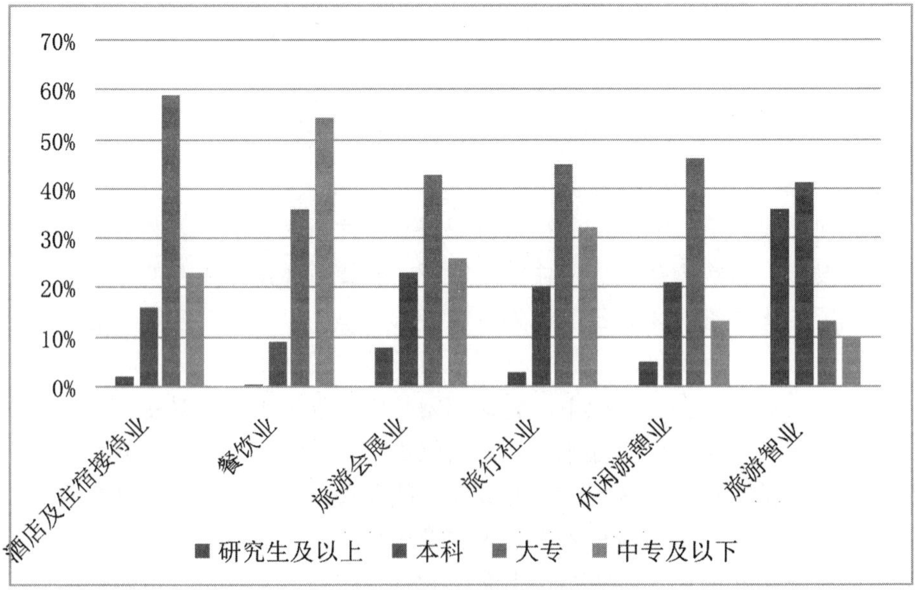

图 1-23 旅游人才学历结构图

表 1-5 旅游人才学历结构表

学历	酒店及住宿接待业	餐饮业	旅游会展业	旅行社业	休闲游憩业	旅游智业
研究生及以上	2%	0.5%	8%	3%	5%	36%
本科	16%	9%	23%	20%	21%	41%
大专	59%	36%	43%	45%	46%	13%
中专及以下	23%	54.5%	26%	32%	28%	10%

二、我国旅游行业人才现状与需求分析

（一）我国酒店业人才现状与需求分析

1. 酒店业人才现状

从全国星级酒店的从业人员规模及变化来看，截至 2012 年底，全国星级酒店从业人员为 159.06 万人，较之前 2011 年的 154.28 万人，增加了 4.78 万人，年增长率为 3.10%。从业人员规模总体略增，北京、上海等大都市及东部旅游大省增加较多。

从不同省市星级酒店的从业人员规模及其变化来看，2012 年星级酒店从业人员排名靠前的省市有北京、山东、江苏、广东，均超过 10 万人，排名靠后的省区有青海、西藏和宁夏，都不足 1 万人。星级酒店平均从业人员增加数排前三名的省区分别为，西藏 54.31%，福建 45.85%，云南 37.20%，其星级酒店从业人员年增长率均在 30%以上。

表 1-6 全国 2011 年与 2012 年星级酒店从业人员规模比较

地区	星级酒店从业人员		
	2011 年（人）	2012 年（人）	年增长率（%）
总计	1542751	1590590	3.10
北京	117872	120674	2.38
天津	19170	18252	-4.79
河北	62544	60849	-2.71
山西	50636	47541	-6.11
内蒙古	24923	25589	2.67
辽宁	56245	53820	-4.31
吉林	24275	21580	-11.10
黑龙江	22455	21723	-3.26
上海	63381	65331	3.08

续表

地区	星级酒店从业人员		
	2011 年（人）	2012 年（人）	年增长率（%）
江苏	105868	104811	−1.00
浙江	89162	113701	27.52
安徽	43033	44304	2.95
福建	61643	89905	45.85
江西	32517	30627	−5.81
山东	117218	110083	−6.09
河南	47139	47834	1.47
湖北	41242	39813	−3.46
湖南	60190	54830	−8.91
广东	164812	154157	−6.46
广西	35931	35789	−0.40
海南	22729	24619	8.32
重庆	36258	33667	−7.15
四川	53980	57675	6.85
贵州	21027	22883	8.83
云南	40419	55453	37.20
西藏	4717	7279	54.31
陕西	45778	45115	−1.45
甘肃	25623	27995	9.26
青海	7245	6840	−5.59
宁夏	8714	9792	12.37
新疆	36005	38059	5.70

从不同等级酒店的从业人员规模及其变化来看，2012 年从业规模最大的是三星级及四星级酒店，均超出 50 万人；五星级与二星级酒店的年末从业人数分别有 31.94 万人和 13.78 万人；一星级酒店从业人员仅有 0.38 万人，人员规模最小。呈现出等级越高，平均从业人员规模越大的趋势。

与 2011 年相比，2012 年三星级、四星级和五星级酒店从业人员人数有所增长，年增长率在 5.72%、3.78%和 2.80%，一星级和二星级酒店的从业人员人数有所下降，其中一星级酒店下降比例较大，下降了 25.49%。

表 1-7　全国 2011 年与 2012 年不同等级星级酒店从业人员规模比较

星级	年末从业人员		
	2011 年（万人）	2012 年（万人）	年增长率（%）
五星级	31.07	31.94	2.80
四星级	50.8	52.72	3.78
三星级	56.98	60.24	5.72
二星级	14.91	13.78	-7.58
一星级	0.51	0.38	-25.49

酒店业人才现状的主要问题：一是人才流失严重；二是中高层管理人才竞争激烈。

（1）人才流失严重

我国一般企业的人员流动率在 5%～10%之间，酒店业最适合的流动率在 8%左右，然而中国旅游协会人才培训开发中心对全国二星级和三星级的酒店进行的一项调查显示，旅游酒店人员流动率达到了 23.95%，部分酒店人才流失率竟达到了 45%以上。

当前，每家酒店在经营管理过程中，都必须面对员工流失问题，而员工流失率偏高，又是各酒店普遍存在的一个现象。同时，员工流失率偏高也给酒店带来了负面影响，其负面影响集中表现在：员工的流失给酒店带来成本损失；员工的流失影响酒店的服务质量；员工的流失使酒店业务受损；员工的流失会极大地影响士气。

综合多方面的资料，可以将酒店人才流失的原因分析如下。

①旅游本身固有的特性。从旅游行业发展来看，一方面，旅游业是一种劳动密集型的服务性行业，人才引入的门槛较低，不需要较高的学历和较强的专业知识，由此决定了旅游业的从业人员素质参差不齐，人员的低准入和复杂性在一定程度上决定了旅游业的工作氛围，行业内跳槽思想变得常态化和随意化；另一方面，旅游行业发展本身的波动性和脆弱性影响着季节性的人员流动，淡旺季的差别及突发事件对旅游业的影响，也导致整个旅游行业的员工需求弹性较大，一些酒店根据淡旺季的员工需求来安排长期工和固定工的人数，而让其他员工停薪留职甚至“去职”，这种变动无疑让员工增加了不安全感和不稳定感，对有志于从事旅游业的人来说也是一个很大的打击。再者，旅游行业是属于年轻人的行业，开放性强、工作节奏快、接触面广，对年龄也有一定的要求，年龄大的员工就会感到力不从心。所以，其人员流

动率高于其他行业也是显而易见的。

②人们的观念问题。传统择业观念的影响体现在两方面。一方面，很多人认为酒店工作没有地位。受传统思想观念的影响，一些员工认为自己所从事的服务工作低人一等，因而，一旦有机会，他们就会想方设法地到其他行业中工作。我国旅游酒店业自20世纪80年代初才迅猛发展，长期以来在政治、社会、经济生活中不受重视，加之酒店的服务性特点，服务人员不受尊重甚至遭到歧视。同时，传统的职业观点要求工作要具有稳定性，而旅游酒店的客源具有季节性，不能为就业者提供长期性、稳定性的工作，造成了很多劳动力不愿涉足酒店业。另一方面，在我国酒店行业中普遍流行着这么一种观点：酒店工作是吃青春饭的行业。在这种观念的支配下，酒店员工，尤其是那些年龄较大的员工，很难安心工作，跳槽也就成为他们经常考虑的问题之一。

③寻求更优的工作环境。一般而言，年轻人在找工作时注重安稳性、声望和正常工作时间。酒店员工，尤其是身处第一线的服务人员，工作量大，工作辛苦，有时还要遭受少数客人的有意刁难甚至是人格侮辱；在有些酒店里，出于管理者自身素质不高或管理方法欠妥，致使员工感觉没得到应有关心和尊重；有些酒店，特别是老国有酒店，存在着内部人员关系过于复杂、人际关系过于紧张的问题，一些员工因无法忍受这种压抑的工作环境而跳槽。酒店有一个说法是“不眠不休不打烊”，它每年365天、每周7天、每天24小时都在营业，酒店最繁忙的时候是在周末和公共假期。对于在酒店工作的年轻男女而言，这肯定不是他们最喜欢的生活方式。就像其他人一样，他们也想在这个时候外出聚会而不是埋首工作。另外，前台工作人员需要倒班，工作时间不稳定，工作几年后职员就感到不适应，往往会选择一个“朝九晚五”的单位。再者，酒店业对员工的要求比较高，一般来说需要形象气质佳、外语水平好的人，有些人工作几年后能力达不到要求不得不离开，而具备这样的能力和素质的员工，又往往跳槽到其他行业的跨国公司去工作。今天我们年轻的毕业生有更多的就业选择，虽然酒店业在中国上升得很快，但相比较而言，它仍然占经济领域中相对较小的部分。酒店业需要与其他行业激烈竞争，以争得这些年轻的人才。

④寻求更高的报酬。在我国酒店业中，不同规模、档次与经济类型的酒店之间及酒店与其他行业间的报酬差距是客观存在的。一些外资高档酒店员工的收入水平普遍要大大高于国内酒店，高新技术行业的工资水平又大大高

于酒店业。许多员工把酒店支付给自己的报酬的高低作为衡量自身价值的标尺，由此导致一些员工在寻找到能够提供更高报酬的企业后，就有可能选择跳槽。

⑤寻求更好的发展机会。报酬是人们在选择职业时比较注重的一个因素，但它并不是人们做出最终决策的唯一依据。事实也表明，有些人为了能得到更多的发展机会，他们宁可暂时放弃较高的报酬；反之，若得不到很好的发展机会，即便是能在这家酒店拿到比同行们更高的收入，他们也会跳槽到那些能给他们更广阔的发展空间的酒店或其他企业去工作。

⑥多数酒店缺乏有效的激励机制。旅游酒店中薪酬的高低、薪酬结构和薪酬分配的合理程度成为影响员工离职的主要因素。由于酒店的微利经营，不可能对每一个员工都提供高薪酬，但应在公平、激励原则的指导下，制定合理的薪酬结构和福利政策，并可以考虑给予员工至少是核心员工带薪休假的权利，并对做出较大贡献的员工给予奖励，充分体现优秀员工的价值，并扩大其榜样示范作用。对于优秀的、具有核心地位的员工来说，薪酬固然很重要，但他们更关心的是自我发展前景和潜力。

⑦缺乏良好的企业文化，员工没有忠诚感。年轻的雇员，特别是有才能的雇员，因其多数具有跳槽倾向而闻名，他们都愿意向最高的出价者出售自己的技能，并对任何雇主都缺乏忠诚感。劳动力成本以几何级数上升，同时生产率呈代数级数增长，这对任何成长中的经济都是一个危险的趋势。劳动力密集的酒店业尤其难以承受。旅游酒店的企业文化是这个酒店特有的传统和风尚，良好的企业文化建设就是要促使员工共同遵循一样的价值观、信念态度、经营哲学和行为准则，从而形成强大的凝聚力和协同力。解决这个问题的关键是树立“以人为本”的意识，尊重人才，培养人才，形成团结互助，互相认同的企业文化。目前酒店业中真正具有凝聚力、号召力的企业文化的酒店相当少，当人才自身的价值理念和企业文化相冲突时，他们必然会选择跳槽，从而加速了人才流失。

（2）中高层管理人才竞争激烈

近几年，我国旅游酒店业发展迅速，大部分酒店都面临人才缺乏的困境，“培养人才不如猎取人才”的观念，促使人才竞争的重心转移到那些具有十分丰富的工作经验和管理经验的中、高层管理人员以及具有良好业绩的营销人员群体。

2. 中国酒店人才需求分析

（1）酒店对管理者的要求通常是重素养轻学历，学历不是酒店选择管理人员最重要的因素。调查发现，酒店在选择管理人员最必须具有的因素时，选择“良好工作态度”的占 40.1%，选择“一定沟通能力”的占 34.7%，选择“艰苦创业精神”的占 11.6%，选择“良好事业心和责任感”的占 8.2%，只有 5.4%的酒店选择“学历”。不同的酒店对管理人员必备的素质有不同的要求。调查显示，在要求管理人员最应该具备的重要素质时，28.3%的酒店选择“团队协作精神”，25.6%的酒店选择“开拓精神”，18.7%的酒店要求“善于协调”，15.1%的酒店要求“善于沟通”，12.3%的酒店则选择“勤勉敬业”。从酒店的这些要求可以看出，在这个特殊行业里，最重要的素质其实说起来很简单，即“发自内心的热爱”。学生不愿意选择这种“伺候人”的行业，最根本的一点就是对职业没有认同感。

（2）酒店业越来越注重人才的培养和管理，随着经济的发展，软实力在酒店和餐饮企业竞争中发挥着越来越重要的作用，从高层到底层的优秀管理团队日益成为酒店和餐饮企业的核心竞争力。调研结果显示，酒店和餐饮业高级人才很缺乏，特别是高级技术型人才和操作型人才的缺乏尤为明显。同时，随着人们生活质量的提高，也出现了一些特有岗位，比如营养师、私人管家等。

（3）酒店业目前供应和需求量均较大的都主要集中在低端服务人员，从业人员主要来源于中、高等职业技术学校。这部分人进入酒店后主要担任前厅和客房服务人员，但要成为高级管理人员，存在一定难度。目前星级酒店紧缺的专业人才主要有三类：一类是宾馆酒店总经理、各部门经理等中高层管理人才；第二类是技能级别较高的餐厨、服务等技能型人才；第三类是具备较强“补位”意识的服务型人才，这类人要能弥补酒店各个部门之间的服务空白点。

（4）按照酒店部门来分析，酒店业目前在餐饮部、销售部、客房部三大部门用人需求比较大。酒店业内人士介绍，餐饮部是企业对外的部门，用人需求最为旺盛，从基础服务人员到餐厅经理都有需求。销售部紧缺的是营销管理人才，需要有若干年的行业经验，熟悉酒店特色和产品，熟悉酒店客房、餐厅、前台等各岗位工作特点，并且有很强的人际沟通能力的全能型人才。至于客房部，随着各类进口保洁工具性能的升级和价格的攀升，如今酒店越来越重视客房部的管理工作，优秀的客房管理者首先要熟悉各类进口保洁工具，能进行工具性能的维护和维修，此外还要承担下属员工的技能培训工作。

（5）在酒店管理这个特殊行业里，最重要的素质其实说起来很简单，“发自内心的热爱”。以前有人看不起服务业，不愿意在酒店这种“伺候人”的行业里工作，最根本的一点就是对职业没有认同；酒店经营管理人才还要具备一项素质，即处理人际关系的高超本领，因为酒店业做的是“人”的生意，比起其他行业更需要频繁地与人打交道，如果性格不适合与人沟通，就比较难以在这一行立足；酒店职业经理人需不断升华自身职业素养，衡量成熟的职业经理人能力的最高标准是对旅游市场的正确决策和把握，既要熟悉旅游市场动态，在把握发展趋势、确立市场定位等决策层面上具备判断力，又要精通业务，懂管理，能进行实际操作。

（二）我国餐饮业人才现状与需求分析

1. 餐饮业人才现状分析

在酒店业和社会餐饮业中，餐饮部门基层管理者大多不具备高等教育学历，尤其担任厨房高级管理职务的人员就更少具备大专以上高等教育学历，这些状况在一定程度上限制了传统餐饮业的专业技能和管理水平的提升。而现代餐饮企业，特别是大型连锁餐饮企业则相应要求从业人员具有较高的素质、操作技术、管理水平和创新能力，因此我国的餐饮专业市场出现了需求远远大于供给的紧张状况。旅游业的发展对餐饮从业人员需求也将迅速扩大，而其中约占10%的管理人员需求也将随之增大；其中，大型餐饮企业对高级管理人才的需求也呈供不应求的状况。因此，我国的烹饪与餐饮管理专业是否能为企业培养符合市场需要的足够的餐饮业高级从业人员，将对提升我国未来餐饮业的发展速度具有重要作用。

（1）现有管理层学历结构偏低

从目前旅游行业内及面向全社会的大型餐饮集团的状况分析，从事烹饪与餐饮管理工作的大专以上学历的管理人员约为7%，远远落后于其他行业，这里还不包括中小型餐饮企业的现状。

（2）知识结构、管理水平老化

现代餐饮业经营业态多种多样，加入世贸组织后，我国餐饮业受到西方现代餐饮理念、业态和管理的强烈冲击。长期以来，我国餐饮业的管理处在经验操作层面，对企业制度、营运模式、市场营销、研究开发、管理创新等现代餐饮发展机制缺乏相应的管理人才和知识，行业整体发展水平不高。人才匮乏是制约行业发展和企业竞争力的主要瓶颈。

（3）行业发展急需现代化专业管理人才

如果单以旅游业直接从业人员每年 10%的递增速度计算，5 年内我国旅游业直接从业人员需要 350 万人，而烹饪与餐饮管理专业人员又在其中占有很大的份额。

从行业的调查情况来看，根据旅游业综合发展的趋势，行业中迫切需求的人才，一是高层次的管理人员，二是全能型的复合人才。

据保守的测算，我国餐饮营业收入每年以 20%递增，就业岗位以 10%的速度递增。根据有关部门的预测，餐饮从业人员的结构和层次将有深刻的变化：在整个队伍中，具有研究生学历的将占到 5%，大学本科学历的将占到 15%，大专学历的将占到 30%，中专、高中学历的将占到 45%。

餐饮业紧缺的人才，从层面上看主要有高级的餐饮策划和决策者（餐饮企业总经理、餐饮总监）、职业经理人、餐饮前厅高级管理人员、行政总厨与厨师长、食品制作研究人才、餐饮营养卫生人才、食品科研开发人才、中西餐高级技术人员等。他们的总数只占到餐饮从业人员的 5%～8%。目前旅游教育已滞后于旅游的发展，所培养的餐饮人才已不适应企业的未来发展。教育与科研的投入不够，教学与实践的脱节和滞后，已严重影响了餐饮业的发展。

中国餐饮业的发展，关键在于人才和产品的开发。质量是基础，人才是保证。只有培养大批专业型管理人员，才会有餐饮企业经营和管理的创新，为企业赢得新的发展空间。因此，餐饮业在今后几十年急需大批具有创新思维和创造能力、掌握先进管理知识和技术的应用型人才，提高他们的文化素质与经营管理理论和能力是当务之急。

表 1-8　餐饮紧缺人才层次结构图

层次	内容	比例（%）
高级管理人才	总经理 餐饮总监 职业经理人	1%～2%
复合型人才	前厅经理 行政总厨 厨师长	2%～3%
新型产业人才	高级技术人员 餐饮营养卫生人才 食品科研人才 食品开发人才	2%～3%

2. 餐饮业人才需求分析

各种数据和信息表明，餐饮业和旅游经济的发展趋势迫切需要一大批烹饪专业人才，尤其是高素质、高技能、有创新能力的烹饪专业人才。现有的烹饪专业人才远远不能满足餐饮市场的需求，高技能的烹饪专业人才缺口成为制约餐饮企业发展的瓶颈。

对烹饪专业人才的需求首先表现在“质”的方面。作为国际化大都市，餐饮企业对烹饪专业人才的需求，不仅表现在人才的数量上，还突出体现在“质”的差距上。以前，烹饪专业的学生到餐饮企业去实习、就业，企业关注的多半是学生的技能水平，现在更注重的则是整体素质。整体素质包括思想品德、职业道德、文化素养、礼仪礼貌、遵章守纪、工作作风、心理承受能力、身体适应能力，等等。其中，最被看重的是有文化、有师承、厨德好、声望高、见识广、眼睛活、会管理、敢创新、忠于企业的厨师。餐饮业对烹饪人才素质的要求甚至比技能的要求还要高。目前，在整个餐饮行业中，高学历的厨师比例偏低，厨房的工作人员大部分为高中学历，大学本科和大学专科学历的比例很低。从事厨师职业的人员中，虽然大部分为高中学历，但是他们的整体素质偏低。只有培养高素质的烹饪人才职业队伍，才能适应餐饮业新的发展形势。

对烹饪专业人才的需求还表现在类型上。当今的餐饮业越来越朝着规模化、专业化方向发展。随着外国餐饮企业的进入，使餐饮市场的竞争日益加剧，而对人才的争夺，特别是高技能人才的争夺日益激烈。面对国内餐饮业良好的发展态势，餐饮业人才状况却发生了变化，空前的“人才荒”成为阻碍餐饮业发展的最大问题。餐饮业的发展对烹饪人才培育提出了更高的要求。

当前我国餐饮业紧缺的人才类型主要有以下几种。

（1）高水平应用型烹饪专业人才

高水平应用型烹饪专业人才是我国目前餐饮业最缺乏的人才类型之一。应用型烹饪专业人才是处于决策者和现场操作之间的一种人才，是既能够动脑又能够动手的烹饪专业人才。应用型人才包括智能应用型和技能应用型两类。智能应用型人才是指把成熟的技术和理论应用到实际的生活、生产、文化等方面，其特点是有比较深厚的科学基础理论，对相关领域的生产或者实际状况比较了解。而技能应用型人才则具有过硬的专业技能、服务意识较强。现实中，由于餐饮企业急需的人才与烹饪专业应届毕业生之间的对接存在差距，因而需要烹饪院校及时调整人才培养模式与目标，实现人才培养与行业需求的有效对接。

（2）高素质创新型烹饪专业人才

创新型人才是应用型人才的提升，创新型烹饪人才应具备的素质具体包括基础素质、专业素质、心理素质、坚强的意志、完善的个性等。现代餐饮企业对厨师的要求，已不再简单局限于掌握一门技术，而是人格、知识、能力、修养、创新诸方面的综合要求。也就是说，烹饪专业的学生胜任岗位要求，不仅要学习技术，掌握技能，更要具备一定的专业理论基础、文化素质，以及良好的道德修养。无论是知识创新还是技术创新，是经济竞争还是科技竞争，归根到底还是要靠大量高素质的创新型人才来完成。创新的关键又在于创新型人才的培养。从餐饮业和职业教育的发展趋势看，创新和创业素质教育将成为职业教育的"重中之重"。因此，培养高素质创新型人才是摆在烹饪院校特别是烹饪高职院校面前的一项艰巨而光荣的任务。烹饪院校应把传授知识、培养能力、提高素质、发展个性特长作为一个有机整体去考虑，把协调发展上升为一种现代教育观念。烹饪院校应将创新和创业素质教育引入教学工作，以社会需求为导向，大力调整学科专业结构，实行产学研互动，培育学生的创新能力和创业素质，进行个性化的就业指导。

（3）高技能复合型烹饪专业人才

随着现代科学技术和社会经济文化的发展，人类社会所面临的许多重大问题的解决，越来越取决于多学科的协同攻关。这种综合的趋势越来越明显，原有学科间的界限正在不断淡化。在这种发展背景下，餐饮企业对相应人才的需求出现急剧变化，由过去单纯的学历型、学科型向应用型、复合型转变。据了解，在相应职业资格的需求方面，还是以由国家劳动部门颁发的职业技能等级证书为主。职业资格证书制度是劳动就业制度的一项重要内容，也是一种特殊形式的国家考试制度。中式烹调师、中式面点师、西式烹调师、西式面点师等的职业资格证书都分为初级、中级、高级、技师和高级技师五个等级。另外，营养师、点菜师、餐饮职业经理人等证书也受到企业的肯定。还有，通过参加由行业协会举办的各种培训、竞赛或烹饪大赛等获得的证书和奖牌，也得到餐饮企业的认可。在机遇与挑战并存的新世纪，烹饪院校必须适应时代发展的要求，积极推动教学和课程改革，采取多种措施为有知识、有技能的复合型人才的培养创造条件。

（4）国际型烹饪专业人才

经济全球化和教育国际化的迅速发展，使得对国际型烹饪专业人才的需求成为必然。餐饮业日趋国际化，厨师已经成为紧缺的国际型人才，烹饪人才将面临着前所未有的发展机遇。国际型烹饪人才是指具备良好的专业和外语能力，熟悉全球餐饮事务管理和国际规则，熟练掌握全球行政、商务、社会管理知识，拥有博大的人类视野和强烈的伦理关怀，能够胜任中国与外部世界跨文化餐饮经营管理的全方位的现代化新型人才。经济全球化的实质是资本全球化，处于强势的国际资本、技术和管理纷纷进入中国市场。仅以上海中高职烹饪专业毕业生就业主要面向的餐饮、酒店、旅游等现代服务业为例，目前国内的五星级酒店多数由国（境）外的酒店管理公司经营管理，相当多的总经理为外国人。上海的中高档餐饮企业需要厨师和相关工作人员具有丰富的文化知识结构、熟悉国外饮食文化、懂外语、有国外工作经历等。学校教育若不看到这种状况，必然使毕业生在中高端人才市场竞争中处于劣势。一批国内有实力的餐饮、酒店等现代服务企业走出国门，寻找新的市场和发展机遇，他们几乎都遇到一个难题，即很难找到懂外语、有技术和国外经历、熟悉国外法律和习俗的职业经理人。因此，我们自己的学校若不能培养这类人才，我国的餐饮、酒店等现代服务企业的外向型发展将因缺乏人才支撑而步履维艰。如果能够大量安排实习生或毕业生到国外实习或就业，那么将来这当中的很多人都有可能成为合格的国外服务业职业经理人。国际型人才培养要有明确的目标和方向，坚持有德有才，积极拓展对外合作和交流，培养学生价值观、国际化意识、跨文化意识以及外语能力。

综上所述，餐饮业的发展迫切需要既有一定的理论知识，又有专业技术的高素质的烹饪专业人才，迫切需要能熟练应用成熟技术和传播、推广新技术，并具有创新精神和创业能力的高素质烹饪专业人才。

（三）我国会展业人才现状与需求分析

1. 会展业人才现状分析

涉及会展及其服务的企业也包括多种类型，其主体是会议或展览会的组织者及举办场地，即会议策划 / 服务公司和展览公司，以及会议中心、展览场馆（博物馆、展览中心、博览中心等）；外围服务企业主要有展品运输公司、广告公司、展台设计与搭建公司，还包括旅行社、酒店等服务企业。会展活动有时是一项巨大而漫长的工程，例如世博会，有时规模不大但对人员素质要求很高，如上海财富论坛。不管是大型活动还是中小型活动，不管是会议还是展览，这些活动的策划和管理，其工作流程涉及许多具体的方面和很多工种，社会对会展人才的需求量大。用人单位包括政府、企业、事业单位等。

除了会展核心企业、相关企业以外，一般的商务企业和事业单位都普遍需要此类人才。会展属于第三产业中最热门的前10个行业。在德国汉诺威，一半的人在会展行业就业，在美国过去的一些工业城市，现在也改变成会展名城，如芝加哥、费城等，在会展行业就业的人数越来越多。

用人单位对人才的知识需求与数量需求还与会展活动的流程密切相关，如在会议活动准备阶段，要做好策划、选址、营销、预算四个方面的工作；在会议活动实施阶段，要做好编制会议手册、联络场地、寻求好演讲者、与会人员登记注册、促进会议日常交流、成立现场指挥工作小组等方面工作；在评估总结阶段，要做好会议总结与评估、客户回访、召开总结表彰会、感谢相关人员等方面工作。换一个角度说，展览活动前期准备阶段主要从事策划，具体工作包括确定主题、寻求承办单位、支持单位和合作单位；展览活动中期实施阶段主要包括制定会展项目计划、广告与宣传、招展和组团、为参展商提供专业和配套服务、展览会现场管理等方面的工作；展后阶段主要包括展后跟踪服务、总结和评估等方面工作。所以，会展管理专业在培养用人单位急需的从事策划工作的人才时，要求其具有全面的综合素质和不断创新的能力，以期在实际的会展管理中能取得良好的环境、社会、经济三方面综合效益。

会展专业人才岗位需求与求职者的比例为：上海10∶1，北京8∶1，广州8∶1。这说明目前会展专业人才缺乏十分严重。在会展人才奇缺的背景下，会展教育与培训也如雨后春笋般蓬勃发展。据不完全统计，截至2006年底，全国已有89所高等院校先后设立了会展（管理）专业。目前，中国的会展人才培养与人才需求存在着巨大的反差，人才培养不适应企业需求的现象比较严重。不少用人单位对会展专业毕业的学生并不满意。企业需要既懂理论又有实战能力的人才，而现实的情况是，大多数会展专业的学生既缺乏理论的高度与系统性，又没有实践经验，干啥啥不行。企业不愿意接收这样的毕业生，更不愿意再花费一定的时间和费用继续培养这样的毕业生，结果是企业找不到自己满意的人才，毕业生也找不到满意的工作。这一问题主要是由两大原因造成的：一是教育机构缺乏优秀的师资队伍，专业定位模糊，人才培养缺乏特色；二是学生缺乏实践，造成学生理论与实践严重脱节，不能做到学以致用。

表 1-9　上海会展人才需求层次调查反馈表

您认为贵单位需要的会展人才学历应该是					
数值类型	大专	本科	研究生以上	每层次都要	弃权
单位总数（55）	17	21	3	12	2
比例	30.91%	38.18%	5.45%	21.82%	3.64%

资料来源：上海师范大学旅游学院. 关于会展人才市场调查报告.

以从事会展营销工作的人才需求为例（见表 1-10），可以看出，会展业不仅需要大量专业人才和相关人才，而且政府和企业对人才的需求是分层次的，非常需要能跨越不同层次、懂得不同专业的复合型项目经理人才。

表 1-10　会展营销体系对会展人才需求的层次性和复合性

营销主体	营销对象	营销的主要内容	营销目的
会展城市	会议或展览会的组织者	优越的会展环境	吸引更多、更高档次的会议或展览会在当地举办
会展策划/服务公司	会议主办单位（者）	大力宣传自己非凡的会议策划和组织能力	争取更多的会议业务
展览公司	政府、参展商、专业观众	强调展览会对当地经济的促进作用；突出展览会能给参展商或专业观众带来的独特利益	争取政府的积极支持；吸引更多的参展商和专业观众，塑造展会品牌
会议中心	会议公司、专业会议组织者（PCO）	完善的会议设施和优良的配套服务	吸引更多、更高档次的会议在本中心举办

2. 会展业人才需求分析

据调查，社会人才需求中对人才的素质也提出了要求，需要能吃苦耐劳，随机应变能力强、在管理中把握全局，在服务时耐心细致、快速周到的人才，所以未来的会展人才应该是具备宽广的国际化背景知识、对会展工作充满激情、能从事管理和服务的人。今后若干年，中国的会展业必将面临更加开放的国际竞争态势，并迅速融入国际会展市场。

按会展业目前对人才的需求现状，社会对会展业人才需求主要分为以下几种类型：

- 会展策划与经济管理人才，主要是指在会展策划与管理方面，具备公共管理理论基础知识，会展策划和经济管理专业知识、旅游服务和商务服务等相关知识的人才；
- 会展外语人才，主要指高级同声传译、会展文案的翻译人才，要求口译、笔译，还有从事国际导游、国际公关、会展外交宣传等工作人才；

- 会展工程建设和展示设计人才，包括会展场馆设计、建设和管理，设备设计、生产、保养和维护，会展场馆装潢设计施工，会展背景板、指示牌等设计与搭建，会展软件系统开发及维护的人才，以及会展活动策划的艺术与技术方面人才；
- 会展教育与研究人才，包括专家学者、教师及科研人员、行业协会培训管理工作人员、信息统计人员、刊物和网站编辑人员、技术人员等。

（四）我国旅行社业人才现状与需求分析

1. 旅行社业人才现状分析

从全国旅行社从业人员规模及变化来看，全国旅行社 2012 年末从业人员为 31.8 万人，较之前 2011 年的 29.97 万人有小幅度增长，年增长率为 6.16%，从业人员规模略增，北京、四川、上海等城市增长幅度较大。

从不同省市区从业人员规模及其变化来看，2012 年旅行社从业人员排名靠前的省市有北京、上海、广东、浙江、江苏等旅游大省（市），景区从业人员数量较多，均超过 1.8 万人；排名最后的省区是西藏、青海和宁夏，景区从业人员数量都不足 2000 人。旅行社平均从业人员增加规模排前三名的分别为：北京，33.03%；四川，29.69%；广西，18.49%。旅行社从业人员年增长率均在 18 以上。

表 1-11　全国 2011 年与 2012 年星级旅行社从业人员规模比较

地区	旅行社从业人员		
	2011 年（人）	2012 年（人）	年增长率（%）
总计	299755	318223	6.16
北京	20934	27848	33.03
天津	4412	4253	-3.60
河北	7388	7231	-2.13
山西	7083	7496	5.83
内蒙古	4870	5244	7.68
辽宁	6831	7903	15.69
吉林	2960	3085	4.22
黑龙江	4182	4738	13.30
上海	20351	23944	17.66
江苏	19641	18117	-7.76
浙江	24094	26480	9.90

续表

地区	旅行社从业人员		
	2011 年（人）	2012 年（人）	年增长率（%）
安徽	9217	8873	-3.73
福建	12398	13151	6.07
江西	6848	7161	4.57
山东	18020	18591	3.17
河南	9139	8717	-4.62
湖北	13098	13225	0.97
湖南	13435	13451	0.12
广东	35408	36025	1.74
广西	7016	8313	18.49
海南	5236	4987	-4.76
重庆	6782	7792	14.89
四川	7096	9203	29.69
贵州	2381	2766	16.17
云南	13470	12264	-8.95
西藏	1306	1362	4.29
陕西	6769	7330	8.29
甘肃	4231	3038	-28.20
青海	1355	1454	7.31
宁夏	900	971	7.89
新疆	2904	3210	10.54

综上所述，可将旅行社从业人员现状分述如下。

（1）旅游从业人员总量不足

国家旅游局最新发布的《2013 年全国检查导游员情况通报》显示，截至 2013 年底，系统内登记导游员共有 737720 名。虽然从绝对数字上看，我国导游员人数并不少，但是，与旅游者人数相比较而言，导游员还是不能适应我国旅游业的发展需求的。据统计，其中有 29.3% 的获得导游从业资格证的人员不从事导游事业，这进一步加大了导游人员与旅游业发展需求之间的差距。从现实情况看，目前我国大多数专职导游经常处于超负荷的工作状态。这一状况在节假日尤为突出。导游人员总体不足的状况已经妨碍了我国旅游业的发展，是造成目前旅游服务质量不高的一个重要原因。

（2）旅游从业人员结构失衡

从性别结构来看，导游队伍以女性导游人员为主。出现这种性别比例相差大的局面，有多方面的原因：第一，导游人员在某种程度上来说是服务员，而在服务行业女性从业人员要多于男性，所以男性少于女性也是服务业的正常现象；第二，导游工作繁杂琐碎，需要导游从业者心思细腻、有耐心，在与游客发生冲突时还要能有所忍让，女性在性格方面比男性更体贴忍让，更有亲和力，这些特质是女性从事导游工作的先天优势。然而，女性在体力上具有弱势，而我国更多的旅游资源属于山地型的旅游资源，像五岳、张家界、九寨沟等有名的旅游景点多是山地型的，要做好导游服务非有好体力不可。因此，对我国旅游业发展总的来说应该是男性导游更占优势，而目前存在的男女比例差距不利于旅游业的可持续发展。

从年龄结构来看，我国导游队伍是一支非常年轻的队伍，七成的导游人员年龄在30岁以下，年轻的导游固然有天然的优势，他们富有活力和激情，但他们却缺少沉稳和经验。对于导游这样一种复杂的工作而言，导游队伍过于年轻，在处理应急事件时往往有些力不从心，不如经验老到的导游那样得心应手。

从学历和技术层次来看，现有旅游从业人员中不少是近年从院校毕业的学生，整个旅游从业人员年龄结构偏轻、实践经验不足的问题比较突出。从业人员总体学历偏低，专业技术人员少，专业技术职称低，中高级人才严重不足。从行业结构看，旅行社人员数量相对饱和，主要问题是从业人员素质的提高，缺的是中高层次人才。

从专业构成来看，多数从业人员非旅游科班出身，而是半路出家，没有受过系统规范的专业教育或培训。据抽样调查显示，旅游酒店和旅行社的总经理级管理人员分别仅有30%和20%的人所学专业为“旅游类”或“外语类”。行业大多数管理人员岗位与所学专业不一致，他们的经营管理知识和技能主要来自长期实践的积累，较少来自学校的系统培养。这就使管理上不可避免带有一定从经验出发就事记事的痕迹，制约了行业总体管理水平的提高。

从导游等级结构来看，导游队伍以持导游员资格证书和初级导游员证书者占绝大多数，为96.3%，而持有中级导游员证书、高级导游员证书、特级导游员证书的人员所占的比例极低，仅占3.7%，导游队伍等级结构不合理的问题非常突出。

从语言结构来看，导游队伍以中文导游人员为主，外语类导游人员整体数量不足，尤其缺乏一些小语种导游人员。在外语类导游人员中，一些语种的导游人数与我国入境旅游者的数量不成比例，我国客源市场需求量较大的韩语、泰语、意大利语等的导游人数太少。

从地区分布结构来看，中国东部地区的经济发展水平大大高于中西部地区，旅游资源却大多数分布在中西部地区。也就是说，在旅游业的发展方面，东西部各有优势。但在导游人员的分布上，东部10省市和中西部21省市区基本上各占一半（分别为51.3%和48.7%），很明显存在比例失调。

2. 旅行社业人才需求分析

旅游业发展迅速，而短期内不可能一下培养这么多的旅游人才。这其中大量的从业人员都是转行来的，因此旅游专业人才有着良好的发展空间。由于中国旅游业起步比较晚，现在又已成为国民经济的重要产业，因此需要一支高素质的产业大军。这是一个需求旺盛的经济产业，而且随着产业素质的提高，将会设置越来越严格的专业门槛，大量录用经过正规培训的人才。

（1）产业链长决定旅游业需要复合型人才

旅游行业产业链长，涉及范围宽，决定了这个专业的毕业生就业岗位多，就业相对容易。特别是有些就业岗位门槛比较低。但如果想成为这个产业的高端人才，则要求具备非常高的素质。现代旅游产业的要素不局限于“吃、住、行、游、购、娱”，涉及行业有上百个，这决定了旅游业人才应该具有很强的层次性、多样性和特质性。层次性是指在旅游产业从市场调研、产品开发、产品销售到售后服务等一条龙产业链中，不同层次的岗位需要不同层次的人才。多样性指的是不同的旅游产品需要不同知识结构的人才。特质性是说无论是能力、知识还是身体素质，该行业都需要一种特殊的素质结构，比如说，旅游业从业人员应该具备较强的服务意识、敬业精神和团队精神，这是由其所属的服务行业性质决定的。旅游行业的人才既需要能力的专业性，又需要知识的综合性。

（2）计调人才越来越受到青睐

旅行社的计调是进行旅游实际操作的专业人员，负责新线路的开拓、食宿谈判、行程安排、成本核算等经营管理工作。旅行社开辟一条线路、带一个团能否赚钱、盈利多少，全靠计调进行掌控和核算，因而计调也被称为旅行社的中枢，是掌握着旅行社命脉的核心人才。过去只有一些上规模的旅行社才有计调人才进行专业旅游项目操作，大多数小规模的旅行社只要租一个小门面、摆上几台电脑就可以接单，然后把单子转包给其他旅行社，无须具体操作。随着一些旅行社越来越正规，规模越来越大，专业运作旅游业务的计调人员就越来越受到旅行社的青睐。

（3）人才要求：有热情、情商高、知识面宽

什么样的人适合进入旅游这个行业并得到长足的发展呢？业内人士与大家分享了他们的宝贵经验，有如下数端。

①理智和热情缺一不可。一旦进入这个行业，会发现很多事情枯燥乏味，工作激情会被打击，因此“理智”不可或缺；同时要在这个行业发展，“热情”必不可少。由于现在很多旅行社分工明细，负责指定区域或者特定线路，时间长了会缺乏新鲜感，发展下去就受局限。

②高情商、人性化服务。旅游业从业人员最重要的一点就是“情商要高”。比如有客户打电话订机票，普通商务员问需要几点的机票；情商比较高的业务员会主动询问客户回程是什么时候，这样就增加了回程票这笔业务；而更积极的业务员，会主动把打折机票等优惠信息告知客户；资深人员则会细致入微地提醒客户打折机票有哪些限定条件。

③做知识面丰富的“杂家”。经验和语言能力都可以通过实践和培训达成，更重要的是知识面——“做旅游这行需要‘杂家’”。随着旅游市场需求的细分，除了熟悉景区景点旅游历史外，还要了解城市经济发展、天文地理、环保等相关知识。

（4）旅行社六类中、高端人才

为弄清旅行社业到底需要什么样的人才，我们特地采访了几家著名旅行社的老总及各部门经理。以下是部分谈话记录。

被采访者 1：为加快旅游经济的发展，为应对旅游强国带来的机遇与挑战，全国的旅行社业急需一批懂经济、懂旅游、善经营、会管理的旅游专业人才。

被采访者 2：缺少的是策划创意人才，提高业界品位的人才，主要是因为老祖宗留给我们的东西实在太好了，所以大家不知不觉中会觉得国内的旅游是简单的观景而缺少游趣。

被采访者 3：缺乏能熟练掌控出团旅游的团队调度、订机票、办签证、发团及与境外旅行社联系等出境游业务的经理；缺乏熟悉基本流程，善于处理与旅游相关的问题，谙熟各国语言、货币、法律法规等，并具备与各国领事馆打交道，在异国他乡迅速处理突发事件能力的优秀人才；此外，缺乏的人才还包括旅行社销售部人员、公关部人员、会展人员，等等。

被采访者 4：主要是要缺乏一批旅游业发展所急需的产品设计人才、市场营销人才、高级管理人才、高级导游，以及旅游电子商务、度假管理、会展策划等方面的专业技术人才。

结合以上访谈，有六类中高端人才极其匮乏：①高端市场策划人才，他们能把握市场走势和导向，旅游知识面宽泛，深谙市场运作；②经验丰富的旅游计调人才，他们熟悉国内外旅游线路和景点、酒店、交通以及导游的状况，有出色的组织协调能力；③有资深行业背景、人脉丰富的销售人才，尤其是商务旅行销售人才；④能够熟练地发掘、组合、打包产品、联络各个供应商、协调各个环节、不断推陈出新，并承担起管理职能的旅游度假产品经理；⑤既能开拓资源又深谙管理之道的高层次管理人才；⑥新兴旅游业态专业人才，如旅游信息管理/电子商务人才、大型会展活动管理服务人才，等等。

（五）我国景区业人才现状与需求分析

1. 景区业人才现状分析

从全国景区从业人员规模及变化来看，全国景区 2012 年末从业人员为 22.6 万人，较之前 2011 年的 20.2 万人有较大增长，年增长率为 12.38%。从业人员总体规模总体增加较快，其中安徽、福建、江西、湖南、海南、甘肃等省市规模增长幅度较大。

从不同省市从业人员规模及其变化来看，2012 年景区从业人员排名靠前的有江苏、浙江、湖南、广东等旅游大省，景区从业人员数量较多，均超过 1.5 万人；排名最后的是青海省，景区从业人员数量不足 200 人。景区平均从业人员增加数排前三名的分别为：甘肃，197.27%；湖南，116.29%；海南，72.12%。其景区从业人员年增长率均在 50%以上。

表 1-12　全国 2011 年与 2012 年景区从业人员规模比较

地区	景区从业人员		
	2011 年（人）	2012 年（人）	年增长率（%）
总计	201495	226434	12.38
北京	6660	7716	15.86
天津	1205	1268	5.23
河北	9711	8561	−11.84
山西	3453	5774	67.22
内蒙古	6471	7405	14.43
辽宁	1740	1293	−25.69
吉林	1831	2280	24.52

续表

地区	景区从业人员		
	2011 年（人）	2012 年（人）	年增长率（%）
黑龙江	3704	2015	-45.60
上海	7374	8439	14.44
江苏	14645	15360	4.88
浙江	19203	16794	-12.54
安徽	3590	5796	61.45
福建	6262	8249	31.73
江西	2426	3707	52.80
山东	7788	9702	24.58
河南	13886	12357	-11.01
湖北	8427	11484	36.28
湖南	6990	15119	116.29
广东	26319	29419	11.78
广西	6929	7923	14.35
海南	2794	4809	72.12
重庆	7120	7210	1.26
四川	9680	6094	-37.05
贵州	4275	2279	-46.69
云南	8790	11032	25.51
西藏	-	-	-
陕西	4530	5414	19.51
甘肃	1426	4239	197.27
青海	141	141	0.00
宁夏	2582	2925	13.28
新疆	1542	1630	5.71

据统计，2012 年全国 A 级景区就业人员总量为 403.55 万人。其中，4A 级、5A 级景区从业人员较多，分别占全国 A 级景区从业人员总量的 37.19%和 26.05%。全国 A 级旅游景区专职导游总人数为 49805 人，其中 4A 级、5A 级景区专职导游人数相对较多，分别占全国 A 级旅游景区专职导游总人数的 41.71%和 26.9%。

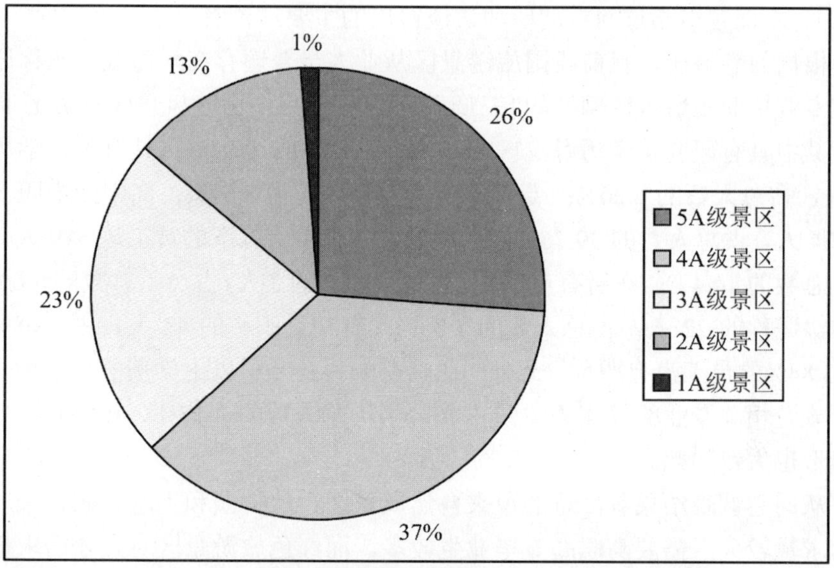

图 1-24　全国 A 级旅游景区就业人员人数等级分布图

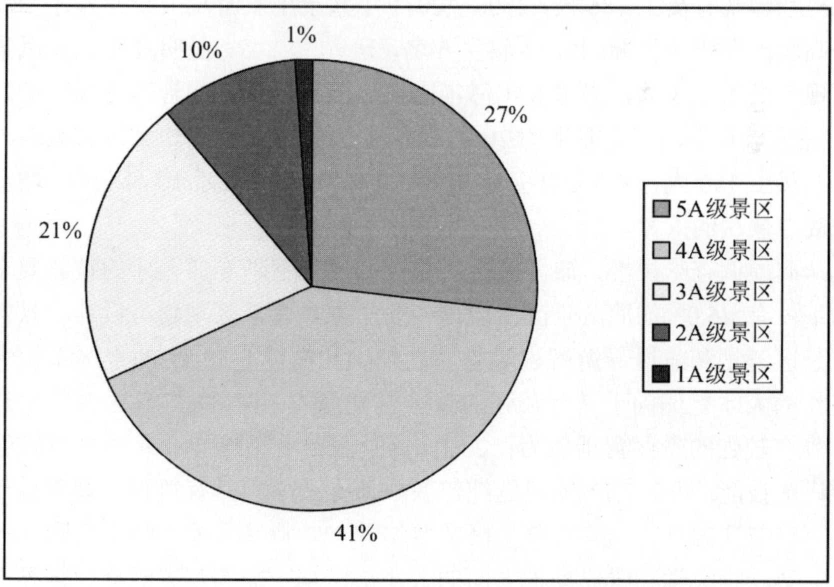

图 1-25　全国 A 级旅游景区导游数量等级分布图

近几年来，中国旅游景区的发展逐渐形成规模。旅游景区本身又分为不同的类型，如风景区、主题公园和古镇等。不同的景区也有各自的特点。此次问卷调查和访谈的单位涵盖了旅游风景区、主题公园、古镇、博物馆（纪念馆）。本课题组通过问卷调研和访谈得出的主要结论有以下几个方面。

根据问卷调研，目前我国旅游景区从业人员普遍存在学历低、职称低和旅游专业毕业生所占比例低的“三低”现象。如南京中山陵风景区有员工 1167 名，其中具有研究生学历者 11 人，占员工总数的 0.94%；具有本科学历者 73 人，占总人数的 6.26%；专科学历的 100 人，占 8.57%；高中或中职学历的 464 人，占总人数的 39.76%；而高中或中职学历以下的员工达 519 人，占员工总数的 44.47%。在所有员工中，有高级职称的 7 人，占员工总数的 0.60%；有中级职称的 22 人，占总人数的 1.88%；有初级职称的 43 人，占 3.68%；而 93.84%的员工没有职称。此外，在具有专科及专科以上学历的员工中，毕业于旅游相关专业的仅 4 人，只占相同学历总人数的 2.17%。其他旅游景区的情形也大致如此。

从问卷调查结果看，总的说来自然风景区、植物园和主题公园未来对人才需求量较大，需要高职高专毕业生较多，而红色旅游景区对人才需求量较小，但对人才的需要层次较高，多需要研究型人才。如中国科学院西双版纳热带植物园现有员工 186 人，2006～2011 年共录用旅游相关专业人才 88 名，其中高职高专毕业生 80 名，本科生 6 名，研究生 2 名；昆明宜良九乡风景名胜区现有员工 153 人，未来 5 年每年需要旅游景区开发与管理相关专业人才 30 名左右，其中高职高专生约 20 名，本科生约 10 名；苏州吴越古镇旅游景区现有员工 150 人，未来 5 年每年需要旅游相关专业人才 10 名左右，均需要高职高专层次的人才。

从问卷调查结果看，旅游景区对景区开发与管理专业人才的技能要求大致如下：有 46.0%的旅游景区希望该专业学生具有景区规划与设计、景区管理、景区营销和景区导游解说等全面的知识和技能；38.5%的景区希望来景区工作的人才更偏向于具有较强的景区管理能力；30.8%的景区希望引进的人才具有较强的景区营销能力；23.1%的景区更希望该专业人才具有较强的导游讲解技能；只有 7.7%的景区纯粹要求该专业学生具有很强的规划设计能力。不容忽视的是，一些特殊景区需要培养一些特殊人才，如上海野生动物园，需要动物医学和绿化养护方面的人才；广东一些高尔夫球会馆需要高尔夫球陪练方面的人才；深圳锦绣中华和中国民俗文化村需要茶艺师和舞蹈演员；还有一些景区需要素质拓展教练等。由此看来，培养具有旅游景区一线管理、营销和导游讲解技能的人才是相关院校景区开发与管理专业的主要目标，而针对一些特殊景区培养相应人才也是该专业发展应予以考虑的一个方向。

问卷调查还显示景区人才流动过快，主要有三种情况：一种情况是中西部地区的旅游景区景点，由于地理区域的因素，再加上薪资待遇等问题，高级管理人才不愿进入或不愿久留；另一种情况就是东部地区人才流动性过强，导致人才流失严重；再一种情况就是很多景区的“官体制”使得景区需要的人才进不来，招进的人又不是景区所需的人才。既缺少专业人才，但要进人又很困难，这是目前许多景区企业面临的困境，尤其是国企、央企性质的景区。虽然这些景区采取的是企业化管理，但在用人制度和机制等方面，很多依然还是老一套，急需的人进不来，进来的人又不是急需的人。

由于景区的快速发展，其经营管理普遍缺乏一批精通业务、经营能力强的管理人才，而这样的人才又无法通过企业内部培养在短期内获得，因此，很多景区不得不砸下重金到处“挖人”。在国内，在招聘人才时，看重的是应聘者有多少工作经历和经验；而在国外则更注重人才对企业的忠诚度。因此中国传统特色的用人、选人观念也为这种人才的流动提供了土壤。

目前景区发展过程中遇到的人才短缺问题，还蕴涵如下原因：一是政府层面以及企业层面对于旅游发展的认识和为人才发展营造的环境不尽如人意，许多相关的体制、法律法规尚处在不完善阶段，无法为人才的发展提供支撑；二是因为很多旅游企业缺乏成熟的人才观和用人机制，导致留不住人才或者人才流动过于频繁。一些旅游企业人力资源管理观念滞后，对人力资源管理的认识也仅仅停留在员工招聘、工资待遇等方面，很少涉及职业培训、岗位设置，更不会帮助员工对职业生涯做出必要的规划。此外，还有很大一部分景区“重使用，但不重培训”的观念在作祟，互相挖墙脚，而忽略了企业自身对人才的培养和培训。

2. 景区业人才发展需求分析

景区未来需要四类人才：一是旅游景区经营管理高端人才；二是随着旅游信息化发展需要的一些技术人才；三是公关人才；四是国际化人才。因此旅游景区的发展需要培养一大批既善于经营管理，又掌握现代信息技术，且能进行对外交流与合作的高层次、高素质复合型人才。

旅游景区需要的人才应具有的素质为：

- 景区规划与设计、景区管理、景区营销和景区导游解说等全面的知识和技能；
- 景区希望来景区工作的人才更偏向于具有较强的景区管理能力；
- 景区希望引进的人才具有较强的景区营销能力；

● 景区更希望该专业人才具有较强的导游讲解技能。

由此看来，培养具有旅游景区一线管理、营销和导游讲解技能的人才是中等、高等院校景区开发与管理专业的主要目标，而针对一些特殊景区培养相应人才也是该专业发展应予以考虑的一个方向。

（六）我国旅游智业人才现状与需求分析

1. 旅游智业人才现状调研分析

为了更好地把握旅游智业的人才需求状况，本课题组进行了较细致的人才需求市场调研。本次调查主要通过问卷和访谈两种方式展开。其中，通过问卷形式对上海市及长三角地区其他城市如南京、杭州的旅游行政管理部门、高校旅游相关各专业、旅行社、酒店进行了调查。此外，还走访了一些专业旅游策划与设计单位、市场咨询营销策划公司（选择被调查企业的业务范围是主要从事营销咨询、市场策划和市场调查等，其中包括一些会展、旅行社、酒店餐饮、景区等与旅游有关的策划活动）等，并对部分该领域的专家学者进行了访谈和意见征询。

各旅游企事业单位普遍认为，随着市场竞争的不断白热化，旅游智业变得越来越重要，它可以保证组织目的的顺利实现。市场对这方面的人才的需求量越来越大。部分企事业单位要求相关专业的人才具有本科以上学历，但是大部分单位认为此类人才的能力和实践经验更为重要，对学历层次的要求相对不是非常的严格。

大部分单位认为旅游策划人才不仅应该具备规划、投资、市场营销、旅游文化、历史地理、统计等方面的专业知识，还需要具备丰富的社会知识。在个人素质方面，要求策划人才具有敏锐的战略眼光、创新的思维能力、团队合作的精神、很强的与人沟通的能力和综合判断与思维能力。

经过调查发现，大部分旅游企事业单位认为这个专业前景较好，有较大的发展潜力。这些单位表示，虽然目前市场上很少有指定招聘这方面人才的，但是这并不表示市场对此类人才没有需求。这个空白需要高校来填补，市场的需求意识需要由高校来培植。

2. 旅游智业人才发展需求分析

（1）复合型人才

现在区域性旅游发展总体规划的需求高峰已基本过去，下一步势必要把精力集中在项目规划方面，甚至深入到项目设计。这时，有些“专家”已经不能完全适应了，因为技术性更强了。这就使另一些专家的重要性凸显出来，例如有的旅游规划策划班子里增加了投资专家，有详细的投资分析，甚至投资渠道都能提出来，使规划更具可操作性，这样的规划就比较到位。但这样的规划并不是每个人都能做到的，所以自然有一批专家可以迎接下一步项目规划的高峰，但这样的专家现在明显不足，尤其是既懂旅游又懂投资也懂金融的复合型专家，国内还非常少。所以能够“双跨”的人才，现在看起来是急缺的人才，一个规划单位如果能有这样的人才，就能够保证规划具有相应的操作性，也能有相应的质量。

（2）精英团队的组合

旅游智业队伍的组织，是旅游规划策划成果好坏的一个决定因素。综合性的旅游创意要求的是各有所长的一个专家组来进行规划工作。西方国家咨询业非常发达，并且咨询行业已形成一定的行规，这为智业人才队伍的组织提供了条件。作为综合性特别强的旅游规划策划，任何一个公司都很难拥有规划所需要的全部人才，从对承担四川、山东、云南、海南和贵州等省旅游规划的国外专家队伍的考察不难发现，专家组的成员来自不同的公司和不同的国家，每个专家擅长某一方面的工作，在专家组组长的统一协调下围绕总体规划开展工作。我国的咨询公司尚不发达，目前的旅游智业人才培养多是由高等学校和科研机构承担，加之我国旅游业发展时间不长，有经验的旅游智业人才的供给与高速发展的旅游业的需求相比缺口很大，这使得旅游智业人才队伍的组织更加困难，进而影响到规划质量和规划水平的提高。但无论如何困难，组织综合性的旅游智业专家队伍，是我国 21 世纪旅游智业发展的大趋势。

（3）经济、金融专业人才

旅游智业的目的是为项目带来收益，不论是旅游产品设计还是市场营销，都是为了带来收益。因此，旅游智业的发展将越来越倾向于具有指导性、实践性，这样才有生命力。经济学角度的相关分析将越来越深入，指导性越来越强，对于旅游项目中的风险管理、危机分析等将逐渐深入。这就需要一批经济、金融专业人才的介入，使旅游智业成为集资源评价、产品形象定位、市场分析、营销推广、实施指导、管理咨询为一体的综合性机构。

（4）生态、环境领域专家

生态旅游产品是 21 世纪的热点旅游产品，生态产品的规划设计将会得到更多体现，因此，需要在旅游规划中引入生态、环境学的相关理念，体现旅游的人本主义思想，使策划的产品更具有生命力。因此，环境学家、生态学家非常重要。

（5）数字规划师等技术性人才

随着数字旅游的推进，数字规划师也成为旅游智业人才需求的一大热点。随着全国第一个数字化景区——洪洞大槐树景区的完成，标志着我国的旅游产品将由传统型向数字化迈进。数字旅游的推出，为旅游规划提出了一个新的发展方向，它集景区数字化建设、市场营销等为一体，具有很强大的功能，是相对于传统景区的一个新型网络旅游区。而数字旅游规划的实现，需要一批数字旅游规划师等技术性人才的加盟，为旅游智业增添新的活力。

第二章 我国全日制旅游教育体系分析

第一节 我国全日制旅游教育的总体情况

一、我国旅游院校概况

（一）总体情况

截至2012年年底，全国旅游院校（包括完全的旅游院校和设旅游相关院系或旅游相关专业的院校）共计2236所，其中高等院校1097所，中等职业学校1139所。旅游高等院校数量超过50所的有江苏、广东、四川、河南、安徽、山东、湖北、浙江、湖南等9个省份；旅游中等职业学校数量超过100所的有四川、广东和云南等3个省份。

（二）在校生情况

2012年全国旅游院校、旅游相关专业在校生共计107.34万人，其中旅游高等院校在校生数为57.62万人，比上年减少3.93%；旅游中等职业学校在校生数为49.72万人，比上年增加2.85%。

从全国普通高等旅游院校不同专业在校生人数分布来看（图2-1），旅游管理专业在校生数为31.93万人，占在校生总数的55.41%，其中研究生4143人，占1.30%，本科生13.43万人，占42.06%，专科生18.08万人，占56.64%；旅游外语专业在校生数为4.95万人，占在校生总数的8.59%，其中研究生525人，占1.06%，本科生1.27万人，占25.70%，专科生3.63万人，占73.24%；其他专业在校生数为20.75万人，占在校生总数的36%，其中研究生1093人，占0.53%，本科生6.75万人，占32.56%，专科生13.88万人，占66.89%。

全国旅游中等职业学校在校生中，酒店服务与管理专业在校生数为14.93万人，占在校生总数的30.03%；旅行社服务与管理专业在校生数为12.12万人，占在校生总数的24.38%；烹饪专业在校生数为7.50万人，占在校生总数的 15.08%；其他专业在校生数为 15.17 万人，占在校生总数的 30.51%。

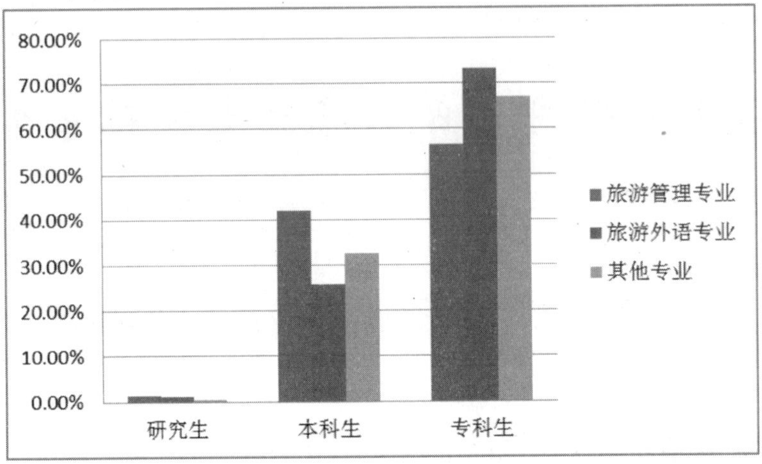

图 2-1 2012 年全国普通高等旅游院校各专业和学历在校生数占比

从不同培养层次在校生人数分布来看，全国普通高等旅游院校研究生在校生数为 5761 人，占在校生总数的 1.00%，其中旅游管理专业占 71.90%，旅游外语专业占 9.13%，其他专业占 18.97%；本科生在校生数为 21.46 万人，占在校生总数的 37.23%，其中旅游管理专业占 62.59%，旅游外语专业占 5.93%，其他专业占 31.48%；专科生在校生数为 35.59 万人，占在校生总数的 61.77%，其中旅游管理专业占 50.82%，旅游外语专业占 10.18%，其他专业占 39.00%。

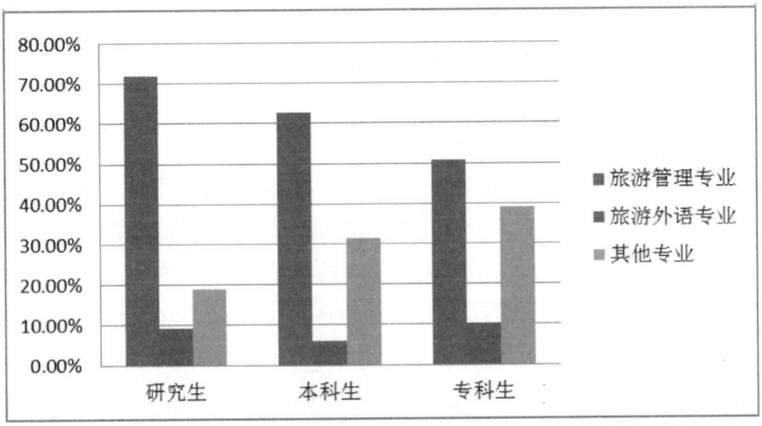

图 2-2 2012 年全国普通高等旅游院校各学历和专业在校学生数占比

（三）毕业生情况

全国旅游院校、旅游相关专业毕业生总数为 32.51 万人，其中旅游高等院校毕业生数为 16.23 万人，占毕业生总数的 49.92%，比上年旅游高等院校毕业生数略有增加；旅游中等职业学校毕业生数为 16.28 万人，占毕业生总数的 50.08%，比上年旅游中等职业学校毕业生数略有增加。

从全国旅游高等院校不同专业毕业生人数来看，旅游管理专业毕业生数为 9.26 万人，占毕业生总数的 57.11%，其中研究生 2452 人，占 2.65%，本科生 3.38 万人，占 36.50%，专科生 5.63 万人，占 60.80%；旅游外语专业毕业生数为 1.96 万人，占毕业生总数的 12.08%，其中研究生 281 人，占 1.43%，本科生 4152 人，占 21.14%，专科生 1.52 万人，占 77.43%；其他专业毕业生数为 5.00 万人，占毕业生总数的 30.81%，其中研究生 296 人，占 0.59%，本科生 1.59 万人，占 31.73%，专科生 3.39 万人，占 67.72%。

从全国旅游中等职业学校毕业生来看，酒店服务与管理专业毕业生数为 5.15 万人，占毕业生总数的 31.63%；旅行社服务与管理专业毕业生数为 4.15 万人，占毕业生总数的 25.47%；烹饪专业毕业生数为 2.49 万人，占毕业生总数的 15.26%；其他专业毕业生数为 4.50 万人，占毕业生总数的 27.64%。

从不同培养层次在校生人数来看（图 2-3），全国旅游高等院校研究生毕业生数为 3029 人，占毕业生总数的 1.87%，其中旅游管理专业占 80.95%，旅游外语专业占 9.28%，其他专业占 9.77%；本科生毕业生数为 5.38 万人，占毕业生总数的 33.17%，其中旅游管理专业占 62.76%，旅游外语专业占 7.72%，其他专业占 29.52%；专科生毕业生数为 10.54 万人，占毕业生总数的 64.96%，其中旅游管理专业占 53.42%，旅游外语专业占 14.42%，其他专业占 32.16%。

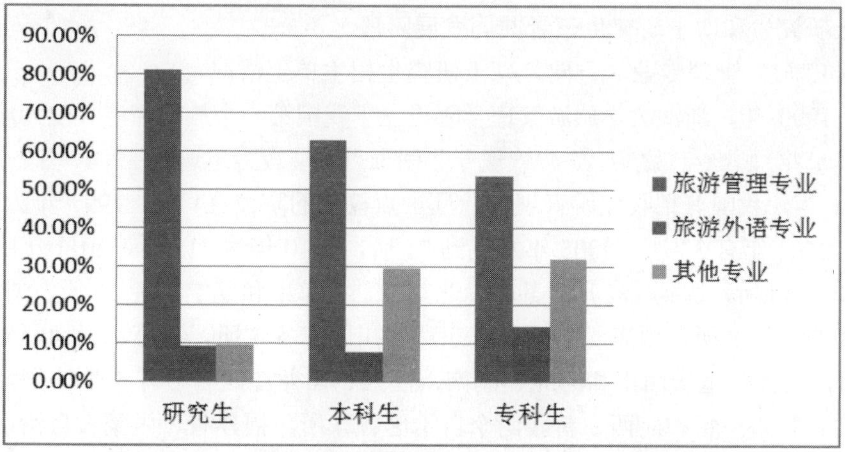

图 2-3　2012 年全国旅游高等院校各学历和专业毕业生数占比

（四）招生情况

2012年全国旅游院校、旅游相关专业招生总数为38.34万人，其中旅游高等院校招生数为18.53万人，占招生总数的48.33%，比上年旅游高等院校招生数减少2.47%；旅游中等职业学校招生数为19.81万人，占招生总数的51.67%，比上年旅游中等职业学校招生数增加6.40%。

（五）师资情况

2012年，全国旅游院校专职教师总数为4.44万人，其中旅游高等院校专职教师数为2.47万人，旅游中等职业学校专职教师数为1.97万人。据不完全统计，具有副高以上职称的专职教师数为1万多人，其中旅游高等院校近8000人，旅游中等职业学校2700余人。

二、研究生教育概况

（一）发展现状

自1990年浙江大学旅游管理学院设立我国第一个旅游经济（现为旅游管理专业）硕士点以来，我国旅游研究生教育已历经20多年的发展（港澳台地区除外，下同）。从学位类别来看，我国旅游研究生教育可分为学术型学位研究生和专业学位研究生；从培养层次看，可分为硕士研究生和博士研究生，前者包括学术型学位硕士研究生和专业学位硕士研究生；从发展阶段看，可分为三个阶段：第一阶段，20世纪90年代，是学术型硕士研究生发展阶段；第二阶段，21世纪前十年，是学术型硕士研究生和博士研究生共同发展阶段；第三阶段，2010年以后至现在，即学术型学位硕士研究生、专业学位硕士研究生和博士研究生三者共同发展阶段。

1. 旅游管理专业（方向）硕士研究生招生单位情况

1990年，浙江大学旅游管理学院设立了我国第一个旅游经济（现为旅游管理专业）硕士点。之后，旅游管理专业硕士点发展较为迅速（图2-4、图2-5）。1996年，我国有招收旅游管理专业硕士点权限的院校14所，1997年为19所，2001年有33所，2005年发展到75所，2010年达113所，2011年底又增加了38所，达到151所。其中，北京市、上海市和辽宁省各10所，湖北、陕西两省各8所，山东、河南、广东和四川四省各7所，江苏、云南两省各6所，天津、重庆两市和河北、湖南、江西、黑龙江四省各有5所，浙江、安徽、甘肃三省和广西、新疆两个自治区各4所，福建省、内蒙古自治区各3所，山西、吉林、贵州和青海四省各2所，海南省1所。与2010年相比，各个省份都有所增加，原来没有旅游管理专业硕士点的省份如内蒙古自治区和青海省也榜上有名。

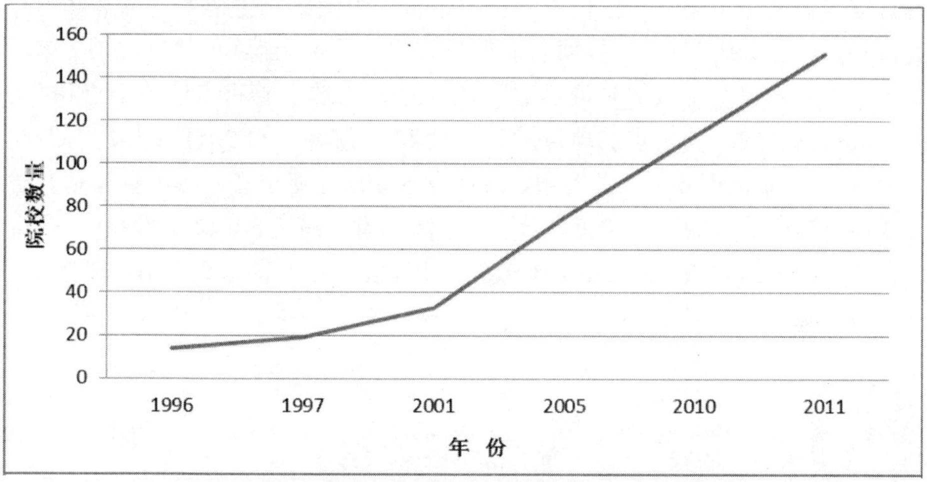

图 2-4　历年具有旅游管理专业硕士点权限的院校数量

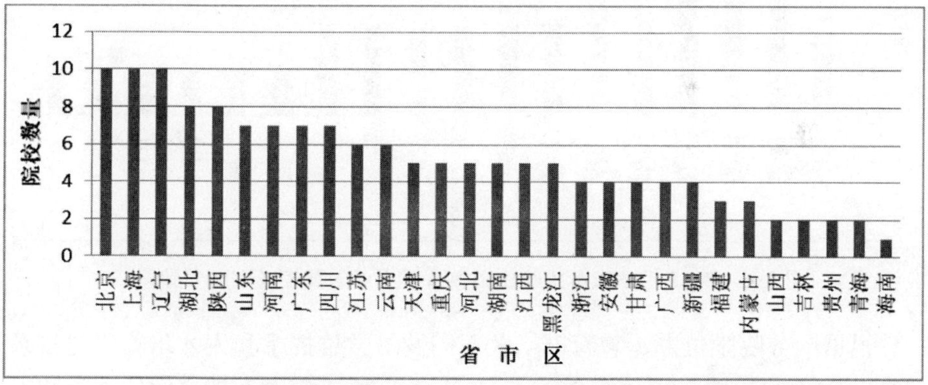

图 2-5　2011 年各省市招收旅游管理专业硕士点的院校数量

2010 年初，旅游管理硕士（MTA）被列入当年的《新增设金融硕士等 19 种硕士专业学位设置方案》。根据《2010 年新增硕士专业学位授权点名单》，我国首批拥有 2011 年旅游管理硕士专业学位正式招生权限的单位有 56 所。通过对 2012 年具有招收 MTA 权限的高校与其招收学术型硕士生的数量对比可发现，学术型硕士生招生数量有下降趋势，并且 MTA 招收的专业硕士生数量往往多于学术型硕士生的数量。

2. 旅游管理专业（或与旅游相关方向）博士研究生招生单位情况

中山大学旅游学院2000年开始招收旅游管理专业博士生，是我国招收旅游管理专业博士生最早的学校之一。通过查询中国研究生招生信息网博士专业目录，结合2012年各高校博士研究生招生专业目录得知，截至2012年，我国有旅游教育博士点的高校（院所）为41所（含旅游管理专业博士点和"旅游相关研究方向"博士点的单位，分布在47个院系，与2011年相比有所变化）。其中，北京市6所，上海市、陕西省各4所，辽宁省、四川省和湖北省各3所，拥有2所的有天津市、云南省、江苏省、福建省、湖南省和广东省；拥有1所的有河北省、浙江省、安徽省、山东省、甘肃省和重庆市（图2–6）。

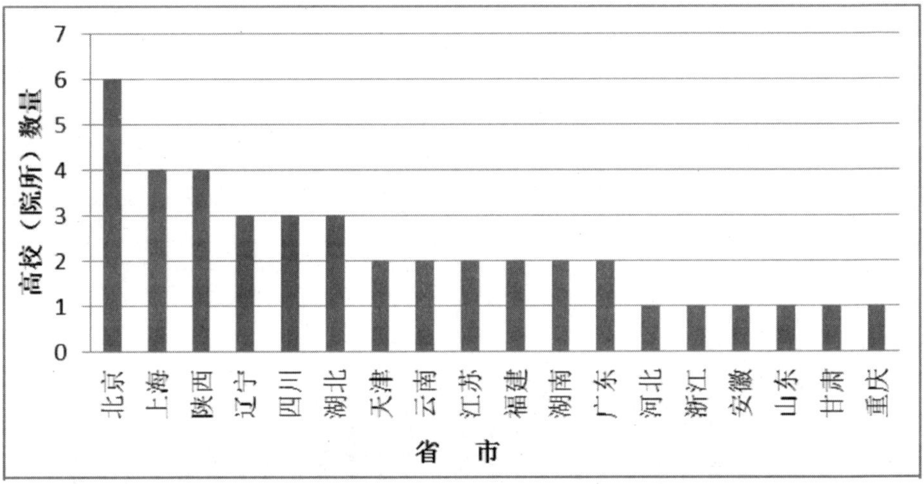

图2–6　2012年各省市招收旅游教育博士点的高校（院所）数量

根据国务院学位办、教育部《关于印发〈学位授予和人才培养学科目录（2011年）〉的通知》（学位〔2011〕11号）和2011年发布的《学位授予和人才培养学科目录》，通过归纳可知，在我国旅游管理专业（或旅游相关方向）博士招生院所中，涉及管理学、理学、工学、农学和经济学等学科门类。在一级学科"工商管理"和"管理科学与工程"中，在二级学科"旅游管理""企业管理"与"市场营销管理"中设有与旅游相关研究方向的高校（院、所）有25所；在一级学科"地理学"和"地质学"中，在二级学科"自然地理学""人文地理学""生态地质学"和"第四纪地质学"中设有与旅游相关研究方向的高校有12所；在一级学科"风景园林学""环境科学与工程""地质资源与地质工程"和"管理科学与工程"中，在二级学科"环境科学""资源产业经济”和“工程经济与管理”中设有旅游相关研究方向的高校有4所；在一级学科“林学”中，在二级学科“森林经理学”和“森林游憩与公园管理”中设有旅游相关研究方向的高校有2所；在一级学科“应用经济学”中，在二级学科“产业经济学”中设有旅游相关研究方向的高校有1所。

（二）师资情况

通过查询中国研究生招生信息网 2012 年全国硕士研究生招生专业目录（http://yz.chsi.com.cn/zsml/queryAction.do）以及部分高校2012年硕士研究生招生专业目录得知，截至2011底，我国有151所高校（院所）具有旅游管理专业硕士招生权限。根据2012年硕士专业招生目录以及各院校公布的硕士导师名单可知，截至 2012 年底，我国共有约 1200 位硕士研究生导师，约 90 位博士生导师。

与上年相比，硕士研究生导师数量有所增多，博士研究生导师数量却有所减少。研究生导师的学科背景广泛，主要分布在地理学、管理学、经济学、生态学、历史学、文学、建筑学、地质学等领域。导师队伍中已有许多享受国务院特殊津贴的专家，有“国家级有突出贡献中青年专家”和“国家级教学名师”，有入选为国家“百千万人才工程首批第一、二层次人选”者，有入选教育部“跨世纪优秀人才培养计划”者，有“全国高校青年教师奖”获得者，有“全国高校百佳青年教师”等。

（三）培养目标和培养方式

1. 培养目标

本课题组从中国旅游协会旅游教育分会编写的《中国旅游教育年度报告（2012）》中，选取10所“985”高校、10所“211”高校和10所省（市）属重点高校作为样本，通过比较分析30所高校旅游专业研究生培养方案，将我国旅游专业研究生教育培养目标大致概括为，培养具有坚实的经济学、管理学的基础理论，掌握系统的旅游管理专业知识，能胜任旅游管理部门、旅游企业的经营管理工作，或者进入旅游研究部门或高等院校从事旅游教学和科研工作的高层次人才。

2. 培养方式

学术型学位硕士研究生的培养主要采用课堂讲授（包括案例分析、课堂讨论）、学生自学和自我研究以及参加有关的社会实践活动等方式进行，采取指导教师负责制和导师组培养相结合的方式。课堂教学以培养分析问题、解决问题和创新能力为原则。

专业学位硕士研究生的培养采取系统的理论学习与实践教学相结合的方法，使研究生在掌握理论与专业知识的同时，能够掌握更多的实际工作的技能；运用团队学习、案例分析、现场研究、模拟训练等方法，培养研究生研究实际问题的意识和能力；通过实践教学，提高研究生的专业素养和就业创新能力。专业学位研究生的指导采取双导师制度，以校内导师指导为主，校外导师参与实践过程、项目研究、课程与论文等多个环节的指导工作。各培养单位可聘请不同领域的专家、学者和在实践领域内有丰富经验的专业人员，共同承担培养工作。培养专业学位硕士研究生在我国还处在由试点到面上推广的初级阶段，为了迅速提高教学水平和相应的社会效益，就要相应的建立多种形式的研究生实践基地，加大实践环节的学时数和学分比例；还要有效地利用社会资源，合作建立联合培养基地，改革和创新实践性教学模式。

博士研究生的培养采取课程学习和科学研究相结合的方式，既重视课程学习，又要突出科研的重要性；在拓宽基础、加深专业知识、了解专业前沿的基础上，掌握开拓性、创造性的科学研究方法，培养并树立严谨的科学研究风格。博士生的培养采取导师负责和博士生指导小组集体指导相结合的方式，突出个性化培养。博士生导师应根据本学科培养方案的要求，结合博士生的知识基础和特长，在博士生入学一个月内制订出博士生的个人培养计划，该计划应对博士生的研究方向、课程学习、学位论文和实践环节等要求和进度做出具体规定，并且本着厚基础、宽口径的培养原则，根据本专业博士研究生的知识结构，制定博士研究生文献阅读目录，以期其通过阅读大量文献，拓宽知识面，提高理论水平。

（四）专业设置和教材建设

1. 专业设置

目前，我国的旅游高等教育，从硕士研究生层面看，不管是学术型硕士研究生还是旅游管理硕士（MTA）都只设置一个“旅游管理”专业。前者研究方向设置过多过细，随意性大；后者一般都不分研究方向。而从 2012 年我国旅游管理专业或旅游相关研究方向的博士研究生招生目录看，所涉及的一级学科有工商管理、管理科学与工程、地理学、地质学、风景园林学、环境科学与工程、地质资源与地质工程、林学、应用经济学等，二级学科有旅游管理、企业管理、市场营销管理、自然地理学、人文地理学、第四纪地质学、环境科学、资源产业经济、工程经济与管理、森林经理学、森林游憩与公园管理和产业经济学等。一些高校院系的专业开设的旅游研究方向体现了这些高校院系的特色，如北京林业大学林学院的森林经理学专业开设生态旅游研究方向、风景园林学专业开设风景旅游规划设计与理论研究方向、华东师范大学商学院在产业经济学专业中开设服务贸易与国际旅游经济研究方向、上海师范大学在环境科学专业中开设可持续旅游与环境管理研究方向、南京师范大学地理科学学院的人文地理学专业开设旅游地理与旅游规划研究方向、安徽师范大学在人文地理学专业开设旅游地理研究方向、华侨大学在旅游管理专业开设旅游与宗教文化研究方向（侧重体现泉州宗教文化氛围）、中国地质大学（北京）地球科学与资源学院的生态地质学专业开设生态旅游与景观地质学研究方向、昆明理工大学国土资源工程学院在地质资源与地质工程学专业开设旅游地质与地质遗迹研究方向、长安大学地球科学与资源学院第四纪地质学（二级学科）开设地质旅游资源研究方向、中南林业科技大学在森林游憩与公园管理专业开设森林游憩研究方向等，都极具学科特色。

2. 教材建设

我国旅游专业研究生教育的教材建设主要表现在两个方面：一方面是引进经典教材，主要是管理学、市场营销、研究方法与经济学方面的教材，如《管理学》、《市场营销原理》、《社会研究方法》、《经济学方法新论》以及《宏观经济学》、《微观经济学》等著作，这与我国旅游高等教育研究生培养目标相关；另一个是自编教材，主要是由研究生导师编著的教材。

目前，我国旅游高等教育教材建设呈现出了繁荣之势。从教材的系列与品种看，由原来的一个系列几十个品种发展并细化到若干系列上百个品种；从参与教材出版的出版社数量看，也由原来的两三家发展到近百家，并出现了一些出版旅游教材的知名出版社，如中国旅游出版社、旅游教育出版社、高等教育出版社、南开大学出版社、云南大学出版社、四川大学出版社、厦门大学出版社、中山大学出版社、清华大学出版社、中国人民大学出版社，等等。

（五）问题分析

1. 旅游管理专业研究生教育布点过多且不尽合理

从我国 151 所具有旅游管理专业研究生招生单位布点看，东部地区有 68 所，相比上年增加了 15 所；中部地区有 38 所，相比上年增加了 6 所；西部地区有 45 所，相比上年增加了 17 所。三大地区中，西部地区高校旅游管理硕士点增长最快，增长率高达 61%。

从我国 56 所具有招收旅游管理硕士（MTA）权限的招生单位布点看，东部地区有 24 所，中部地区和西部地区各有 16 所；东部地区高校所占比例达 42%，中部和西部高校所占比例各为 29%。

从 41 所具有博士点招生权限的高校（院所）布点来看，东部地区 24 所，中部地区 6 所，西部地区 11 所，东部地区高校所占比例高达 59%。

可以看出，我国旅游专业研究生教育资源布局的一个显著特点是布点过多，分布不均，后果是导致国家和地方政府每年有限的教育投资分散，形成重复投资，严重束缚我国旅游高等教育的发展。并且，这些院校主要分布在发达省份（市）和东部沿海，呈现向一些旅游业发达的城市聚集的趋势。

2. 旅游管理硕士（MTA）师资队伍缺乏且能力结构不合理

根据 MTA 专业学位授权点基本条件说明，在旅游管理硕士核心课程和重要必修课程的任课教师中，具有旅游研究经验或管理实践经验者所占的比例应不低于 80%，同时必须聘任来自行业领域、有硕士或以上学位或具备同等学力的资深管理者担任兼职教师，所占比例不低于 40%，由这两者形成双师型的师资队伍。目前，从中国研究生招生信息网 2012 年旅游管理专业硕士研究生招生目录中公布的内容来看，我国旅游教育中学术型硕士研究生的指导教师就是旅游管理硕士专业学位的指导教师。不可否认，学术型研究生的指导教师科研能力强，但是，其中很大一部分指导教师的旅游企业管理经验缺乏、实践能力有所欠缺。在这种情况下，旅游管理硕士专业学位研究生的培养目标能否达到就很成问题。

3. 旅游研究生教育研究方向设置随意性大，缺少科学论证

目前，我国有 151 所可以招收旅游管理专业硕士研究生的高等院校，但从各个院校开设的研究方向看，研究方向过多过细，随意性较大。粗略估算，我国这 151 所高校总共为旅游管理专业设置了五百多个研究方向，这还不包括一些高校没有设置研究方向（其文字表述为“不区分研究方向”）。有些院校的研究方向设置体现了地域特色或专业特色，如北京第二外国语学院开设的会展与旅游营销研究，中国社会科学院研究生院开设的旅游产业与休闲经济，南开大学开设的旅游地产与度假村管理、港口与邮轮旅游管理，沈阳师范大学开设的文化遗产旅游，东北师范大学开设的旅游教育等，但绝大部分高校为旅游管理专业设置的研究方向实际上是一样的，只在名称上通过增减文字相互区别，有些随意。

4. 旅游管理专业研究生培养目标与就业方向产生偏差

旅游管理专业研究生的培养目标主要是面向研究、教育和社会公共领域，培养高校师资、理论研究人才、社会与环境管理等宏观管理人才以及部分高

级经营管理人才。但在旅游管理专业研究生的培养过程中，因为课程设置、教学内容、办学条件、师资结构等原因，培养出来的学生能否达到培养目标要求尚且待观望。据调查，目前毕业生主要就业意向，一是教育单位，包括一般的二本院校（如今也越来越难进）、独立学院和职业学院；二是旅游规划（策划）公司；三是其他公司；四是考博。

从目前的情况来看，许多高校旅游管理专业研究生的就业前景并不乐观，许多毕业生难以与工商管理硕士、市场营销专业硕士进行职场竞争。毕业生就业难恐怕与我国培养目标单一即主要侧重于学术型学位研究生有关。目前旅游专业学术型学位研究生招生规模已面临萎缩现状，这也从一个侧面反映出硕士研究生培养的质量和目标存在问题。

三、本科生教育概况

（一）发展现状

2013 年全国共有 521 所高校开设了旅游管理学科大类，包括旅游管理、酒店管理、旅游管理与服务教育、会展经济与管理等在内的四个本科专业，其中 120 所为独立学院。这一数据比 2012 年做同一主题的研究时多出 81 所，说明我国旅游本科教育仍保持着发展壮大的趋势。

全国（不含港澳台地区）各省（直辖市、自治区）均开设有旅游本科专业，并且随着旅游业的发展有逐年上升的趋势，分布上呈现出中东部地区多、西部地区少的特点。相对于 2012 年的数据，湖南、湖北、河南等中部地区的旅游本科教育发展迅速。

在 521 所开设旅游本科专业的高校中，有 480 所为地方所属院校，占到了 92%；教育部直属的有 31 所，占到 6%；其他中央部委所属的有 10 所，占到 2%，其中国家民族事务委员会所属 6 所，国务院侨务办公室 2 所，交通部所属 1 所，中华全国妇女联合会所属 1 所。相对于 2012 年数据，地方所属院校的数量明显增多。上述 521 所院校分属于综合、师范、语言、财经、工科等 11 个院校类型，其中综合类、师范类、工科类院校最多，分别为 174 所、113 所、97 所，比例分别占到 34%、22%、19%。其中有 55 所属于“211 工程”院校，17 所属于“985 工程”院校。

本课题组选取 2013 年各省（直辖市、自治区）的星级酒店分布情况、接待旅客情况以及旅游收入情况，对照分析旅游本科教育在各地的分布情况。具体数据见表 2-1。

表 2-1 我国各地旅游院校与旅游发展情况

地区	2013年开设有本科专业的院校数量	地区	2012年开设有本科专业的院校数量	地区	2013年星级饭店数量分布	地区	2013年接待游客数量（亿人次）	地区	2013年旅游收入（亿元）
湖南	31	湖南	29	广东	1087	江苏	5.18	广东	8305
河南	30	河南	26	江苏	933	四川	4.89	江苏	7195
湖北	29	江苏	24	浙江	913	浙江	4.43	浙江	5537
江苏	28	四川	24	山东	869	河南	4.1	北京	3963.2
广东	25	湖北	23	云南	660	湖北	4.09	上海	3900
四川	24	广东	22	北京	604	山东	4	四川	3877.4
浙江	24	辽宁	21	湖南	556	湖南	3.58	河南	3875.5
辽宁	23	山东	20	湖北	553	重庆	3.08	山东	3736.6
陕西	23	陕西	20	河南	530	安徽	2.95	湖北	3206
山东	22	吉林	19	辽宁	475	黑龙江	2.92	湖南	2630.92
吉林	20	江西	18	四川	471	陕西	2.85	安徽	2616.3
河北	19	黑龙江	17	新疆	462	上海	2.78	贵州	2370
江西	18	浙江	17	河北	452	广东	2.73	山西	2305
黑龙江	17	广西	16	广西	427	河北	2.7	福建	2286
上海	17	贵州	14	安徽	422	贵州	2.67	陕西	2135
安徽	16	安徽	13	福建	421	北京	2.52	云南	2111.2
广西	16	河北	12	江西	375	江西	2.5	河北	2000
福建	15	山西	12	陕西	370	云南	2.44	江西	1900
山西	15	上海	12	贵州	352	广西	2.08	重庆	1771.02
贵州	14	云南	12	甘肃	338	辽宁	2.03	广西	1660
云南	14	福建	11	山西	319	福建	2.0054	天津	1660
重庆	14	重庆	10	内蒙古	288	山西	1.96	吉林	1477.08
北京	12	北京	9	上海	280	天津	1.22	黑龙江	1384
天津	12	天津	9	重庆	253	吉林	1.0369	辽宁	1170.6
新疆	12	新疆	8	黑龙江	252	甘肃	1.0068	内蒙古	1080.65
内蒙古	10	内蒙古	7	吉林	203	内蒙古	0.588	新疆	673
甘肃	9	甘肃	6	海南	191	新疆	0.52	甘肃	618.9
海南	5	海南	5	西藏	161	海南	0.3672	海南	428
青海	3	宁夏	2	青海	131	青海	0.178	西藏	165
宁夏	2	青海	2	天津	111	宁夏	0.1536	青海	158.54
西藏	2	西藏	2	宁夏	78	西藏	0.1291	宁夏	103.39

数据来源：中国国家旅游局，2013 年第一季度全国星级酒店统计公报。

数据显示，我国旅游本科教育在各地区的规模分布与该地区旅游接待任务的规模分布大体一致，仅有个别省（直辖市、自治区）在几组数据的排名中位置有显著变化。

（二）师资情况

《中国旅游本科教育年度报告（2014）》课题组通过对 293 所高校的旅游本科相关教师数据进行整理、分析和数据处理后发现，旅游本科教育师资中，拥有硕士学位者的比例为 57.08%、拥有博士学位者的比例为 23.87%；具有中级职称者的比例为 31.85%、副高及以上职称者的比例为 38.01%。为大致显示各地区旅游教育领域内领衔人物的分布，课题组通过对中国旅游专家资料库（http://www.ctaweb.org/）进行了整理。数据显示，资料库所包含的旅游专家共 104 位，其中在高等院校承担教学与科研的有 82 位，在旅游相关科研或行政单位任职的有 21 位，境外高校教师 1 位。属于本课题研究对象的 82 位专家的基本情况如图 2-7、图 2-8、图 2-9 所示。

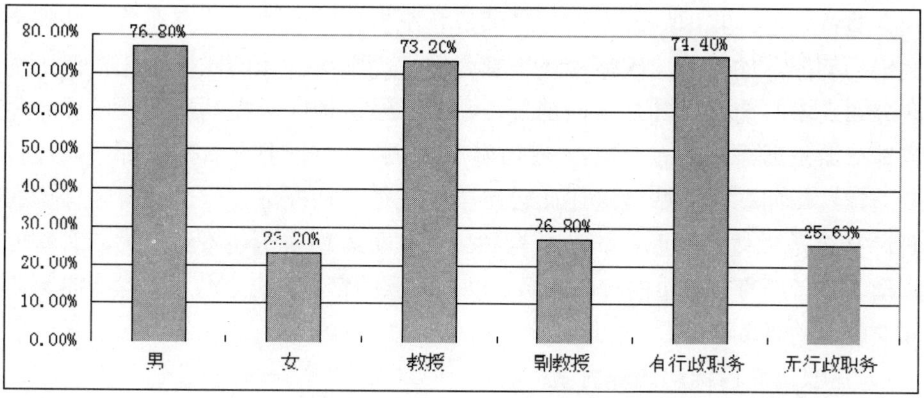

图 2-7　中国旅游专家资料库里的专家基本情况

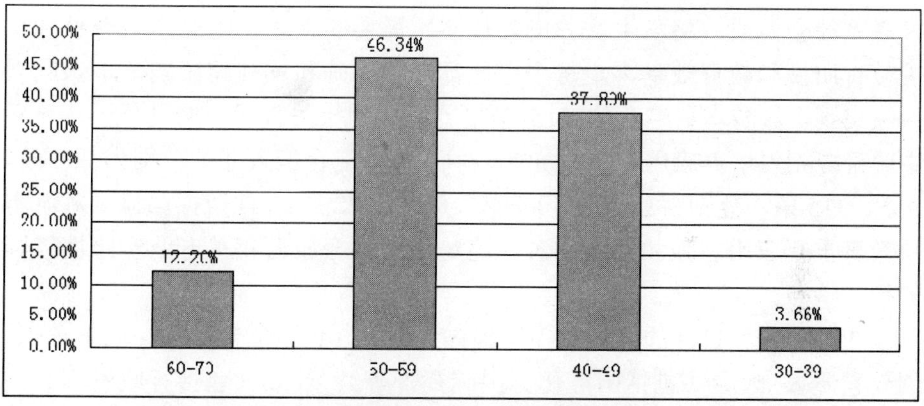

图 2-8　中国旅游专家资料库里的专家年龄分布

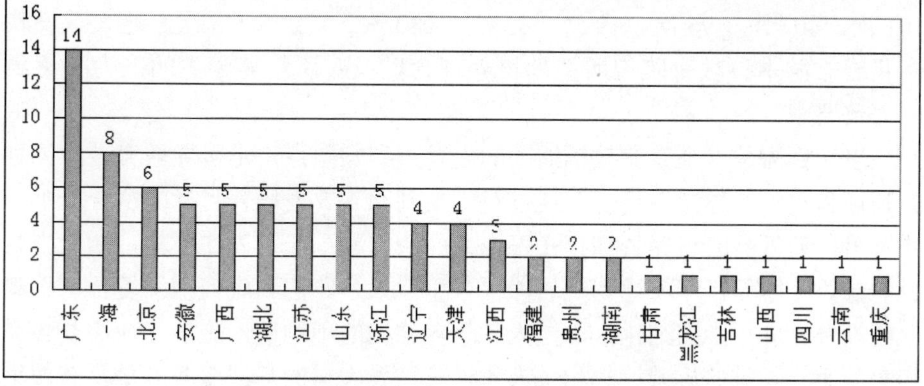

图 2-9　中国旅游专家资料库里的专家地区分布

数据显示，我国旅游本科教育师资状况良好，但也普遍存在着一些较为突出的问题，如学历层次结构还不够合理，高学历群体的比例还比较低；地区分布还不平衡，尤其是中西部及一些旅游发达地区高校的教师队伍质量与当地旅游发展需求还有距离；“双师型”教师或者有行业背景的教师普遍比较缺乏，这一问题在有些地区还比较严重；在很多情况下，旅游教育还停留在研讨甚至是说教的层面；旅游教育领域的领军人物队伍还不够庞大，有些专家型教育者还身兼繁重的行政职务。以上问题的存在，给旅游本科教育带来了需要解决的诸多课题。

（三）培养目标和培养方式

1. 培养目标

人才培养目标是为了细化教学步骤，明确教育目的而制定的，它要紧紧联系社会需要，将学生培养成为社会所需要的人才，因此，培养目标事关教育质量和教育效率，是每个专业都必须明确和重视的议题。本课题组共收集到了旅游本科专业的 515 条培养目标的相关表述，通过分析，这其中明确提到要培养应用型、研究型（科研型）、复合型人才的分别为 260 条、2 条、115 条，分别占总数的 50.49%、0.4%、22.3%。此数据凸显了旅游本科教育重视应用型人才培养的总体趋势，也符合旅游相关专业实践性较强的行业特点。

在各项培养目标的表述中，明确提到创新（包括创新能力、创新意识、创新素质）、国际（包括国际化、国际视野等）、行政（包括行政管理、旅游行政等）、管理人才或能力、服务意识或能力、企业管理、专门人才或专业人才、高级专门或专业人才、研究能力等关键词的频率分别为 162 次、101 次、407 次、96 次、19 次、33 次、280 次、172 次、5 次。这大致反映了我国旅游本科教育院校所持的培养理念以及对所培养学生的能力和素质的大致要求。

培养目标是一个专业教学活动的出发点和归结点，是引导教育教学计划的制订和实施的导向性规定。通过对收集到的 515 条培养目标的整合分析，课题组认为目前的培养目标存在三个方面的问题：一是表述模糊，如相当数量的专业将培养目标表述为“培养复合型”人才，但到底何谓“复合型”却往往没有做进一步的细化；二是人才培养结构的不均衡，旅游行业需要各类相关人才，既需要旅游行政相关人才，更需要大量的基层服务人员，在搜集到的所有关于培养目标的表述中，“行政”一词的出现频率最高，关于行政的表述多为“培养旅游行政管理人才”或其他相关的内容，这种导向容易让学生出现好高骛远、不切实际的情况，不利于服务人才的培养；三是人才培养的层次性问题较为明显，大多数高校更为强调高级专门人才的培养，忽略了服务意识的强化，诚然，培养目标中过多出现“服务人才”“服务能力”“服务意识”等词汇不利于吸引学生，但作为第三产业，旅游人才的服务性是客观的，旅游从业者的服务意识和能力是必需的，旅游管理相关专业培养更多优质服务人员的角色也是不可回避的。

2. 培养方式

大多数学校重视课程体系的设计，80%以上的学校能够开展校企合作，与合作企事业单位共同研讨制订专业教学计划，共同培养学生。

同时，就本科院校而言，操作实训实验教学环节仍然是旅游本科教育的弱项，据调查，操作实训课程占总课程量的比重超过20%的不足一半，这与旅游教育学科化、重理论轻实践的观念有关。

（四）专业设置与教材建设

目前，本科层次的旅游专业有四类：一是管理学门类工商管理类学科下的旅游管理专业；二是教育学门类职业技术教育类学科下的旅游管理与服务教育专业；三是管理学门类工商管理类学科下的酒店管理专业；四是管理学门类公共管理类学科下的会展经济与管理专业。

从旅游专业支撑学科来看，54.46%的旅游类本科教育的主要支撑学科是管理学（工商管理），另有 24.75%的主要支撑学科为地理学，10%的主要支撑学科为历史学，也有少数高校以经济学、社会学、环境科学、农学、外语、人文为主要支撑学科。

从教材使用情况来看，使用自编教材或讲义不足总教学资料 30%的高校占 78.22%，使用电子网络（影像视听）教材不足总教学资料 20%的高校占 62.38%。这些数据表明，在自编教材和新技术手段的运用方面有较大的提升空间。大多数高校引进经典教材，涉及经济学、管理学、旅游学原理等旅游管理专业相关课程。

（五）存在问题

1. 旅游本科教育人才培养目标和定位不明确，实践环节训练相当薄弱

目前的旅游本科教育沿袭了传统本科教育的特点，更加注重理论，忽视实践环节的训练，毕业生就业空间和发展潜力较小。本科教育人才培养目标定位和市场、行业需求错位，亟须调整方向，准确定位。

2. 师资队伍，尤其高水平、双师型师资缺乏

师生比是指某特定教育层次在指定年份中的学生人数与同年在同一教育层次工作的教师人数之比，从课题组调查的情况来看，师生比为 1∶10 的高校占 30.69%，师生比为 1∶20 的高校占 44.55%，数量最多，还有近 9%的高校师生比为 1∶40，严重超过国家对高校建议的师生比（1∶18）。约四分之一的院校在教师数量上不符合要求。同时，大多数高校都存在缺少高端研究人员、缺乏“双师型”教师的问题，领军人物的缺乏一定程度上阻碍了旅游本科教育的发展。

3. 旅游教育教学的理念与模式较为落后

旅游业的发展非常迅速，尤其是在信息技术加速更新换代的今天，行业发展的新要求没有及时反映在旅游人才培养的教育教学中，教材陈旧、设备落后、观念僵化等问题不同程度地存在，所有这一切都亟待转变和改善。

四、高职与专科生教育概况

（一）基本情况

根据教育部高职高专旅游管理类专业教学指导委员会等权威机构发布的资料显示，目前设置旅游大类专业（全国高职高专指导性专业目录中旅游大类）的高职高专院校（简称旅游类高职院校）共计 1039 所，其中设置旅游管理专业（含方向）的院校为 806 所，设置酒店管理专业的院校为 574 所，设置涉外旅游专业的院校为 144 所，设置导游专业的院校为 117 所，设置烹饪工艺与营养专业的院校为 81 所，设置餐饮管理与服务专业的院校为 46 所，设置景区开发与管理专业的院校为 43 所，设置旅行社经营管理专业的院校为 40 所。

从旅游类高职院校的地域分布来看，华东地区达到 310 所，华中地区为 186 所，华北地区为 155 所，西南地区为 133 所，华南地区为 101 所，东北地区为 82 所，西北地区为 72 所，其中又以湖北、河北和四川三省旅游高职院校数最多，分别为 66 所、61 所、61 所。

2011 年，旅游类高职院校招生人数为 134624 人，其中，旅游管理专业和酒店管理专业人数最多，分别占 43.6%和 38.84%；导游专业和烹饪工艺与营养专业各占近 10%。从区域分布看，河南、安徽、湖北三省旅游高职院校招生人数最多，分别为 10888 人、10601 人、10190 人。招生人数在 100 人以下的院校 573 所，100～300 人的院校 383 所，300～500 人的院校 57 所，500

人以上的院校26所。

（二）发展特征

1. 院校间的合作更加紧密

21世纪的教育是创新的教育，要求高职院校勇于变革，不断创新，提升自身的整体实力和竞争能力。其中，加强合作是共享发展经验，促进共同发展的重要途径。

旅游类高职院校合作主要有两大特点。其一，合作机制更加完善。目前，我国已经形成了以高职院校五星联盟为核心的旅游类高职院校合作机制，各方在办学思想和观念、管理体制、人才培养模式、教学制度、办学体制上，不断增加交流。其二，区域间的交流与合作日趋深化。如浙江旅游职业学院与云南旅游职业学院、三峡旅游职业技术学院、四川省旅游学校、陕西省旅游学校等西部院校分别签署了合作协议，探索东部旅游院校与中西部旅游院校的合作。

2. 服务旅游经济作用更加凸显

《国务院关于加快发展旅游业的意见》（国发〔2009〕41号，以下简称“41号文件”明确提出，要把旅游业建设成为国民经济的战略性支柱产业和人民群众更加满意的现代服务业。为了贯彻和落实41号文件精神，大部分省份结合本省特点都相继出台促进旅游业发展的相关政策。其中，进一步推进旅游教育与地方旅游经济建设的对接是贯彻落实41号文件、推进旅游业发展的重要举措。当前旅游高职教育服务地方旅游经济发展主要有以下方面：其一，设立了相关研究机构，一批旅游服务地方经济的智库开始形成，如中国旅游研究院在山东旅游职业学院设立旅游职业教育研究基地，在浙江旅游职业学院设立旅游标准化研究基地，极大地推动了旅游类高职院校参与旅游产业研究的进程；其二，建立和完善了校政、校地合作机制，如浙江旅游职业学院成立发展理事会，创设产学合作工作站20个，建立起校地、校政合作机制；其三，旅游类高职院校参与旅游经济建设的作用有所提升，很多院校都承担了大量服务地方旅游业发展的企业人员培训、横向课题等，成为地方旅游经济发展的助推器。

3. 国际交流合作进一步推进

在高等教育国际化的大背景下，各院校加强了国际交流与合作，主要有以下成绩：其一，丰富了国际化办学的模式，如浙江旅游职业学院形成推进中韩直通车式、中澳引进学习式、中日交叉实习式、中阿实习就业式和中意订单培养式等5种不同的中外合作办学机制；其二，拓展了国际合作领域。旅游院校与美国、俄罗斯、澳大利亚、西班牙、加拿大、日本、越南等多个国家的30所高等院校和科研机构建立了学术合作与交流关系，并积极主办、承办和参与国际学术会议，如举办“中俄旅游教育论坛”等活动，努力提升学校的国际知名度和影响力。

4. 校企合作机制更加完善

校企合作办学的机制建设是目前高等职业教育改革的“热点”，也是保证职业教育健康发展的必然要求。当前校企合作机制建设已经取得以下三项主要成绩。其一，订单班模式得到普遍推广，已经成为旅游类高职院校的主打牌。订单班模式按照企业提出的人才培养目标和知识能力结构，修订教学计划和组织教学，有效地促进了院校和企业人才培养的零距离接触，提升了学生实践能力。其二，校企合作层次有所提升。校企合作已经突破单一院校层面，发展到校企联盟层面，各省都相继成立了职教集团，依托大型旅游企业和旅游院校，组成校企联盟。其三，院校层面的校企合作日趋深化，如企业制学院等新的形式开始出现。

5.“以赛促学、以赛促教”的实践教学机制更加完善

目前，旅游类高职院校“以赛促学、以赛促教”的机制得到完善。学生技能大赛是一种重要的实践教学方式，校际之间的比赛已经成为推动院校和学生重视实践技能的重要途径。如全国职业院校旅游服务技能大赛、金牌导游技能大赛、挑战杯创业创新大赛等，从项目规定、技术含量、设备选择、标准制定、评委挑选等方面都做到了优中选优，有力地推动了职业教育的发展。特别是在山东旅游职业学院举办的第三届“全国旅游院校服务技能（酒店服务）大赛”，历时3天，共有来自全国25个省市区152所院校的595名选手报名参赛，来自全国旅游院校、旅游及相关企业的代表260人报名观摩比赛，展示了各院校的风采，有力地推动了全国旅游院校酒店服务技能教学水平的提升。

（三）发展瓶颈

1. 政策瓶颈

旅游高等职业教育如何定位？从层次看，旅游高等职业教育属于职业学校教育的最高层次——高等学校教育层次，又是高等学校的最低层次——高等专科学校层次。从类型看，旅游高等职业教育属于高等学校的特殊类别——职业学校类别。因此，旅游高等职业教育既应享受国家大力发展职业教育的

支持政策，也应享受国家大力发展高等教育的支持政策。

但是，在实践中，全国和各地却存在政策措施的错位和不到位的问题，严重影响了旅游高等职业教育的发展。特别是在经费政策方面，国家对职业教育的经费支持政策，包括学生资助政策、对职业学校的经费补贴政策、免费政策等，未惠及或未充分惠及高等职业教育。高等职业学校也未完全享受到国家鼓励高等教育发展的政策。

2009 年 4 月，十一届全国人大常委会八次会议听取的《国务院关于职业教育改革与发展情况报告》指出："中等职业学校学生受资助面达到 90%。""高等职业院校学生享受国家奖学金、助学金和助学贷款，受资助面超过 20%。"这就是说，同是职业教育，高职学生的受资助面比中职学生少了 70%。《国家中长期教育改革和发展规划纲要（2010～2020 年）》提出"逐步实行中等职业教育免费制度"，并未提及高等职业教育。国务院 2007 年 5 月出台的《关于建立健全普通本科高校高等职业学校和中等职业学校家庭经济困难学生资助政策体系的意见》规定，对普通本科高校和高等职业学校，"国家助学金资助面平均约占全国普通本科高校和高等职业学校在校生总数的 20%"。

教育部 2011 年 8 月最新出台的《关于推进高等职业教育改革创新引领职业教育科学发展的若干意见》提出"逐步实行依据生均经费基本标准核定高等职业学校经费的制度"，"要将高等职业学校财政预算纳入高等学校系列，逐步推广将国家示范高等职业学校生均预算内拨款标准按本地区同类普通本科院校标准执行的做法"。高等职业教育的预算内拨款政策终于有机会与本科教育接轨，但时间上已经大大滞后，仍然是"逐步实行"，而且仅仅针对国家示范高职院校。同时，省级政府对高等学校的经费支持政策和金融机构信贷支持政策也未惠及或未充分惠及高等职业学校。高等职业学校教育不是廉价教育，总体而言更强调实验、实训教学，成本不仅不低于普通本科高等学校教育，很多专业办学成本要明显高于普通本科高校同类专业。但是，目前国家级和省级层面对高等职业教育实际存在的经费歧视政策，显然不利于高等职业教育的发展。

2. 生源瓶颈

从 2011 年开始，与大多数高职院校一样，旅游高职院校也开始出现生源危机，面临招不到较好生源和足够数量生源的困境。其主要原因，首先是中国高考生源总体供不应求。"中国教育在线"发布的《2011 年高招调查报告》数据显示，在中国人口出生率和高等教育适龄人口下降的大背景下，全国高考报名人数在 2008 年达到历史最高峰的 1050 万人，之后开始全面下降，2011 年降为 933 万人，3 年降幅超过 11%。同时，全国高校扩张潜力充分释放，招生计划逐步增长，全国高考录取率从 2008 年的 57%迅速攀升至 2011 年的 72.3%。其次是高职院校对考生吸引力差。“官本位”和“唯学历”的思想根深蒂固，虽然高职毕业生社会急需、就业率高，但家长和考生对带有高职标签的专科层次的学历以及将来在生产服务基层和一线的工作定位并不认同。政策措施的错位和不到位，客观上带来了对高职的歧视效应，形成了社会公众对高职的偏见和错误认识。高职生和高职院校社会地位低、社会形象差，家长和考生宁愿上较弱的本科院校，也不选择读高职。这是人们主观上不愿认同，但在现实中真实存在的现象。再次是招生政策对高职院校十分不利。各地实行优先保证本科院校的政策，很多省份高校录取分提前批、本科一批、本科二批、本科三批、专科（高职）一批、专科（高职）二批 6 个批次，考生只要过了本科的最低分数线，便可有充分的机会上本科。到了大多数高职院校录取的最后批次，可选生源已十分紧俏，甚至有的高职院校第一志愿“零投档”。生源问题是高职院校的生命线，也是旅游高职院校发展面临的最大瓶颈。

3. 行业瓶颈

旅游行业就业和发展吸引力的弱势问题，是制约旅游高等职业教育发展的又一瓶颈。究其原因，一是旅游行业从业人员特别是基层从业人员社会地位不高。旅游行业为服务行业，工作时间长、工作辛苦、标准要求高，并且不少人对旅游业存有偏见，认为旅游服务是“伺候人的”，不光彩、不体面，甚至认为在酒店工作人文环境不好，作为独生子女，家长、孩子都不情愿选择旅游业。二是旅游行业普遍薪酬较低。仅以酒店业为例，国家统计局对除农业外的 13 个行业的平均工资进行的比较分析显示，酒店的薪酬水平排名从 1996 年的居于前列已下滑到 2007 年的最后一名，而且与最高工资行业的差距还在逐年拉大。三是人们对旅游行业从业人员未来职业发展存有担忧。有人认为，旅游业是“吃青春饭的”，年龄大了，要二次择业；认为旅游行业职务提升机会少、个人发展空间不大，等等。这些因素都直接或间接影响考生就读旅游高职院校，影响学生到旅游行业就业发展，从而制约旅游高等职业教育的健康、快速发展。

4. 自身瓶颈

我国旅游高等职业教育发展历史较短，基础薄弱，投入严重不足，政策支持不到位，加之社会偏见的影响，旅游高职院校自身面临的问题突出，也成为制约发展的瓶颈因素，主要有：首先，人才培养模式、课程体系、培养方式等与旅游职业教育发达国家有很大差距，旅游高职教育特色不鲜明；其次，双师型师资，特别是有丰富行业经验、较高专业水平的专业师资数量不足，且对此类师资的吸引力差，进入渠道不畅；最后，实训条件差距大，不能满足实训教学需要。总之，旅游高职教育尚未形成鲜明定位和独特优势，无论是规模和质量，都还不能很好地适应旅游产业发展的需要。

目前，高等职业教育不能很好地适应经济社会发展需求，主要有四个方面的原因：一是高职院校专业设置与区域经济社会发展不相适应，面向市场的办学机制没有完全形成；二是紧密联系产业、行业与企业的体制、机制没有形成，缺少活力与生机；三是学生规模快速增长，“双师型”教师培养严重滞后；四是经费投入严重不足，财政生均经费拨款标准没有完全建立，专项建设资金得不到保证。这些问题，也同样符合旅游高职教育发展的实际。

（四）旅游院校“五星联盟”

为推动中国旅游高职院校之间的合作与交流，打造中国高等旅游职业教育的“常青藤联盟”，2009 年 10 月 24 日由山东旅游职业学院、南京旅游职业学院、浙江旅游职业学院、桂林旅游高等专科学校、上海旅游高等专科学校五所高等旅游职业院校组成“中国旅游院校五星联盟”（China Union of Five Tourism Institutes，简称 CTI5），开创了我国旅游高职院校建立联合机制的先例。上海旅游高等专科学校为联盟第一任理事长，联盟秘书长由各校校长轮流担任。

由于五星联盟院校在我国旅游高职教育中具有代表性，更具有针对性，我们尝试以“五星联盟”院校为对象，具体分析研究旅游高职教育的发展现状。

1. 专业设置多样化

调研结果显示，五星联盟院校除了开设包括酒店管理、会展策划与管理、涉外旅游、烹饪工艺与营养等专业以外，还紧密结合旅游业发展趋势，开办了旅游电子商务、计算机信息管理、计算机多媒体技术、会展策划与管理、旅游管理（高尔夫方向）等专业，适应行业发展对人才培养提出的新需求。

2. 人才培养模式多元化

调研结果显示，五星联盟各院校主要采取了校企合作、工学结合的“订单式”培养模式以及专业项目化教学模式和专业理论与实践相结合等三种人才培养模式。五星联盟院校还注重通识教育与专业教育相结合的培养模式。浙江旅游职业学院采取了“分层递进式”人才培养模式、“学生主体、任务驱动”人才培养模式、“课证训一体化”等人才培养模式。五星联盟院校的人才培养模式都充分体现了职业教育过程的实践性、职业性和开放性，这对高等职业教育教学质量、学生职业素养的提升有良好帮助。

3. 专业行业就业不平衡

调研结果显示，五星联盟各院校近三年的平均就业率高于90%，而且多数专业行业就业率高于50%。但旅游英语、旅游日语、应用韩语、应用法语、航空服务、表演艺术等专业行业就业率相对偏低。

4. 师资队伍提升快

调研结果显示，在专业技术职称结构上，五星联盟各院校中高级职称所占比重均超过20%；在双师素质方面，五星联盟各院校的双师比均接近50%；在学历结构上，五星联盟各院校的硕士研究生及以上学历教师所占比重均超过40%，其中上海旅游高等专科学校的博士研究生所占比重超过13%。

另外，在教学团队建设方面，也取得了显著成就，浙江旅游职业学院拥有国家级教学团队；上海旅游高等专科学校拥有国家级教学名师，其他院校也拥有多个省级教学团队和教学名师。

5. 科研实力得到提升

调研结果显示，获得省部级以上科研项目的院校有3所，分别是浙江旅游职业学院7项、桂林旅游高等专科学校8项、上海旅游高等专科学校5项。各院校厅局级科研项目较多，山东旅游职业学院18项、南京旅游职业学院7项、浙江旅游职业学院58项、桂林旅游高等专科学校21项、上海旅游高等专科学校8项。纵向课题经费，桂林旅游高等专科学校最多，为134.1万元；横向课题方面，上海旅游高等专科学校课题数量最多，共30项；浙江旅游职业学院横向课题经费最多，共412万元。

6. 课程建设引领教学改革

精品课程是具有一流教师队伍、一流教学内容、一流教学方法、一流教材、一流教学管理等特点的示范性课程。精品课程建设是高等学校教学质量与教学改革工程的重要组成部分。各院校均能以提升学生竞争能力为重点，整合各类教学改革成果，逐渐建立校、省、国家三级精品课程体系。调研结果显示，共有4所院校拥有国家精品课程，五星联盟各院校都拥有省级精品课程。

7. 国际化特色明显

中外合作办学是指引进国外优质教育资源，并加以消化、吸收、利用与创新，这既是我国高等教育实现跨越式发展的现实需要，也是高等旅游职业教育提升整体办学水平的重要途径。五星联盟院校采取灵活的办学模式，国际化特色明显。浙江旅游职业学院、桂林旅游高等专科学校、上海旅游高等专科学校三所学校还招收留学生，山东旅游职业学院招收短期交换生。

五、中职生教育概况

（一）发展现状

截至 2012 年年底，全国共有旅游中等职业学校 1139 所，占全国旅游院校的半数以上；2012 年在校生总人数为 49.72 万人，比上年增加 2.85%，占旅游院校在校生总人数的 46.3%；毕业生总数为 16.28 万人，占全国旅游院校所有大中专毕业生总数的 50.08%，比上年旅游中等职业学校毕业生数略有增加，总招生数为 19.81 万人，占全国旅游院校招生总数的 51.67%，比上年旅游中等职业学校招生数增加 6.40%。

（二）师资情况

2012 年，全国旅游院校专职教师总数为 4.44 万人，其中旅游中等职业学校专职教师数为 1.97 万人，占 44.3%。

从职称结构看，具有初、中级职称的人数超过 70%，具有高级职称的人数比例较低。据不完全统计，具有副高以上职称的专职教师总数 1 万余人，其中旅游中等职业学校 2700 余人。

从年龄结构看，专任教师中，31～40 周岁的教师比例最高，占 46%；其次是 40 周岁以上教师，占 45%；30 周岁以下的教师占 9%。可见中、老年教师仍然是中职学校教师队伍的主力军。

中职学校文化课教师比例偏高，占专任教师总数的 54%，专业课教师和实习指导课教师比例偏低，只占 46%。说明专业课教师和实习指导教师短缺。

在专任教师中只有 2%是双师型教师，总体比例偏低。培养双师型教师是今后中职学校教师队伍建设中一项重要的任务。同时，低学历教师所占比重较高，是目前中职院校普遍存在的问题。

从师资来源看，大部分来自其他专业教师改行旅游专业，有不少原来是语文、政治、历史、外语，甚至音乐、体育专业的教师，来源很杂；极少数来自职业技术师范院校或企事业单位的专职教师。

（三）培养目标和培养方式

1. 培养目标

中等旅游职业教育以培养旅游业一线从业人员为主，兼顾初、中级管理岗位的职业教育。据有关资料显示，在2011年统计的全国1152所旅游院校中，开展旅游职业教育的学校（含中专、职高和技校）有841所，占73%。但是，多年来，旅游职业教育主要围绕酒店服务与管理和汉语导游两大专业展开，教学中多注重行业规范教育和服务技能的掌握。随着形势的发展，这种教学在激烈的就业竞争中逐渐表现出明显的不理想现状。

据调查，中等职业学校旅游专业传统的培养目标一般为：培养拥护党的基本路线，适应生产、建设、管理、服务第一线需要的，德、智、体、美等方面全面发展，职业素质和人文素养良好，专业技术和技能较强，市场意识和创业精神较为突出，在相关旅游企业如旅行社、旅游酒店、旅游景区等第一线从事接待、导游、旅游服务与管理等工作的高等技术应用型专门人才。旅游学校毕业生主要面向的职业岗位为：旅游酒店前厅、客房、餐厅等部门的服务与管理工作；旅游业行政管理部门工作；旅行社及导游业务与管理工作；景区景点讲解服务与管理工作。

2. 培养方式

（1）加强实践教学。大多数中等职业学校在突出实践教学环节方面进行了大胆尝试，如实行“新三学期”的政策。第一个实践学期主要用于“思政课”社会实践及专业的认识实习，对所学专业有初步认识，为学生今后的学习确立明确的目标和努力方向；第二个实践学期主要用于专业见习与调研；第三个实践学期主要用于专业实践及岗位实习。每学期的授课中，加入实践内容，使理论与实务并举，强化实践教学。

（2）充分利用校内外实训实习基地和实验室。校内外实习基地是培养、提高学生职业能力的主要途径。职业能力培养不只是操作技能或者动手能力的培养，也包括知识的应用、技能的掌握、经验的积累、职业意识和习惯态度的养成以及职业创新等。旅游管理专业应充分挖掘资源，创造条件，保证学生在校期间利用课余时间参与旅游企业活动、培养职业能力，保证学生能够有大段的时间在旅游企业顶岗实习，充分地适应旅游企业工作环境，提高职业能力。校内全仿真模拟实验室是培养学生实践动手能力的基础。旅游管理专业人才除具备基础理论知识外，还应具备应用能力，特别是酒店服务技能、导游讲解能力、旅行社管理能力和旅游企业软件使用能力。实验室可以为这些能力和技能的培养提供空间和条件，也只有经过实验室的初步培训，学生将来才能更好地适应具体岗位。

（3）产学结合，校企合作。产学结合，既符合人才培养目标，又满足社会需求。通过合作教育，学生能力和素质得到提高，学生对行业和社会进行零距离接触，专业意识不断增强，专业技能和就业能力得到锻炼和提高。

（4）建立教师专职服务机制。教师专职服务是指安排相应对口方向教师或带队老师在实训基地挂职，参与实习基地工作，承担实习基地相应课题研究，并负责实训学生的管理监督和实训成绩的鉴定。

（5）成立社会行业、职业领域中具有代表性和权威性的成员参与的教学指导委员会。该会是对教学工作进行研究、咨询、指导和服务的专家组织，对教学建设、教学改革、教学管理、教学研究与质量控制等方面提出建议和意见，为专业的建设发展决策提供科学分析和指导。

（6）引进并设立资格证书考试考点。与政府有关部门联合，把资格证书考试引进学校，组织学生参加相关技能比赛，在学校设置各类资格证书考点。

（四）专业设置与教材建设

1. 专业设置

教育部于2010年公布了新修订的《中等职业学校专业目录》，新《目录》在原《目录》的基础上进行了比较大的修订。原《目录》结构为“专业类—专业名称—专门化举例—建议修业年限”，新《目录》修订为“专业类—专业名称—专业（技能）方向—对应职业（岗位）—职业资格证书举例—基本学制—继续学习专业举例”。新《目录》专业类由原来的13个增加到19个，即农林牧渔类、资源环境类、能源与新能源类、土木水利类、加工制造类、石油化工类、轻纺食品类、交通运输类、信息技术类、医药卫生类、休闲保健类、财经商贸类、旅游服务类、文化艺术类、体育与健身类、教育类、司法服务类、公共管理与服务类和其他类。其中“休闲保健”和“教育”为新增专业，此外对其他专业类进行了更名、合并或拆分等调整。专业数由原来的270个增加到321个。

专业设置秉承服务就业，对接职业，服务终身学习的理念。始终坚持以就业为导向，积极关注继续学习以适应学生终身发展的需要。新《目录》体现了终身教育的理念，增设了“继续学习专业举例”，对应相关专业，依据教育部本科专业目录和高职专业目录，以及补充高职专业目录，列举了356个高职、198 个本科继续学习的专业，为学生今后的继续学习与可持续发展提供参考。

通过对目前中职学校专业设置情况进行调研发现，目前中职学校专业设置尚存在三个主要问题。①专业设置的恶性竞争。许多职业学校纷纷放弃了自己若干年的历史积淀和办学特点，在专业设置上你追我赶，忙于设立专业而忽视了建设，带来的后果肯定是恶性竞争，不利于一个优秀专业的成长和发展。②专业设置的重复。这其实就是专业设置的恶性竞争带来的结果。在同一地区一个专业被多个同类职业学校重复设置，是我们面临的最大问题。在专业教学及专业建设中精力分散，顾此失彼，疲于应付，难办成精品专业。③在不具备条件的基础上设置专业。在缺乏师资，学校校园硬件、软件建设尚不能满足专业需求的情况下，盲目设置专业，不考虑学生培养质量和未来学生发展的需求，急功近利办学。

2. 教材建设

近20年来我国旅游中等职业教育教材建设情况，大致可分为两个阶段。第一个阶段，20世纪90年代中期前，课程标准及教学模式受本科教育影响较重，教材建设以学科体系为主，基本为本科教材的压缩；理论偏深偏难，内容相对陈旧；实践教学不能与理论教学有机结合，且比例较小；教材品种较少，不能满足教学实际需要。第二个阶段，在1999年第三次全国教育工作会议颁发的《中共中央、国务院关于深化教育改革，全面推进素质教育的决定》中，调整了职业学校的培养目标和基本学制，淡化了中专学校、职业高中、技工学校和成人中专四类学校的界限，淡化了培养“（技术）员与工（人）”的界限，为制订统一的中等职业学校（技工学校除外）的教学计划、课程教学大纲和编写统一教材打下了基础。

在教材管理与教材建设方面，教材主要包括国家规划教材及配套用书、教育部推荐教材及配套用书、地方课程教材、自编教材、行业企业培训教材等。从“以就业为导向职业教育课程和教材改革的研究与实践”课题组的《中等职业教育教学改革现状的调查研究报告》分析可以看出，职业学校教材的选用是多种多样的。在德育、文化课教材方面，大多首选国家规划教材，除心理健康课程外，语文、数学选用国家规划教材的比率均在70%以上，英语也超过65%；其次是教育部推荐教材和省编教材。许多学校还开发了自编教材。调查显示，大多数学校的德育课都选用国家规划教材。有一些学校选用省编和自编教材。对专业课教材，有83%的学校选用了国家规划教材，42%的学校选用教育部推荐教材，还有15%的学校选用省编教材，21%的学校开发了自编教材。对专业实践课教材，66%的学校选用了国家规划教材及配套教学用书，39%的学校选用了教育部推荐教材，16%的学校选用了省编教材，39%的学校开发了自编教材。

调查显示，当前职业学校需求最迫切的教学材料是职业技能实训指导方案，占76%；其他的需求比例分别是：实习实训指导书占66%，高质量的教科书占54%，教学参考书占27%，学习指导书占20%。

经过多年的改革和有益的尝试，我国旅游中等职业教育的课程教材建设取得了令人瞩目的成就：功能化的文化课教材、综合性的大类平台教材、理论和实践一体化的专业教材、初步具有互动功能的数字文本教材时有出现。但从整体上来看，数量少且专业分布不平衡，质量优劣不齐且进展缓慢。

（五）存在问题

1. 人才培养目标有待明确

缺乏市场调研，没有主动跟踪市场需求的变化以及毕业生的就业去向，学校培养的毕业生与人才市场岗位标准脱节，学生技能训练与企业就业岗位需要难以对接，有的甚至能力素质弱化，没有按照不同专业制定不同的目标，人才培养目标总体不够明确。

2. 专业设置、课程体系与行业需求错位

职业学校的专业设置，在专业大类框架不变的情况下，各分支专业每年都在按照市场需要、招生情况进行调整，但是专业课程设置、课时比例、教学内容以及教学大纲的调整往往滞后，专业教学体系条理性不强，没有体现专业特色。由于旅游专业设置的草率、盲目，没有根据形势变化及时做出必要的调整，这样就不仅没有培育名专业、名教师，而且难以保证教学质量，同时还造成了人、财、物的巨大浪费。因此，旅游教育专业设置必须“适应市场需求”，与时俱进，及时调整，及时更新。只有这样，才能使旅游教育适应经济发展需要，保持职业教育的活力。

高职旅游专业课程的设置基本上是参照普通高校、普通专业的课程设置要求，按照通识课程、专业课程、实践课程的课程类别和结构比例设置的。大量的课程和中职（技工）院校课程设置重复，如旅游学概论、旅游心理学、旅游经济学、旅游法规、饭店管理概论、旅行社管理概论，等等。由于课程重复，会导致高职到大专继续深造的学生对课堂教学兴趣不大，这种课程设置会为学生的后续发展留下隐患。

3. 职业岗位能力有待提高

人才培养目标的定位缺乏对职业和岗位进行系统的分析，强调学科知识的传授，对实践性和应用性课程的重视不够，学生的生存能力、技术水平、创新能力不强，忽视非智力性因素的培育，学生人文素养较低，就业竞争力不强。

4. 实践教学环节薄弱

在课程设置上，旅游专业的课程设置，也没有摆脱“重体系、轻技能、大而全、小而全”的思维模式。实施过程中重专业知识、技能的训练，忽视技能的常态化训练及人文素养、职业素质的培养。应用型课程的比例过小，学生的实践能力不强，在实际教学中，对实践技能的教学较少。由于理论知识不深，实践动手能力较差，导致学生“学”不精、“术”不专，这样，旅游专业学生的核心竞争力就很弱。

5. 教学模式、方法陈旧，课堂教学缺乏有效性

部分教师停留于按照传统的教学进度来完成教学任务，忽视学生的实际，忽视社会、行业发展对人才素质的要求，缺乏合理处理教材的意识和能力，教学远离学生与行业，教学效果低下。

目前的教学还是沿用人才培养的单一模式，没有向多样性与统一性相结合的模式转变；教学中过多的强调了“专业对口”，没有向拓宽专业口径、强化各学科互相渗透、增强适应性转变；在课程建设上，过分重视单门课程功能，没有向同时重视课程整体功能转变。因此，这种无特色的教学很难适应社会需要、适应科技发展。

6.“双师型”、高水平师资队伍短缺

就师资队伍而言，缺乏真正意义上的“双师型”师资队伍。近年来，学校旅游专业的教师在考证取证上有了一定突破，但拥有“双证”的教师还是偏少，尤其是真正具有专业实践能力的“双师型”教师更加缺乏。在平常的教育教学工作中，教师忙于应付繁重的理论教学任务，难以顾及学生实践能力的培养，加之许多教师自身学历偏低，动手能力不强，在教学内容、教学方法和教学手段等方面难以达到职业技术教育的要求，还有相当比例的教师没有获得职业资格证书或未到企业生产一线进行专业实践，因此很难培养出适应就业市场需求、符合岗位要求的高技能人才。在这种情况下，旅游学校“双师型”教师队伍建设的薄弱状况显得尤为明显。

第二节　我国全日制旅游人才培养模式分析

一、全日制旅游人才的主要培养模式

（一）“工学结合”旅游人才培养模式

“工学结合”旅游人才培养模式是一种以实践性、应用型旅游人才培养为主要目的教育模式。“工学结合”人才培养模式，在广义上讲是利用学校、社会两种教育资源和教学环境，在学生学习期间交替安排学校专业理论学习和校外顶岗工作，对学生进行“知识—能力—素质”培养的一种教育模式；在狭义上讲是“校、企、师、生”四方紧密融合，全方位护航的长效人才培养模式。“工学结合”旅游人才培养模式重点就是把实践性应用型旅游人才的培养与旅游企业紧密联系起来，在旅游工作实践中打造真正的实践性应用型旅游人才。

（二）“前店后院”的旅游人才培养模式

在所谓“前店后院”的人才培养模式中，“后院”即课堂，指课堂上的理论教学；“前店”即课堂理论教学之外的其他教学成分，分为“校内生产性实训基地”和“校外实训基地”。“前店后院”就是以旅游行业的雄厚资源为平台，以培养应用型、技能型人才为目标。以理论教学和实践技能密切结合为原则，以教师与学生“双重角色”的交叉互换为手段，以产学研结合为途径的人才培养模式和教学运行模式。

（三）T 字形人才培养模式

T 字形人才培养模式以“创新精神、实践能力”培养为主旨，培养基础较为扎实，操作能力较强，具有良好的职业道德与服务意识的高级应用型人才，既强调学生岗位操作技能的培养，又注重学生基础理论的教学。“T”字上面的“一”表示高职学生一般能力的横向拓宽，以增强学生的就业适应性，“T”字下面的“丨”表示专业能力的纵向深化，以加强学生就业的岗位针对性。T 字形模式的“一”和“丨”密切联系，互为支撑，“一”是学生发展的基础和前提，“丨”是由“一”生长而来的，学生专业能力的发展水平受到一般能力和基本素质发展水平的制约，而专业能力的发展又有利于提升一般能力和基本素质。

（四）“订单式”人才培养模式

“订单式”人才培养模式要求高职院校与用人企业针对社会和市场需求共同制订人才培养计划，签订用人订单，通过“工学交替”的方式分别在学校和用人单位进行教学，学生毕业后直接到用人单位就业的一种产学研结合的人才培养模式。该模式将企业直接引入职业教育，让用人单位直接参与人才培养全过程，整个教育活动都是围绕协议而展开。

“订单式”人才培养模式利用学校和企业的两种不同的优质教育资源和教育环境，采取课堂教学和有企业参与的实践教学，把学校、社会两个育人环境、两个育人主体有机的结合起来，这种培养模式使高职人才的培养过程走出课堂，走向社会，走向生产经营岗位，在与企业的互动中不断更新办学思路，调整专业设置和课程体系，从而使教育教学有的放矢。“校企双方共同确定培养方案、知识结构、能力结构，并共同进行教学设计。校企资源共享，优势互补，互利双赢。实行订单式培养，使学生更适应社会需求。”该培养模式为提高学生的全面素质、综合职业能力和就业率开拓了更广阔的空间，同时企业能从毕业生中选拔到最优秀人才，实现了校企双方的共赢。

二、全日制旅游人才培养模式的问题分析

（一）不同培养层次人才培养定位边界模糊，与旅游行业需求错位明显，各层次间课程体系设置高度重叠，缺乏系统设计

目前中国旅游人才培养层次较为全面，涉及从中职、高职、本科、研究生教育（学术型硕士、MTA）四个层次。各培养层次都有其人才培养定位、培养目标及相应的课程设置。理论上讲，各培养层次与旅游行业不同层次人才需求都应具有较好的契合关系，应能够满足旅游产业、行业不同的人才需求。课题组通过抽取全国部分旅游院校旅游管理专业开设课程情况进行调研，总结出旅游管理专业不同培养层次人才培养目标和开设主干课程总体情况一览表（表 2-2）。

表 2-2　旅游管理专业不同培养层次人才培养目标和开设主干课程一览表

<table>
<tr><th rowspan="2">培养层次</th><th colspan="3">培养目标</th><th colspan="2">专业课程</th></tr>
<tr><th>各层次总体表述</th><th>各层次间共通之处</th><th>各层次间差异</th><th>各层次间共通课程</th><th>各层次间区别课程</th></tr>
<tr><td>中职</td><td>培养面向旅行社、酒店、企事业单位服务和管理第一线的应用型人才，具有良好的职业素养，掌握必要的文化知识、专业知识和职业技能，具有较强就业能力和创业能力，具有健康的身体和心理，具有基本的欣赏美和创造美的能力，具有良好的旅行社服务与管理知识，掌握旅行社、旅游酒店各岗位基础知识和专业技能的高素质（技能）人才。</td><td rowspan="3">中职—高职—本科—硕士共通：德、智、体、美全面发展，具备旅游相关专业知识和职业素养，健康的体魄等。
中职—高职共通：能胜任旅游行业相关岗位的高素质、高技能、应用型人才。
本科—硕士（学术型）共通：旅游高等院校从事教学和研究工作。
硕士（学术型）与旅游管理硕士（MTA）共通：独立从事旅游管理等相关领域的研究。</td><td rowspan="2">中高职人才培养目标表述差别不大。</td><td rowspan="3">1. 中职—高职共通课程：导游基础知识、导游业务、导游政策与法规、旅游学概论、旅游地理、旅游职业礼仪、旅游英语、旅游电子商务、旅游心理学、旅游地理、旅游市场营销、酒店管理概论、餐饮管理、前厅客房服务与管理、旅游景区服务（管理）、旅行社业务（经营管理）、商务旅游、中国旅游资源（旅游资源学）、客源国概论、景点模拟导游、旅行社销售技巧（旅游商品与导购）。
2. 高职—本科共通：旅游美学、旅行社经营管理、酒店管理、旅游英语、高等数学、管理学原理、旅游经济学、旅游学原理、旅游地理学、统计学原理、财务管理、人力资源管理、市场营销学、旅游景区管理、旅游市场调研、餐饮管理、导游技巧、旅游服务营销、旅游心理学、旅游法律法规、商务沟通、电子商务等（本科开设课程中 50%涵盖高职课程，占高职总开课课程的 60%）。
3. 中职—高职—本科共通课程：导游政策与法规、旅游学概论、旅游地理学、旅游英语、旅游电子商务、旅游心理学、旅游市场营销、餐饮管理、旅游景区服务（管理）、旅行社业务（经营管理）、旅行社销售技巧（占开设课程总数比例：中职：50%；高职：44%，本科：27%）。</td><td>导游语文，以及学校所在省市旅游资源介绍。</td></tr>
<tr><td>高职</td><td>培养适应社会主义经济发展需要，德、智、体、美、劳全面发展，熟悉旅游管理专业基本理论知识，培养具有旅游休闲企事业机构（如大型度假区、星级酒店、旅行社、会所、俱乐部及相关行政管理机构）相应岗位必备的服务与管理能力，多元文化沟通技巧、外语与计算机应用能力，能胜任旅游休闲企事业单位基层管理岗位的高素质技能型专门（应用型）人才。</td><td>现场导游、客房服务与管理、酒店管理实务、旅游资源开发酒店连锁经营管理、旅行社计调、旅游美学，等等。</td></tr>
<tr><td>本科</td><td>培养德、智、体、美全面发展，系统掌握现代旅游企业管理的基本理论和方法，熟悉旅游企业管理的业务和相关知识，了解国内外旅游行业的发展动态及旅游企业发展趋势，有较强的实际工作能力和分析问题、解决问题的能力，有较高的外语水平和计算机应用能力的专门人才，为中国休闲与旅游产业培养与输送具有较强专业知识、职业技能和发展后劲的中高级复合型人才。学生毕业后能够胜任旅游企业、旅游行业管理部门的管理工作，能够在旅游高等院校从事教学和研究工作。</td><td>中高级复合型人才。</td><td>公共关系学、组织行为学、旅游文化学、经济法、会计学原理、统计学原理、管理信息系统、旅游策划学、休闲学概论、会展概论、城市游憩学、休闲经济学、娱乐场馆管理、度假区管理、国家公园管理、大型活动策划、主题公园管理、房务管理、导游技巧、旅游规划、酒店物业投资决策与管理、消费者行为学，等等。</td></tr>
</table>

续表

培养层次	培养目标			专业课程	
	各层次总体表述	各层次间共通之处	各层次间差异	各层次间共通课程	各层次间区别课程
硕士（学术型）	培养德智体全面发展，遵纪守法，品德良好，掌握坚实的旅游管理理论与系统的旅游管理专业知识，熟悉管理学，经济学、地理学、人类学和社会学等跨学科基础理论，能熟练地运用科学的研究方法，独立从事旅游管理相关领域的研究；能熟练运用计算机，至少能使用一种外语熟练地阅读专业书刊，在理论或实际应用上做出创造性成果的高级专门人才。毕业生适于从事旅游会展及其相关企业的中高级管理及策划工作；各级旅游行政管理及相关事业部门（单位）工作；各类旅游大专院校及科研、咨询等机构的教学与研究工作。		有创造性成果的高级专门人才。	4. 硕士（学术型）和旅游管理硕士（MTA）课程与中职—高职—本科阶段开设课程有较大差异，主要注重国内外旅游战略、旅游规划、旅游经济等领域前沿动态研究。其开设课程与各学校所开设的专业方向的不同而有所不同。	服务经济与服务性企业管理、文化遗产与旅游产品开发管理、旅游管理信息系统、旅游战略管理、旅游产业经济学、旅游组织行为学、专业外语、现代旅游业发展前沿、旅游规划原理与方法、旅游企业服务运营与战略、旅游系统分析、定性研究方法、定量研究方法、会展与事件管理、遗产地管理、旅游规划实务、SPSS 实际操作技能。
旅游管理硕士	培养德、智、体全面发展，具备高度的社会责任感和职业道德素养，具备国际化视野、战略思维能力和创业创新能力，深度掌握旅游发展理论与规律、旅游管理方法与原理，熟悉旅游与休闲及相关行业实践，具有良好的表达沟通能力和团队合作精神，能正确运用旅游管理理论与方法解决实际问题，在旅游及相关企业中从事高层经营管理工作的复合型、应用型、综合型人才；主要定位于培养旅游业、酒店业、会展业及相关衍生产业的产业领袖，培养学员的全局观、国际视野、企业家精神和职业经理人素质及能力，帮助学员树立毕业后10～15 年的发展目标，规划其发展路径。		从事高层经营管理工作的复合型、应用型、综合型人才，产业领袖。	本科—旅游管理硕士（MTA）共通课程：微观经济学、宏观经济学、管理学前沿、组织行为学、人力资源管理、市场营销学，等等。	战略管理、组织行为学、项目管理、风险投资管理、旅游经济前沿理论研究、资源、环境与发展、旅游产业政策与旅游法研究、中外酒店管理比较研究、国际著名旅游企业跨国经营案例分析、国际旅游发展前沿理论研究、休闲经济前沿理论研究、旅游可持续发展研究、旅游企业战略管理研究、中西部旅游发展研究、旅游审美文化研究、旅游与休闲产业发展研究、旅游营销管理研究、旅游开发理论与规划，等等。

深入分析后发现，上述结论与现实有着较大的差距。

1. 目前全国旅游管理专业不同培养层次人才培养定位界限不明晰。如中职旅游管理专业人才培养目标定位为“面向旅行社、酒店、企事业单位服务和管理第一线的应用型人才”，高职旅游管理专业人才培养目标则定位为“能胜任旅游休闲企事业单位基层管理岗位的高素质技能型专门(应用型)人才”，两者的表述基本相同。另外，本科和研究生（学术型）旅游管理专业人才培养目标中皆出现“能够在旅游高等院校从事教学和研究工作”，而实际上本科毕业生根本不可能在高校就业。

2. 不同培养层次课程设置存在较大的一致性，未体现不同层次间旅游人才知识结构的差异，亦不利于跨层次人才贯通培养。对比发现，中职、高职开设课程基本相同，主要包括导游类、旅行社管理类相关课程；高职与本科课程中如旅游学概论、经济学概论、管理学概论、旅游文化、旅游礼仪等课程存在一定的雷同；本科和研究生课程中专业基础课程基本为管理学、经济学、旅游学、旅游地理、旅游文化、旅游礼仪等，专业课主要包括酒店管理类、旅行社管理类、旅游规划类、旅游企业管理类、休闲服务与管理类等相关课程，研究生课程中加入部分学术研究类课程，以满足研究生参与旅游学术研究的需要。不同培养层次间课程设置的一致性，产生了两个不利的后果：一则不能体现不同层次间旅游人才知识结构的差异，缺乏各自的特色和优势；二则在跨层次人才贯通培养过程中造成课程的重复学习，不利于提高人才培养的层次和质量。

3. 人才培养层次与旅游行业不同类型岗位间无定向培养，甚至出现错位。

从目前旅游人才培养的情况看，各培养层次间的纵向贯通缺位、培养目标错位或叠位、不同培养层次人才培养定位界限不清、课程设置呈现一致性等问题，已经成为目前旅游人才培养过程中亟待解决的问题。旅游人才培养的层次与旅游产业、行业需求之间的矛盾越来越突出，错位现象越来越明显。应当改变原有的以界限不明晰的以低、中、高级岗位为各层次培养目标的模式，以不同类型岗位为依据重新定位各层次人才培养目标，这样才能充分实现各层次人才培养目标的准确定位，有效地减少各层次间课程资源的重复建设，真正提高旅游人才跨层次培养的效率和水平。

（二）旅游教育学科化倾向明显、各培养层次间缺乏系统设计

中国职业院校旅游专业的设置，多是为满足旅游人才的需求而在相关学科的基础上新建或组建的，并不一定经过严谨的论证或顶层设计，甚至个别院校为某些学科寻找出路而在这些学科的基础之上强行改建为旅游专业。依托本科旅游学科建立的旅游专业大多走的是研究型的路线，而职业教育与普通高等教育相比较，其人才培养内涵的不同，导致两种教育类型下的人才培

养出现分歧。大多数旅游职业院校沿用其他学科的教学方式，遵循传统的教学模式，难以实现模式创新，使旅游职业教育在很大程度上失去了活力与特色。

旅游职业教育的办学层次单一化，即“断头路”或“终结性”现象，限制了旅游职业教育人才培养的可持续发展。中、高职贯通在我国刚刚开始试点，专、本、硕贯通尚处于理论论证阶段。现代旅游职教体系迫切需要打通各个办学层次的脉络，构建全新的旅游职业教育人才培养模式。从目前不同层次人才培养的情况来看，其症结在高职本科教育，X形的职业教育体系成为制约现代职业教育体系形成的重要因素。

（三）旅游教育发展和人才培养机制面临政策性瓶颈

在本科教育层面，主要反映在学科定位上。尽管旅游业已经被确定为国民经济战略性支柱产业，但在学科建设、学科定位上却没有得到相应的体现，旅游管理仍然是归属于工商管理学科下的二级学科，这与旅游管理的综合性、产业融合性不相符，也与旅游管理需要涉及经济、管理、历史、地理、文化、外交、信息技术等诸多领域的学科特性不相符。

在高职教育层面，主要反映在交叉定位带来的困惑和困难上。从层次定位看，旅游高等职业教育属于职业学校教育的最高层次——高等学校教育层次，又是高等学校的最低层次——高等专科学校层次。从类型定位看，旅游高等职业教育属于高等学校的特殊类别——职业学校类别。交叉定位的结果使得旅游高等职业教育既难以享受到国家大力发展职业教育的支持政策，也难以享受国家大力发展高等教育的支持政策。比如国家对职业教育的经费支持政策，包括学生资助政策、对职业学校的经费补贴政策、免费政策等，未惠及或未充分惠及高等职业教育。

（四）旅游教育教学模式和教学理念缺乏创新，亟待提高

在旅游教育发展过程中，有很多院校已经开始进行旅游教育模式创新探索，尤其是在与国外联合办学、订单式培养等方面取得了很多有益的经验，但与旅游业的实践发展、科技等外部环境变迁的速度相比，行业发展的新要求没有及时反映在旅游人才培养的教育教学中，教材陈旧、设备落后、理念保守、师资不足等问题依然不同程度地存在。

在师资方面，重理论、轻实践的现象较为普遍：重课题研究、轻实践问题的风气较为普遍。同时，在理论研究层面，真正的理论深度、创新程度以及与其他学科融合借鉴的力度等方面都还有很多欠缺；在人才培养模式、课程体系建设等方面大同小异，没有突出自身特色，没有形成紧密联系产业、行业与企业的体制和机制，缺少政、产、学、研互动的活力，缺少专业教师进入行业、行业精英进入院校的规范、持续通道，这在一定程度上导致高校培养的旅游人才普遍缺乏对实践问题的充分认识，欠缺实践操作能力，难以满足行业要求。

在学生层面，无论是综合性大学中的旅游教育还是高职、中职旅游教育，都面临着高质量生源的严酷竞争。因为综合性大学存在着大类招生、大类培养的问题，而高职、中职旅游教育则面临着与本科院校招生竞争问题。在生源减少、生源质量有所下降的情况下，在如何更好地发挥旅游专业学生的聪明才智、创造力等方面，还没有形成很好的经验；在传播知识的同时，在如何培养学生的能力、如何提高学生的素质、如何挖掘学生的潜能方面，还有待进一步探索。另外，如何结合中国旅游发展实践、消化国外先进教育成果、交流旅游教育先进经验、形成中国特色的旅游教育整体创新，也是亟待深入研究的课题。

（五）旅游人才培养质量和数量与行业人才需求之间供求不匹配

国家旅游局的统计显示，截至 2011 年年底，全国共有高等旅游院校 1115 所（占全国普通高等学校的 46.3%），旅游院校旅游相关专业毕业生总数达 31.92 万人（其中，高等旅游院校毕业生数为 15.97 万人，占毕业生总数的 50.04%；中等旅游职业学校毕业生数为 15.95 万人，占毕业生总数的 49.96%）。面对庞大的毕业生数量，其就业状况引起了较为广泛的关注。因为从最近几年的情况看，与旅游企业普遍反映的招聘困难，尤其是高层次、复合型人才需求难以得到满足的问题并存的是，旅游教育毕业生普遍存在行业就业率低、流失率高的现象。这种现象在本科教育层次表现得尤为突出。专题调研显示，近三年本科毕业生就业率平均在 90%以上的占 74%，但超过半数受访院校的行业就业率在 50%以下，半数以上院校的学生毕业三年以上仍在旅游行业就业的行业稳定就业率低于 30%。

从旅游人才的供给方来看，旅游人才培养与市场需求相脱节。旅游职业教育必须瞄准市场的目标，满足旅游业实际发展的需要，否则培养出来的人才技能不突出，竞争力不强，很难适应市场的需求，从而也在一定程度上影响学生的就业。国际上普遍重视培养学生的实践经验，很多学校都有自己的实习基地，规定学生必须完成的实习学时，建立了成体系的实习教学与管理制度，有的国家旅游专业学生的实习课课时占到总课时的一半。而我国旅游高职院校即使逐渐开始重视学生的实践能力培养环节，但事实上学生在旅游企业单位的实习大多流于形式，收效甚微。

从旅游人才的需求方来看，目前我国旅游业用人的现状是人力资源供大于求，人才资源供不应求；企业需要具有专业技能过硬，服务意识较强、复合型、协作型、应用型服务人才，包括高级导游人才、旅游规划人才、旅游市场人才、旅游开发人才等。这些岗位都与从业人士的工作经验密切相关，而企业所需的人才与旅游院校培养出炉的应届毕业生之间的对接程度相差较远。企业强调学生的工作或实习经历，总希望毕业生报到就可以上岗，企业不必再培训。因而，尽管旅游人才市场上存在很多空缺职位，但是却没有多少是合适的，出现了企业人才短缺与学生就业难的现象。

旅游人才培养如何更好地满足行业的需求、旅游行业自身如何改善薪酬吸引力不足、如何在转型升级中改善旅游行业形象、如何用发展的眼光全面认识旅游行业等方面的问题，都需要重新审视。

（六）旅游职教培养主体间协作不畅，缺乏深度合作

政府、学校、企业和研究机构同时构成旅游职业教育人才培养的主体。目前，人才培养的各个主体缺乏联合培养、协同合作的沟通协调机制。我国旅游教育诞生以来，旅游人才培养主体在不断变化，出现了政府主体、学校主体、主体多元化和双重主体等不同实践模式。但是由于利益平衡和统一等问题，真正意义上的协同培养难以实现。

（七）旅游职业院校双师型、双语型、大师型师资队伍还很薄弱

目前我国旅游院校的师资无论从数量还是质量上与发达国家相比有较大的差距。从旅游业发展、旅游专业自身发展对其要求来看，我国旅游职业院校专业教师整体水平还有待提高，主要有如下问题：一是行业经历不足；二是知识比较陈旧，相当多的人不甚了解国际旅游业发展的新情况、新理论和新的科技成果，因而不能适时地把这些新成果用于教学内容和教学方法的改革创新；三是教学手段和方法相对比较落后，相当数量的教师不能用外语和高新科技手段教学。

随着旅游业的快速发展，旅游教育国际化成为一种必然趋势。要想实现旅游教育的国际化，一则要加强与境内外的校企合作、校际交流，二则要切实提高教师的英语技能，加强教师开展双语教学的能力。目前，由于受传统外语教育模式的影响，我国大部分旅游院校毕业生的外语能力依然不能适应工作岗位的需要，这直接导致大量的旅游职业院校毕业生缺乏必要的行业英语会话能力，从而丧失在外企就业中的竞争力。

第三章　我国现有跨层次旅游教育改革探索

《国家中长期教育改革和发展规划纲要（2010～2020年）》提出，到2020年形成适应经济发展方式转变和产业结构调整要求、体现终身教育理论、中等和高等职业教育协调发展的现代职业教育体系。2014年2月26日，国务院常务会议指出，发展职业教育是促进转方式、调结构和改善民生的战略举措。自《国家中长期教育改革和发展规划纲要（2010～2020年）》发布后，各省市在各自长期的中、高职试点的基础上，陆续推出了各自的职业教育人才发展规划，如上海市在2010年公布了《上海市中长期教育改革和发展规划纲要》、浙江省在2012年制定了《浙江省推进中高职一体化人才培养模式改革工作方案》、山东省在2013年12月31日下发了《关于做好2014年职业院校与本科高校对口贯通分段培养试点工作的通知》、海南省在2014年发布了《海南省职业教育人才培养及招生试点项目方案》，正式全面启动了中职、高职、本科贯通的多学制模式试点。

改革开放以来，旅游产业规模不断壮大。目前我国旅游业已进入高速发展时期。截至2012年末，全国旅游院校（包括完全的旅游院校和设旅游相关院系或旅游相关专业的院校）共计2236所，全国旅游院校旅游相关专业在校生共计107.34万人，其中高职、高专在校生数35.59万人，中职在校生数49.72万人，旅游职业教育已成为旅游教育的主体。旅游职业教育需要优化旅游人才培养模式，创新旅游院校办学体制和机制，上下贯通与有效衔接中职—高职—本科—专业学位研究生教育，建立旅游职业教育人才成长的“立交桥”，以适应“大旅游”格局对旅游职业教育提出的新要求。推进中职—高职—本科一体化人才培养模式改革，加强中职—高职—本科衔接，提升职业教育的竞争力和吸引力，促进高素质、高技能人才的培养。

本课题组选取了旅游教育比较发达的二市十省区（北京市、上海市、浙江省、江苏省、山东省、海南省、江西省、辽宁省、湖北省、安徽省、广东省、广西壮族自治区）进行调研。在这二市十省区中，各省市区都有了中职—

高职的跨层次旅游教育；江苏省和山东省试点了高职—本科跨层次旅游教育，其中江苏省还进行了中职—本科跨层次的旅游教育试点，而海南省和广西壮族自治区已将旅游专业纳入了2014年的中职—本科的跨层次教育试点计划。

第一节　我国现有中职—高职跨层次旅游教育分析

一、中职—高职跨层次旅游教育总体情况

近年来在各省市区普遍都有中职—高职的跨层次旅游教育，主要可以概括为以下两种模式："五年制"模式和"六年制"模式。其中，"五年制"模式又一般分为"3+2"模式、"2+3"模式和五年一贯制模式。"3+2"模式是指前三年按中专教学计划实施教育，再进高职学习二年，完成高职大专学业；"2+3"模式是指前二年按中专教学计划实施教育，再进高职学习三年，完成高职大专学业；五年一贯制模式是指将中等和高等职业教育贯通，整体设计和统筹安排学生的知识、能力、素质以及技能的训练和培养。此外，还有的省实施"3+3"模式，亦即前三年按中专教学计划实施教育，再进高职学习三年，完成高职大专学业。各省市区涉及的旅游专业和模式详见表3-1。

表3-1　各省市中职—高职跨层次旅游教育案例

省市区	专业/学制			
	3+2	2+3	五年一贯制	3+3
北京市	酒店管理（航空服务方向）、酒店管理、导游			
上海市	烹饪工艺与营养、旅游管理、酒店管理			
浙江省	中餐烹饪与营养、旅游服务与管理、酒店服务与管理		西餐烹饪、高星级饭店运营与管理、酒店服务与管理（礼仪与航空服务培养方向）、会展服务与管理	
江苏省	旅游服务与管理、中餐烹饪、酒店管理、烹饪工艺与营养	烹饪工艺与营养	旅游管理、烹饪工艺与营养	旅游管理、烹饪、旅游服务与管理

续表

省市区	专业/学制			
	3+2	2+3	五年一贯制	3+3
山东省	旅游管理、旅行社经营管理、酒店管理、中餐烹饪与营养膳食（烹饪工艺与营养）、西餐烹饪（西餐工艺）、涉外旅游		旅游管理、旅行社经营与管理、酒店管理	
海南省	航空服务、酒店服务与管理、高尔夫服务与管理		酒店管理、旅游管理	
江西省	旅游管理（旅行社经营管理）、酒店服务与管理、导游		酒店管理、旅游管理	
辽宁省			旅游管理	
湖北省	旅游管理、酒店管理、导游、旅游英语		旅游管理	
安徽省	旅游管理、酒店管理、烹饪工艺与营养、涉外旅游		旅游管理、酒店管理、导游	
广东省	酒店管理、旅游管理和烹饪工艺与营养			
广西壮族自治区	旅游管理专业、酒店管理专业	导游、餐饮管理与服务、酒店管理、旅游管理、旅游工艺品设计与制作	酒店管理、烹饪工艺与营养	

二、中职—高职跨层次旅游教育案例分析

（一）北京市

1. 概况

北京市自 2012 年开始中职—高职衔接办学，十几年来得到了较快的发展。北京的中高等职业教育衔接的主要模式为“3+2”模式，但每年经这两种方式直接升入高职的中职毕业生比例还很小，中高等职业教育衔接的道路还不十分通畅。北京的职业教育在发展五年一贯制和单考单招两种中高等职业教育衔接模式的同时，应尽快把“3+2”中高等职业教育衔接作为一种新的衔接模式重点发展，建立多种形式的人才培养通道，以构建完善的职业教育体系。北京市《关于开展中高等职业教育衔接办学工作试点的通知》（京教职成〔2012〕3 号）和《关于“3+2”中高等职业教育衔接办学试点人才培养方案制定中相关问题的通知》（京教函〔2012〕379 号）要求建立、健全工作协调机制，中高职院校密切配合，争取行业企业的深度参与，坚持“共同研

究、协同创新、整体设计、系统培养”的原则，深入开展需求调研，研究制定整体性衔接培养方案，尤其要加强专业培养目标、课程设置、课程内容的统筹和衔接，切实优化人才培养模式，共同完成高技能人才的系统培养工作。

截至 2014 年，北京中职—高职跨层次旅游教育共有三个专业，分别是酒店管理（航空服务方向）专业、酒店管理专业以及导游专业。这三个专业都采用了“3+2”五年制高职教育模式。

2.“3+2”五年制高职教育模式简述

北京举办“3+2”五年制高职的学校从参加当地初中毕业生升学考试的考生中优先录取学生。学校收费按照国家规定的中等职业学校和高等学校收费管理政策执行。学生学籍管理执行高等学校学籍管理办法。五年制高职学生与其他类型的高职高专学生在享受助学贷款、学生生活补贴等方面执行同样的政策，一视同仁。五年制高职学生毕业时获得国家承认的高等教育专科层次毕业证书。毕业生具有继续接受本科以上教育的资格。毕业生就业在国家宏观政策指导下，实行双向选择、自主择业。其主要具有以下两个特点。

（1）“3+2”五年制高职教育

中高职“3+2”模式，即学生在完成 3 年中职教育后再接受 2 年高职教育，毕业后取得相应的中等和高等职业教育学历证书及相关职业等级（资格）证书。“3+2”中高职衔接班在人才培养上，采取中职和高职两校共同制定人才培养目标、人才培养方案、确定课程体系和课程内容的模式，在教学上进行分学段教学和管理。学生在中职阶段就提前学习高职课程的理论知识。中职“3+2”课程班的学生每学期定期到高职参与同专业的实践课程。

“3+2”五年制培养模式对学生职业发展更具优势，中高职衔接学生在动手实践能力上比高中毕业生要强很多。如北京市外事学校“高星级饭店运营与管理”专业和北京财贸职业学院旅游系“酒店管理”专业强强合作，师资力量雄厚。通过学习培训、校企合作等途径，两校融合的师资团队具备了“懂酒店、会教学、能培训”的双师素质，为培养职业素养好、职业基础扎实、职业技能娴熟的酒店专业人士提供了师资保障。北京市昌平职业学校与北京劳动保障职业学院的酒店管理（航空服务方向）专业、北京国际职业教育学校与北京财贸职业学院的导游专业也分别根据学校的优势学科，实行联合教学，为学生提供了更好的学习教育选择。

（2）“3+2”高职模式促进学生职业蜕变

“3+2”模式让学生能更充分系统地完成一个专业的学习过程，更好地服务于学生发展自身的职业素养和行业能力；同时，有助于学生在学习过程中系统地提升理论知识和策略技能，更好地促进学生向准职业人转变，将为中职院校学生发展拓宽通道。

表 3-2　北京市“3+2”五年制旅游教育专业

联办高职	联办中专	专业	招生人数（2014）
北京劳动保障职业学院	北京市昌平职业学校	酒店管理（航空服务方向）	160
北京财贸职业学院	北京市外事学校	酒店管理	90
北京财贸职业学院	北京国际职业教育学校	导游	50

（二）上海市

1. 概况

2010 年，上海市公布了《上海市中长期教育改革和发展规划纲要》。《纲要》提出：构建中等职业教育与高等职业教育课程、培养模式和学制贯通的“立交桥”，打通技能型人才深造发展渠道，为学生的多元发展提供保障。自此，上海市开始开展中高职教育贯通培养模式试点工作。上海首批在 4 所中职学校、3 所高职学校进行试点，包括航空机电设备维修、护理、汽车技术服务与营销、应用电子技术 4 个专业，共招生 480 人。其中，护理专业中职须读 4 年、高职须读 3 年，而中高职壁垒打破之后，只要 6 年就可以读完。其他专业则把“3+3”学制压缩为 5 年。

截至 2014 年 4 月，上海市中职—高职跨层次旅游教育共有三个专业，分别是上海旅游高等专科学校与徐汇职业高级中学的“烹饪工艺与营养”专业（2011 年获批）、上海旅游高等专科学校与上海市商贸旅游学校的“旅游管理”专业（2014 年获批）和上海立达职业技术学院与上海市现代职业技术学校的“旅游管理”专业（2014 年获批）、上海城市管理职业技术学院与上海市工程技术管理学校的“酒店管理”专业（2014 年获批）。这三个专业都采用了“中高职贯通”模式。

2.“中高职贯通”模式简述

上海市的“中高职贯通”模式是由相关或相近专业的中等职业学校与高等职业院校，根据社会经济发展和行业企业需要，共同研究、整体设计并贯通实施的技能型人才培养模式而设置的。初中生通过五年连贯学习，完成教学计划规定的全部课程，成绩合格，可同时获得中等职业学校和高等职业院校毕业证书。在五年的学习中，前三年按中职学校学生学籍管理，高职阶段按高职院校学生学籍管理。其主要具有以下三个特点。

（1）3+2 模式

如果参加中考考入高中学习三年，再参加高考进高职学习三年，获得高职文凭需六年时间，而“中高职贯通教育培养模式”通过五年的系统学习就可以获得高职文凭。这些中高职贯通专业均采用“3+2”的人才培养模式，即在中职学习 3 年，在高职继续学习 2 年，最终获得高职学校的大专文凭。

当然，“中高职贯通”的优势还不仅在于缩短了一年的学习时间，学校在课程方面的改革更是最大的亮点。各校开设“中高职贯通”的专业都是学校的王牌专业，比如上海旅游高等专科学校与徐汇职业高级中学的“烹饪工艺与营养”专业，在全国都处于领先地位。“中高职贯通”不是简单的中职 3 年、高职 2 年的简单“物理叠加”。中高职校老师组成团队，“吃透”中高职教材，并编写校本教材，为学生更科学、合理地编排、衔接好中高职的全部课程。学校加强学生的实训课程，对低年级的学生实施“实训+理论”的教学模式，对高年级的学生采取“教学做一体化”的教学理念，让每个学生循序渐进地了解这个职业，同时也将专业知识学得更扎实。

各校的“中高职贯通”教育都更注重培养学生综合职业能力。从课程上进行改革，按照由浅入深、由点到面，以能力为主线的整体设计思路，重新组合课程，节约之前重复学习的时间，做到知识结构的连贯性。学生的专业能力、方法能力、社会能力和发展能力都能得到培养，培养企业和社会真正急需的人才。

（2）甄别方法

“中高职贯通”不论对学生、学校还是对企业来说都是意义深远的。从学校的角度来说，有些进入高职的学生由于专业不对口或是学习进度参差不齐，在教学时有难度。而中高职一体化的设计能有效地缓解这一问题。从企业的角度来说，“中高职贯通”将为企业输送更符合需求的学生。

除了在第一学年对是否适合继续接受中高职贯通教育的学生进行甄别外，学校不再进行任何形式的分流或筛选。如上海市商贸旅游学校与上海旅游高等专科学校的“中高职贯通培养模式”试点工作方案试行“一年甄别、三年转段”的管理措施。“一年甄别”是指在第一学年结束时，根据学生第一学年的学习成绩、行为规范方面的表现对学生的学习能力、适应能力和心智发展状态进行甄别，对继续接受中高职贯通培养模式教育的学生加强宣传，提高学生迎接更高阶段的后续课程学习的心智准备和能力准备。“三年转段”

是指在第三学年结束时，学生由上海市商贸旅游学校转入上海旅游高等专科学习。转段的内容包括学生接受教育场所的转移、学籍管理及其相关资料的移交、学生管理主体和教学组织管理与教学实施主体的转移以及其他相关管理工作的转移、移交和划分。

试点工作由上海旅游高等专科学校和上海市商贸旅游学校共同参与，转段前由上海市商贸旅游学校具体开展教学及管理工作，转段后由上海旅游高等专科学校具体开展教学管理工作，并有试点工作领导小组以及管理工作小组对教学与管理工作进行督导检查。

(3)“中高职贯通”多为紧缺专业，就业前景好

“中高职贯通”专业大多为市场上的热门专业或紧缺专业，社会对这些专业所需求的都为高职学历的人。首先，岗位技术含量高；其次，需要反复训练；再者，均为社会需求稳定的长线专业。例如烹饪专业就适合贯通，因为它对技能的要求比较高，学生可以比较早地进行职业技能的训练。

“中高职贯通”的就业前景乐观。三年高中学习，文化课基础的确会比较扎实，但是专业技能会比较欠缺，而“中高职贯通”有五年时间学习专业理论与技能，与仅仅三年高职的学习相比，哪个更扎实不言而喻。现在用人单位招聘时最看重的还是专业技能。以上海市工程技术管理学校与上海城市管理职业技术学院的“中高职贯通”(3+2)培养模式为例。上海城市管理职业技术学院的酒店管理专业是以培养具备现代酒店运营与管理能力、熟练掌握酒店服务技能、熟悉会展服务与管理要领的专业人才为目标来进行教学计划和课程的设置与安排，主要就业方向为各类型酒店和其他相关的企业，主要实习单位有东郊宾馆、衡山宾馆、上海大厦、国际会议中心、光大会展中心、贵都大酒店、马勒别墅饭店、锦江之星旅馆有限公司等，并为之进行订单培养。

如果想要继续深造，获得本科文凭，“中高职贯通”专业毕业的高职生还可以通过专升本、成人高考、自学考试等方式获取本科证书。

(三)浙江省

1. 概况

2012年，浙江省根据《浙江省中长期教育改革和发展规划纲要(2010～2020年)》，结合《教育部关于推进中等和高等职业教育协调发展的指导意见》(教职成〔2011〕9号)，制定了《浙江省推进中高职一体化人才培养模式改革工作方案》。自此，浙江省开始试点中高职一体化人才培养模式改革工作，进一步统筹中等和高等职业教育发展，扩大高职教育面向中职毕业生的招生

规模，到2015年中职毕业生升入高一级学校的比例达到30%左右，“高职专升本”比例达到10%左右。同时，加强中高职课程和教学衔接，促进中等和高等职业教育协调发展，加快建立具有浙江特色的现代职业教育体系。目前，浙江省共有两种中高职衔接模式，分别是五年制“3+2”职业教育和“五年一贯制”职业教育。

截至2014年，浙江省中职—高职跨层次旅游教育共有三个专业，分别是西餐烹饪专业、中餐烹饪与营养膳食专业、高星级饭店运营与管理专业，分别实行五年一贯制和五年制“3+2”职业教育模式，为中职学生提供了一个新的教育成长模式。

2. 模式简介

（1）五年制“3+2”职业教育

五年制“3+2”职业教育是指中职到高职的直接升学模式，由高职院校直接落实招生计划，前3年在中职学校学习，后2年按计划升入挂钩的高职学校学习。学生在中职就读三年之后经过一定的测试（非高职考试），绝大部分学生可以直接升入高职完成两年学业，并取得大专学历。这项制度在浙江已经实行多年，运作较为成熟。2009年至2011年，通过此种方式被高职录取的中职生毕业生分别为7874人、5618人和6559人，三年的录取率均超过75%。

2012年起浙江省进一步规范了五年制“3+2”职业教育，规定凡申报五年制“3+2”职业教育招生计划，一般应为中职教育省级示范专业或省级以上重点职业学校的主体专业。对艺术类、体育类、医学类、农林类、旅游类等适当安排非重点职业学校主体专业。原则上每所中职学校可以设置的“3+2”班级不超过4个，人数不超过160人，高职院校“3+2”的招生人数不能超过其当年招生计划的50%。同时要求中职专业和高职专业应基本对应，并符合教育部专业目录。

浙江省中职教育省级示范专业或省级以上重点职业学校的主体专业均可申报五年制“3+2”职业教育招生计划，以招收应届初中毕业生为起点，以五年为一个培养周期，以行业企业岗位需求为导向，以统筹培养为主线，推动中高职紧密合作，建立中高职相衔接的培养目标和课程体系，统筹培养兼具较高文化素质和专业技术技能的专门人才。学生初中毕业进入中职试点专业学习和中职阶段学习任务完成进入高职阶段学习都应进行考核考试；考核考试合格者，经设区市教育局和省教育考试院审核同意，分别升入中职学校和高职学校学习。

杭州中策职业学校的中餐烹饪与营养膳食专业在 2014 年与浙江旅游职业学院合作开设“3+2”中高职衔接班。杭州旅游职业学院的烹饪工艺与营养专业于 1992 年开设，属于学院的重点专业、国家示范性骨干建设专业群，拥有省级精品课程、国家规划教材，形成了以课堂教学体系为主，“美味教室”及“王品学院”等第二课堂和社会实践为两翼的专业实践教学体系，与上海、杭州五星级酒店以及迪拜、阿布扎比超豪华酒店等国内外 30 余家企业紧密合作，形成稳定的实习就业基地。

（2）“五年一贯制”职业教育

浙江省为加强中高职教育的有效衔接，推进省级教育体制改革试点项目“中高职一体化培养模式改革试点”的深入实施，从 2012 年起启动实施“五年一贯制”职业教育试点，即由高职院校与中职学校共同研究制订五年一贯制中高职一体化的人才培养方案，联合招收应届初中毕业生，并以高职院校为主统筹中职、高职阶段的教学与管理。

2012 年，每个设区市参加“五年一贯制”职业教育试点的高职院校原则上为 1 所，中职学校不超过 5 所，每所高职院校的试点专业不超过 3 个，同一专业的试点班级不超过 5 个；每所中职学校的试点班级不超过 3 个（班额控制在 40 人以内），以确保试点工作质量和成效。以后将视试点工作进展情况，逐步扩大试点范围和规模。试点专业必须是行业岗位技术含量较高、专业技能训练周期较长、技能熟练程度要求较高、适合中高职培养目标相互衔接贯通且社会需求比较稳定的专业。试点专业应实行以设区市为单位跨县（市、区）统筹招生。

“五年一贯制”职业教育试点的教育教学与学生管理工作由高职院校牵头，中职学校和高职院校分段负责。但是各地各学校要加强对“五年一贯制”职业教育的全过程管理，在中职阶段建立试点专业学生学籍动态管理机制，以及中途淘汰和规模内补员机制；学生在中职学校学习期满后须经考核合格方可转入高职院校继续学习。若中职阶段转入高职阶段时，学生完成中职阶段完整学习任务，但未达到高职试点专业学习要求或自愿放弃高职阶段学习的，应发给相应的中职毕业证书。

成功运作的案例有，2014 年杭州中策职业学校与浙江商业职业技术学院合作开设“五年一贯制”西餐烹饪专业中高职衔接班；与浙江旅游职业学院合作开设“五年一贯制”高星级饭店运营与管理专业中高职衔接班。

（3）五年制“3+2”职业教育和“五年一贯制”职业教育都强调加强中

高职专业课程与教学衔接

五年制“3+2”职业教育和“五年一贯制”职业教育，要结合浙江省中职专业课程改革的基础和成果，进一步明确各自办学定位，科学合理确定各专业在中职阶段和高职阶段的培养目标、教学任务、教学要求和教学方法，减少课程内容重复，要充分发挥中职学校和高职院校的各自优势，加强与行业企业合作，联合制订五年一体化的人才培养方案并编制课程体系，并分别由中职学校和高职院校牵头分阶段组织实施。通过高职单考单招招收中职毕业生的高职院校，要加强对中职课程设置和专业教学的研究，根据中职毕业生的文化基础和专业水平，制订和实施专门针对这些学生的专业教学指导方案，努力实现横向拓展与纵向提高，避免课程重复和资源浪费。五年制“3+2”职业教育和通过高职单考单招渠道升学的学生，在高职阶段应尽量以单独组班方式进行教学，以确保中高职专业课程与教学的衔接。

为切实加强中高职专业课程和教学衔接，省教育厅将选择若干适合专业教育教学的专家成立专业指导委员会，负责统筹本专业的中高职衔接工作，开展课程体系研究、专业课程开发和教学实践指导。

在推进中高职一体化人才培养模式改革的过程中，各地教育行政部门和中高职学校要加强统筹管理，采取多种形式，积极探索与中高职一体化人才培养模式相适应的管理体制。鼓励高职院校通过设立附属中职学校，研究与探索中高职衔接的有效途径；鼓励建立区域性或行业性职教集团，在职教集团内部开展中高职一体化人才培养；鼓励中高职学校通过签订协议进行合作，分段落实人才培养在中职、高职阶段的各自任务。

表 3-3　浙江省杭州市 2012 年五年制“3+2”职业教育和“五年一贯制”旅游教育专业

模式	联办高职	联办中职	专业	招生人数（2012）
五年制“3+2”	浙江旅游职业学院	杭州市旅游职业学校	旅游服务与管理	45
	杭州万向职业技术学院	杭州市西湖职业高级中学	酒店服务与管理	45
“五年一贯制”	浙江旅游职业学院	杭州市中策职业学校	西餐烹饪	40
			酒店服务与管理	40
			酒店服务与管理（礼仪与航空服务培养方向）须面试	40
	浙江经贸职业技术学院	杭州市人民职业学校	会展服务与管理班	40

（四）江苏省

1. 概况

江苏省自1984年率先实行五年制高等职业教育（五年制高职）试点以来，经过20多年的探索创新和艰苦努力，已形成了一定的规模，显现出了一定的优势，积累了一定的经验，初步走出了一条具有江苏特色的五年制高职发展道路。江苏省在《省教育厅关于公布2013年江苏省现代职教体系建设试点项目的通知》（苏教职〔2013〕20号）中公告：2013年现代职业教育体系建设试点项目的申报工作，共申报试点项目397项；经资格审查、专家评审，同意215项进行试点，其中，中高等职业教育“3+3”分段培养101项。江苏省计划到2015年，将基于所有现代职业教育体系建设试点项目建立起中高等职业教育相衔接的课程体系，形成完整的人才培养方案。到2020年，全省中高等职业教育对应专业基本建立起相衔接的课程体系，提供“一条龙”式的教育服务。

截至2014年，江苏省中职—高职跨层次旅游教育共有三个专业，分别是：旅游管理专业、酒店管理专业和烹饪专业。其分别实行中职—高职“3+3”分段培养模式、“3+2”分段培养模式、“2+3”模式和五年制培养模式。

2. 模式简述

（1）“3+3”分段培养模式

“3+3”分段培养是由省级高水平示范性职业学校与高职院校合作开展试点。即中职、高职分段培养，“实行六年分段一贯制”，高等学校在对接中职学校设置高职预科班，学生经中考入学中职，高等学校与中职学校联合确定招生标准，中职3年+高职3年，学生3年中职期间思想道德、行为表现、学习成绩等达到中等学校要求毕业的，符合高职入学条件，统一注册入学，即可直接升入高职段3年学习。

江苏省启东中等专业学校的旅游服务与管理专业毕业的学生可通过“3+3”模式，三年后免试升入南通职业大学（公办）学习。南通职业大学应用人文与旅游管理学院的旅游管理专业是江苏省示范性院校建设的重点专业和学校的品牌专业；社会需求量大，毕业生供不应求，学生全部带薪实习；为学生发展提供了更多的教育选择。

（2）“3+2”分段培养模式

“3+2”中高职分段培养试点，由各高等职业学校联合本市州所属省级以上示范中等职业学校（无省示范中职的市州可选择省重点中职）共同开展试点，前三年在中职学校培养，后两年在高职学校培养。中职学校试点专业原则上在行业岗位技术含量较高，专业技能训练周期较长，技能熟练程度要求较高的省重点（品牌）专业进行。

江苏省扬州商务高等职业学校旅游服务与管理专业实施“3+2”分段培养模式，江苏省扬州商务高等职业学校的中餐烹饪专业和酒店管理专业也实施“3+2”分段培养模式。学生在江苏省扬州商务高等职业学校接受完相关专业的教育并达到毕业要求后，可以继续接受两年高职教育。以这样一种模式进行相应的课程一体化改革，为学生量身定制课程，更有利于学生的职业发展。

（3）五年制培养模式

五年制高职涵盖了普通高中阶段和高等职业技术教育两个学习阶段，五年制根据高职的培养目标统筹安排和整体设计这两个阶段的知识能力和素质结构，较好地解决了中等和高等职业教育的衔接，有效地提高了教育效益。在五年时间内既保证了高中文化基础和相关专业的技术基础，又达到了国际上培养同类人才专业技术课程有效学时为三年以上的要求。

江苏联合职业技术学院苏州旅游与财经分院、江苏省扬州商务高等职业学校旅游管理专业实施五年制高职培养模式。江苏省扬州商务高等职业学校、江苏联合职业技术学院苏州旅游与财经分院烹饪工艺与营养专业实施五年制高职培养模式。学生的课程设计和培养目标都着重考虑了能力的培养和素质结构的锻炼，提高了学生的专业化水平。

表 3-4 江苏省 2012 年五年制教育、“3+2”分段培养、“3+3”分段培养和“2+3”分段培养旅游教育开办专业

模式	联办高职	联办中职	专业
五年制教育	江苏联合职业技术学院苏州旅游与财经分院		旅游管理、烹饪工艺与营养专业
	江苏省扬州商务高等职业学校		旅游管理、烹饪工艺与营养专业
“3+2”分段培养	江苏省扬州商务高等职业学校		旅游服务与管理专业、中餐烹饪、酒店管理
“3+3”分段培养	南京旅游职业学院	南京市鼓楼中等专业学校	烹饪专业
“2+3”分段培养	扬州大学旅游烹饪学院	扬州旅游商贸学校	烹饪工艺与营养专业

（4）中职—高职“2+3”分段培养模式

扬州旅游商贸学校与扬州大学旅游烹饪学院烹饪工艺与营养专业实行“2+3”模式联合办学，学生前两年在该校学习中专课程，第三年参加成人高考，学满三年成绩合格后获得大专或本科文凭。

（五）山东省

1. 概况

山东省自 2001 年开始创办五年制高职教育，十几年来得到了较快的发展。五年制高职教育的课程特色、教学模式正在逐步形成，办学优势正在逐步显现，办学水平不断提高。山东省从 2011 年开始以制定教学标准、推进职业教育教学改革为切入点，酝酿筹划启动现代职业教育体系建设；到 2012 年 3 月教育部、山东省人民政府签署省部共建潍坊国家职业教育创新发展试验区协议，设立全国第一个以职业教育创新发展为主题的试验区。2013 年 12 月 31 日下发的《关于做好 2014 年职业院校与本科高校对口贯通分段培养试点工作的通知》公告，决定在 2013 年 8 所中职学校、11 所高职学校和 12 所应用型本科学校开展“3+4”中职与本科贯通、中职与高职“三二连读”分段培养试点，录取线分别超过普通高中录取线和二本线的基础上，进一步扩大试点院校范围和专业覆盖面，2014 年新增试点本科学校 9 所、高职学校 6 所、中职学校 9 所，本科专业点数由 2013 年的 22 个扩大到 50 个左右。公布设点学校的方式是通过学校按照确定的原则自愿对接申报、省教育厅批复的方式进行的。同时，还确定从 2014 年起利用 3 年时间遴选 200 个本科专业点进行重点建设，形成对口贯通分段培养能力，推进本科学校分类建设、融入人才成长“立交桥”，接收职业院校学生读书。

截至 2014 年 4 月，山东省中职—高职跨层次旅游教育共有五个专业，分别是：旅游管理专业、酒店管理专业、旅行社经营与管理专业、烹饪专业、涉外旅游专业。这五个专业都采用了五年制高职教育模式，包括五年一贯制和“三二连读”。

2. 五年制高职模式简述

山东省五年制高等职业教育是指以培养专科层次高素质技能型人才为目标，招收初中毕业生，实行中等和高等职业教育连贯式五年制教学的高等职业技术教育。五年制高等职业教育的办学形式包括五年一贯制和“三二连读”。五年制高等职业教育专业点在设点市域内统一规划，每市同一专业布点数一般不超过 3 个。每所省级规范化中等职业学校与高等职业学校联办

“三二连读”专业点一般不超过 3 个，每所省级示范性中等职业学校与高等职业学校联办“三二连读”专业点一般不超过 4 个。其主要具有以下特点。

（1）五年一贯制

五年一贯制由独立设置的高等职业学校（包括高等职业学院和高等专科学校，下同）开办。五年一贯制高等职业教育学生，前三年由招生学校通过驻地教育行政部门注册中等职业学校学生学籍，纳入“全国中等职业学校学生管理信息系统”，按《中等职业学校学生学籍管理办法》管理；后两年进入高职阶段学习的，按《普通高等学校新生学籍电子注册暂行办法》注册高等学校学生学籍，按《普通高等学校学生管理规定》进行管理。

五年一贯制高职的特点和优势在于，它将中等和高等职业教育贯通，整体设计和统筹安排学生的知识、能力、素质以及技能的训练和培养。学生及家庭投入的教育成本较低，而教育效益和回报较高。在五年时间里，既达到了高职教育对文化素质要求，又达到了国际上培养同类人才专业技术课程有效学时三年以上的要求。如潍坊职业学院的旅游管理专业，作为学校的优势学科，旅游管理（五年一贯制大专）的培养目标是培养掌握旅游业务知识及专业技能，具备一定的旅游管理能力和较强的英语应用能力、能在旅游企事业单位从事管理及服务工作的应用型人才。德州职业技术学院的酒店管理专业也从 2014 年起实行“五年一贯制”培养模式。为中职生的未来职业发展铺设了良好的路径。山东旅游职业学院的旅行社经营管理专业也推行五年一贯制的培养模式，充分发挥了优势学科的长处，为学生提供了更好的学习教育选择。

五年一贯制教育模式专业定向早，专业学习时间长，有利于学生培养扎实的专业基础功底。同时，课程的连贯性以及学分制的改革，提供了学生发展评价的新模式。五年的专业学习和职业素质培养，也为学生继续深造创造了良好的条件。

表 3-5 山东省 2014 年五年一贯制教育专业

高职学校	专业	招生人数（2014）
潍坊职业学院	旅游管理	
山东理工职业学院	旅游管理	
泰山职业技术学院	旅游管理	
山东旅游职业学院	酒店管理	100
德州职业技术学院	酒店管理	
山东旅游职业学院	旅行社经营与管理	100

（2）“三二连读”

“三二连读”由中等职业学校（包括普通中等专业学校和职业中等专业学校，下同）与高等职业学校联合举办，举办“三二连读”的中等职业学校应达到省级规范化标准以上。“三二连读”以设点市域内中、高等职业学校联合办学为主，在设点市域内无法实现专业接续的，由当地教育行政部门提出，经省教育厅批准可在全省范围内选择联合办学学校。每所中等职业学校同一专业只能与1所高等职业学校联合办学；每所高等职业学校牵头联合办学的中等职业学校原则上不超过5所。“三二连读”学生完成中职阶段学业后，成绩合格者由所在中等职业学校颁发中等职业学校毕业证书。其中，不再转入高职阶段学习的学生由所在中等职业学校负责办理毕业手续；拟转入高职阶段学习的学生，由所在中等职业学校提供学籍名册，经联办的高等职业学校测试或审核，报省教育招生考试院办理录取手续。

“三二连读”联办学校牵头组成专业联盟，建立一体化课程体系和教学质量保障体系。专业联盟中其他中等职业学校的学生，按同样的教学标准修满学分、完成中等职业教育阶段学业的，以及有实践经验的往届中等职业学校毕业生，可以对口申请升入高等职业学校学习，经“三二连读”联办高等职业学校测试合格，随“三二连读”转段办理高等职业学校录取和学籍注册手续。如青岛外事服务学校与青岛酒店管理学院的旅游管理专业实行“三二连读”高职教育培养模式。五年即可取得大专学历，培养具备专业化要求、适应现代职业发展的复合型人才。烟台临港工业学校与山东旅游职业学院的酒店管理专业实施“三二连读”培养模式，前三年在烟台临港工业学校学习普通中专课程，后两年在山东旅游职业学院学习大专课程，学业期满考试合格，先后发给国家承认的普通中专、大学专科毕业证书，学生就可以享受中专、大专毕业生的一切待遇。2012年青岛烹饪学校获得“三二连读”高职招生资格，与青岛酒店管理学院联合。初中应届毕业生只要达到中考录取分数线，就可直接报考“三二连读”专业，三年的普通中专学习合格后，不需参加高考，可直接升入对口大专院校，再通过两年深造便能取得国家认可的全日制大专毕业证书，也可继续考取本科院校。既满足了初中毕业生对烹饪类专业大专学历的需求，又帮助学生通过捷径，直升大学。青岛外事服务学校与青岛酒店管理学院实行“三二连读”高职教育培养模式，面向全省招生，五年即可取得大专学历。开设导游基础、导游业务、导游政策与法规、现场导游、旅游概论、旅游心理、山东旅游资源、旅游英语、餐饮服务与管理、旅游礼仪、形体训练等专业课程。学生参加全国导游员资格考试通过率达90%以上。主要培养目标为具备导游、计调、产品销售、旅游线路设计开发、管理、经济、法律等方面的知识和能力，具备专业化集团化旅行社各岗位群要求的态度、习惯和体能，适应现代旅行社生产、服务、管理第一线需要并具备职业可持续发展能力的应用型、复合型高级专门人才。

表3-6 山东省2014年“三二连读”专业

联办高职	联办中专	专业	招生人数（2014）
青岛酒店管理学院	青岛外事服务学校	旅游管理	50
山东旅游职业学院	烟台临港工业学校	旅行社经营管理	40
山东旅游职业学院	烟台临港工业学校	酒店管理	40
青岛酒店管理学院	青岛烹饪学校	中餐烹饪与营养膳食（烹饪工艺与营养）	60
		西餐烹饪（西餐工艺）	120
潍坊职业学院	山东省潍坊商业学校	涉外旅游	100

（3）五年制高职模式社会认可度高，就业竞争力优势

从有关调研数据情况来看，山东省五年制高职模式获得了较高的社会认可，在与同类专业的中专生、三年制高职生的竞争中体现出了一定的优势。

（六）海南省

1. 概况

海南省自2006年起，将五年制高职教育进入高等教育阶段（第4年）的学生规模纳入国家确定的当年高职（专科）招生计划内。2014年2月，海南省教育厅发布《海南省职业教育人才培养及招生试点项目方案》，全面启动中职、高职、本科贯通的多学制模式试点。截至2017年，海南将基本建成纵向贯通、上下衔接的职业教育人才成长体系。海南现有中职在校生约17万人，但中职生毕业后无法通过高考进入高校深造，已严重制约其发展。为了给中职生提供更多的发展选择，搭建职业教育人才成长“立交桥”，增强职业教育吸引力，海南今年将试点开展多种类型的职业教育人才培养和招生改革，实行分类考试、综合评价、择优录取，破解中职生的发展瓶颈。试点方案共设计了7种不同的中职、高职、本科贯通的多学制模式。今后，海南省中职毕业生可以通过分段培养、连续就读的学制形式，或者是通过高职、本科院校单独招生，获得升入高职、本科院校继续就读的机会。

试点方案中有 3 种模式直接面对初中毕业生，分别为："五年一贯制"培养模式，即高职院校直接录取初中毕业生，学生读满 5 年毕业后可获大专文凭；中高职"3+2"连读培养模式，由与高职院校对口的中职学校录取初中毕业生，学生在中职学校连读 5 年并经对口高职院校考核通过后，可获大专文凭；中职与普通本科"3+4"分段培养模式，初中毕业生进入中职学校后，先在中职学校读满 3 年并取得毕业证书，再通过对口单招进入本科院校学习 4 年，毕业后可获本科文凭。

截至 2014 年 2 月，海南省中职—高职跨层次旅游教育共有三个专业，分别是：航空服务、酒店服务与管理（酒店管理）、高尔夫服务与管理专业。这三个专业都采用了五年制高职教育模式，包括五年一贯制和"3+2"连读培养模式。

2. 模式简述

海南省职业教育试点方案中，有 3 种模式直接面对初中毕业生，其中职和高职的贯通模式主要有两种，分别为："五年一贯制"培养模式，即高职院校直接录取初中毕业生，学生读满 5 年毕业后可获大专文凭；中高职"3+2"连读培养模式，即由与高职院校对口的中职学校录取初中毕业生，学生在中职学校连读 5 年并经对口高职院校考核通过后，可获大专文凭。其主要具有以下特点。

（1）五年一贯制

五年一贯制高等职业教育是指以培养专科层次高素质技能型人才为目标，招收初中毕业生，实行中等和高等职业教育连贯式五年制教学的高等职业技术教育。高职院校制定职业技能人才一体化培养方案，统筹制定专业理论知识课程和技能训练课程衔接贯通教学体系，科学制定五年一贯制的一体化人才培养方案。项目学生在高职院校连续就读 5 年，获取高职院校颁发的普通全日制大专毕业证书和相关国家职业资格证书。

表 3-7　海南省 2014 年五年一贯制旅游管理专业

高职学校	专业	招生人数（2014）
海南外国语职业学院	旅游管理	60
海南外国语职业学院	酒店管理	60

五年一贯制教育模式有利于学生的定向培养，培养扎实的专业学习和实习能力。课程改革也使得学生得以连贯地学习相关专业课程，也可以充分发

挥学院优势专业的资源和条件优势。海南外国语职业学院的酒店管理和旅游管理专业充分发挥学院特色专业，实行五年一贯制培养模式，为中职生提供成长新路径。

（2）“3+2”连读培养模式

中高职“3+2”连读试点项目是指以培养专科层次高素质技能型人才为目标，招收初中毕业生，实行项目学生制，在中职学校连读5年，由中职与高职联合培养的5年制高等职业教育。前3年为中职学历教育，后2年为高职学历教育。项目学生完成前3年学习任务取得中职毕业证书，经联办高职院校考核通过后，继续完成高职教育学习任务并获取相关国家职业资格证书和联办高职院校颁发的大专毕业证书。项目学生完成前3年学习任务取得中职毕业证书后，也可正常就业。

在海南省“3+2”连读培养模式下，联办的中职学校和高职院校协商成立的专业教学指导委员会，共同制定一体化人才培养方案，尤其注重与相关专业国家职业资格标准体系的有效衔接；在课程体系设计上，也充分围绕人才培养目标，进行一体化课程设计，建立专门的课程体系；对于学生而言，提供一种更为个性化和定制化的教学方式。如三亚航空旅游职业学院利用海南航空集团企业办学的优势和自身优质教育资源，与省经济技术学校开展联合办学。从2013年起，两校联合面向全省招收165名酒店服务与管理、航空服务、高尔夫服务与管理3个专业的中高职连读“扶贫巾帼励志海航大专班”学生，完成学业后将推荐其在海航集团优先就业。

表3-8 海南省2013年“3+2”连读培养模式

联办高职	联办中专	专业	招生人数（2013）
三亚航空旅游职业学院	海南经济技术学校	酒店服务与管理	165
		航空服务	
		高尔夫服务与管理	

（3）五年制模式培养技术水平高，学生具备职业能力

海南省“五年一贯制”和“3+2”连读的五年制培养模式，积极开展课程开发和教材建设，体现相关专业国家职业资格标准体系的有关内容。同时，中职学校和高职院校积极推进学分制改革，建立灵活、多样的课程体系和弹性学习制度，根据学生的学习兴趣和意愿进行分类培养，有利于培养达到相应技术水平、具备相应职业能力的学生和未来职业者。未来就业中，学生也可以进一步练就自己的职业能力和竞争优势。

（七）江西省

1. 概况

2013 年江西省教育厅出台《关于推进中高职教育对接培养模式改革的意见》，探索建立从中职向高职、应用型本科、专业硕士纵向衔接的应用型人才培养体系，逐步建立中等职业教育与高等职业教育相互衔接、学历教育与职业培训并举、适合终身教育需要的开放性现代职业教育体系。

江西中高职对接培养试点专业的招生录取工作由江西省教育考试院统一组织，实行注册入学。学生凭初中毕业证书到参与中高职对接培养试点的中等职业学校报名登记，由中等职业学校负责办理录取及中职学籍注册手续，录取通知书须由参与中高职对接培养试点的中等职业学校和高等职业学校共同盖章。学生完成前三年中职阶段学习，成绩合格后，可直接转入试点的高等职业学校接受后两年的高职阶段教育，由高等职业学校负责办理高职学籍注册手续。

截至 2013 年 10 月，江西省中职—高职跨层次旅游教育共有三个专业，分别是：旅游管理专业、酒店管理专业和导游专业。这三个专业都采用了五年制对接模式，包括五年一贯制和“3+2”中高职对接教育模式。

2. 模式简述

江西五年一贯制和“3+2”中高职对接培养模式，都有国家承认的学历。按五年的课程全部通过者，由在读学校发国家承认的普通高等院校正规大专学历，而不是成人教育大专学历；如果想继续深造，还可以专升本；再考研，也都是可以的。这两种中高职跨层次衔接模式主要具有以下特点。

（1）五年一贯制

五年一贯制高职由普通高职院校举办，面向应届初中毕业生，实行五年连贯教学。五年制职业高等教育是作为国家计划内统招，初中毕业后就可报名入校，学生学籍由学校办理，毕业颁发国家承认学历的高等教育高职毕业证书。起点低的特点会让人们对于学生的毕业走向加以疑虑，但是，在五年制高职所设学系科目以经济与社会需求为导向，设有国际贸易、电子商务、商务日语等热门专业。

五年一贯制高职培养模式起点低，走向高，充分体现适用、新兴、现代、复合等特征，密切贴近经济和社会发展需求，深受社会欢迎，毕业生供不应求。如江西商贸旅游职业学院、江西应用技术职业学院的酒店管理专业都推行“五年一贯制”，充分发挥整体课程设计下的教学优势。

表 3-9　江西省 2014 年“五年一贯制”招生专业

<table>
<tr><th>高职学校</th><th>专业</th><th>招生人数（2014）</th></tr>
<tr><td>江西商贸旅游职业学院</td><td>酒店管理</td><td rowspan="3">（未公布）</td></tr>
<tr><td>江西应用技术职业学院</td><td>酒店管理（中专阶段专业名称为“高星级饭店运营与管理”）</td></tr>
<tr><td>江西工业职业技术学院</td><td>旅游管理</td></tr>
</table>

（2）“3+2”中高职对接

“3+2”中高职对接，指的是 5 年学习时间分为两段，前 3 年在普通中专学习，后两年在相应的高职院校学习，教学计划由普通中专和高职院校共同制订，实行分段教学。学费前 3 年按中专收费标准分年收取，后两年按高职收费标准分年收取。即学生在职业中学读完三年高中课程，学校发职业中专的毕业文凭，再继续读完 2 年高职课程，发大专文凭。

表 3-10　江西省 2014 年“3+2”招生旅游类专业

<table>
<tr><th>联办中专学校</th><th>专业</th><th>招生人数（2014）</th><th>联办高职</th><th>专业</th></tr>
<tr><td>景德镇机电工程学校</td><td>旅游管理</td><td rowspan="8">（未公布）</td><td>江西工业职业技术学院</td><td>旅游管理</td></tr>
<tr><td>玉山职业中等专业学校</td><td rowspan="2">旅游管理</td><td rowspan="2">江西旅游商贸职业学院</td><td rowspan="2">旅行社经营管理</td></tr>
<tr><td>资溪县职业学校</td></tr>
<tr><td>瑞金市职业中等专业学校</td><td rowspan="3">酒店管理</td><td rowspan="3">江西环境工程职业学院</td><td rowspan="3">酒店管理</td></tr>
<tr><td>龙南县职业中等专业学校</td></tr>
<tr><td>赣州华坚科技职业学校</td></tr>
<tr><td>江西省信息科技学校</td><td>酒店服务与管理专业</td><td>江西外语外贸职业学院</td><td>酒店服务与管理专业</td></tr>
<tr><td>资溪县职业学校</td><td>导游</td><td>江西旅游商贸职业学院</td><td>导游</td></tr>
</table>

江西省“3+2”中高职对接培养模式，有利于技术人才的系统培养，也有利于职业学校学生多样化成长。如景德镇机电工程学校与江西工业职业技术学院的旅游管理专业实行“3+2”中高职对接的培养模式，有利于学生的进一步成长与专业化学习；玉山职业中等专业学校、资溪县职业学校与江西旅游商贸职业学院的旅游管理也实行“3+2”中高职对接的培养模式，为学生提供了一个更好的学习和就业平台；瑞金市职业中等专业学校、龙南县职业中等专业学校、赣州华坚科技职业学校与江西环境工程职业学院的酒店管理专业实行“3+2”中高职对接，为将学生打造成酒店的职业经理人提供了

很好的平台；江西省信息科技学校与江西外语外贸职业学院的酒店服务与管理专业，资溪县职业学校与江西旅游商贸职业学院的导游专业，也通过实行“3+2”中高职对接模式，迎来了职业教育改革的新春天。

（3）五年制模式毕业人才优势明显，就业率攀升

五年制高职入学后不用再参加高考而直接升入大学学习，统筹安排高中和高职课程，将普通高中和高等职业技术教育两个学习阶段融合为一个整体，根据高职的培养目标，统筹安排和整体设计两个阶段的知识能力和素质结构，较好地加强了高中和高等职业教育的衔接，学生可提前一年走上工作岗位，即五年制高职学生5年后就能够大专毕业走上工作岗位，而且由于学生的专业技能扎实实用，其就业率一路攀升。五年制高职学校毕业生就业模式的建设与发展得到了国家教育部、江西省委、省政府及省教育厅等上级领导和相关部门的大力支持和充分肯定。

（八）辽宁省

1. 概况

2012年起，辽宁省本着边规划边建设、边实验边总结、边探索边完善的原则，在15所“二本及以上”本科院校完成了应用技术类本科教育（指本科层次高等职业教育）专业点布局；制定与现代职业教育体系建设相适应的“中职对口升学”或“专科升本科”招生考试制度和实施办法；省财政投入1000万元组织开发30个应用技术类本科教育和50个中高职一体化相关专业人才培养方案。辽宁省高中等教育招生考试委员会、省教育厅出台了《辽宁省中等职业学校毕业生升学招生工作实施办法》（以下简称《实施办法》），并规定省内中等职业学校（含普通中专、职业高中、技工学校和招初中生的成人中专）应届毕业生可报考本科专业。随着辽宁省加快推进中高职一体化人才培养模式改革，2013年辽宁省开展了中高职五年一贯制、专本五年一贯制试点工作。

截至2013年，辽宁省实施五年制培养模式的专业主要是旅游管理专业。

2. 模式简述

辽宁省中高职五年制主要有两种模式，即五年一贯制和“3+2”五年制培养模式，其主要具有以下特点。

（1）五年一贯制

“五年一贯制”职业教育是指由高职院校与中职学校共同研究制订五年一体化的人才培养方案，联合招收应届初中毕业生，并以高职院校为主统筹中职、高职阶段的教学与管理。学生在中职学校学习期间按中职教育的相关政

策规定执行，在高职院校学习期间按高职教育的相关政策规定执行。学生在中职学校学习期满后须经考核合格才能转入高职院校继续学习。

大连装备制造职业技术学院的旅游管理专业实施五年制的培养模式，招收初中毕业或具有同等学力的学生，学院坚持“以服务为宗旨、以就业为导向”的职业教育办学方针，实施“以人为本、质量立校、特色强校”的发展战略，秉承“多元集纳、自强创新”的校训精神，积极推行“工学结合、校企合作”，逐渐形成以“技能+管理”为鲜明特色的创新性、复合型人才培养模式。

（2）“3+2”五年制培养模式

“3+2”办学是五年制高职的一种办学模式，分两种形式：一种是在五年制高职院校采取三、二分段教育办法，前三年毕业发中专毕业证书，修满五年发高职院校专科毕业证书；另一种是中专学校与高职院校联合实施“3+2”办学，即前三年在普通中专学习，毕业发中专毕业证书，后两年在高职院校学习，修满五年毕业发高职院校专科毕业证书。“3+2”办学模式学校只招收参加中考的应届初中毕业生，按中考成绩划定录取分数线。“3+2”办学模式前三年按中专学校标准收费，后两年按高职院校标准收费。

（九）湖北省

1. 概况

根据湖北《省教育厅关于开展中高职人才培养一体化改革试点工作的通知》（鄂教职成〔2014〕2号）精神，从2014年开始，湖北省将开展“3+2”中高职分段培养改革试点，并扩大“五年一贯制”专业试点范围，以招收应届初中毕业生为起点，以五年为一个培养周期，培养满足行业企业岗位需求、具有较高文化素质和专业技术技能的专门人才，促进中等和高等职业教育协调发展。

截至2014年4月30日，湖北省中职—高职跨层次旅游教育共有四个专业，分别是：旅游管理专业、酒店管理专业、导游专业、旅游英语专业。这四个专业都采用了五年制中高职对接教育模式，包括五年一贯制和“3+2”分段培养模式，实现中高职人才培养一体化改革。

2. 模式简述

湖北省中高职人才培养一体化招生计划包括五年一贯制和“3+2”中高职分段培养两种形式，招生对象是应届初中毕业生。“五年一贯制”是指学生在同一所高职读5年，前3年接受中职教育，后2年接受高职教育；“3+2”指学生先在中职学校学习3年，再直接升入对应高职学习2年。两者的共同点是，5 年后，学生可以直接获得大学专科文凭。这两种中高职跨层次衔接模式主要具有以下特点。

（1）五年一贯制

五年一贯制高职是指实施中等职业教育和高等职业教育的五个学年均在同一所高等职业学校连续学习，由高等职业学校独立承担，前三年为中等职业教育，后两年为高等职业教育。“五年一贯制”学籍管理由试点高职院校负责。学生学籍均采用分段注册方式进行。前三年注册中职学籍，执行中职学校收费标准，享受中职教育的奖助学金政策；后两年注册高职学籍，执行高职院校收费标准，并与其他高职院校学生享受同等待遇。如恩施职业技术学院五年一贯制的旅游管理专业，培养面向恩施及鄂西生态文化旅游圈旅游企事业单位生产、服务、经营、管理第一线，具有良好的职业道德和敬业精神，掌握酒店服务与管理，旅行社服务与管理等专业基本知识和专业技能，具备较强的综合职业发展基础和发展能力，胜任酒店服务、旅行社导游、旅行社计调、旅游产品营销，以及旅游企业中层及基层管理岗位工作，德、智、体、美全面发展的高素质高技能旅游专门人才。

（2）“3+2”中高职对接模式

“3+2”中高职分段教育形式是指中等职业教育和高等职业教育分段、分校进行，前三年中等职业教育由中等职业学校承担，后两年高等职业教育由高等职业学校承担。“3+2”中高职分段培养试点。由各高等职业学校联合本市州所属省级以上示范中等职业学校（无省示范中职的市州可选择省重点中职）共同开展试点，前三年在中职学校培养，后两年在高职学校培养。中职学校试点专业原则上在行业岗位技术含量较高，专业技能训练周期较长，技能熟练程度要求较高的省重点（品牌）专业进行。至于试点专业名称，高职和中职应一致或相近。2014 年原则上每市州参加试点高职学校为一所（武汉市不超过 2 所），每所中职学校的试点专业不超过 3 个，每个专业招生计划不超过 120 人。有两所以上高职的市州应选择办学实力相对较强的高职开展试点。省属省重点以上中职学校可以与有关高职参照上述要求开展试点。如武汉市第二职业教育中心学校与武汉交通职业学院、宜都市职业教育中心与三峡旅游职业技术学院、长阳县职业教育中心与三峡旅游职业技术学院的酒店管理专业、湖北省旅游学校与湖北大学职业技术学院的导游专业、湖北省旅游学校与湖北大学职业技术学院的旅游英语专业等，都采取了“3+2”分段培养模式，学生三年中职教育完成合格后，就可以按规定转入到相应高职学习。

（3）五年制培养模式立足于人才培养质量提高

五年制培养模式以招收应届初中毕业生为起点，以五年为一个培养周期，以行业企业岗位需求为导向，以统筹培养为主线，推动中高职紧密合作，建立中高职教育衔接的培养目标和课程体系，培养具有较高文化素质和专业技术技能的专门人才，着力提高人才培养质量，促进中等和高等职业教育协调发展，加快建设现代职业教育体系。

表 3-11 湖北省五年一贯制和“3+2”五年制分段培养旅游教育

<table>
<tr><th>模式</th><th>联办高职</th><th>联办中职</th><th>专业</th><th>招生人数（2014）</th></tr>
<tr><td>五年一贯制</td><td colspan="2">恩施职业技术学院</td><td>旅游管理</td><td>100</td></tr>
<tr><td rowspan="12">五年制“3+2”</td><td>恩施职业技术学院</td><td>咸丰县中等职业技术学校</td><td>旅游管理</td><td>120</td></tr>
<tr><td>武汉职业技术学院</td><td>湖北省一轻工业学校</td><td>酒店管理</td><td>120</td></tr>
<tr><td rowspan="3">湖北大学职业技术学院</td><td rowspan="3">湖北省旅游学校</td><td>酒店管理</td><td>120</td></tr>
<tr><td>导游</td><td>120</td></tr>
<tr><td>旅游英语</td><td>80</td></tr>
<tr><td>湖北工业职业技术学院</td><td>十堰职业技术（集团）学校</td><td>旅游管理</td><td>80</td></tr>
<tr><td>武汉船舶职业技术学院</td><td>武汉市财政学校</td><td>酒店管理</td><td>80</td></tr>
<tr><td>武汉交通职业学院</td><td>武汉市第二职业教育中心学校</td><td>旅游管理</td><td>60</td></tr>
<tr><td rowspan="4">三峡旅游职业技术学院</td><td>宜昌市三峡中等专业学校</td><td>旅游管理</td><td>60</td></tr>
<tr><td>宜都市职业教育中心</td><td>酒店管理</td><td>40</td></tr>
<tr><td>长阳县职业教育中心</td><td>酒店管理</td><td>70</td></tr>
<tr><td>秭归县职业教育中心</td><td>旅游管理</td><td>90</td></tr>
</table>

（十）安徽省

1. 概况

安徽省 2009 年实行以初中毕业生为起点的五年制高职教育分校分专业招生计划。2013 年全省共下达以初中毕业生为起点的五年制高职招生计划 30650 人，其中，普通中专学校与高等学校联办的招生 18560 人，高职高专学校联办的招生 12090 人。根据安徽省教育厅《关于在我省部分普通中专学校举办初中起点五年制高职班试点工作的通知》（教职〔2000〕07 号），积极推进考试招生制度改革，探索招生和考试相对分离、学生一次考试多次选择、职业院校与应用型本科高校立交互通、高校依法自主招生、专业机构组织实施、政府宏观管理、社会参与监督的运行机制，从而建立分类考试、综合评价、多元录取的高校考试招生制度。结合实际，对安徽省高职院校自主招生改革试点、对口升学考试、专升本考试和以初中毕业生为起点的五年制招生考试等进行统筹和改革。从2014年起，开展职业院校升学考试改革试点工作。

截至2013年5月31日，安徽省中职—高职跨层次旅游教育共有五个专业，分别是：旅游管理专业、酒店管理专业，实行三、二分段培养模式的酒店管理专业、导游专业、涉外旅游和烹饪工艺与营养专业。这五个专业都采用五年制的教育培养模式，包括五年一贯制和三、二分段培养模式。

2. 五年制高职教育模式简述

五年制改革试点方案分为以初中毕业为起点、高中阶段起点和专科起点三个层级。其中，以初中毕业为起点考试招生办法分两类：一类是高职院校与中职学校合作，面向初中应届毕业生，通过中考和高职院校考试或测试招生，实行三、二分段培养模式；另一类是高职院校面向初中应届毕业生，通过中考和高职院校考试或测试招生，实行五年一贯制培养模式。这两种跨层次旅游教育模式主要有以下特点。

（1）五年一贯制模式

五年制高职教育以独立设置的高职学校为办学主体，有条件的普通中专学校可以与高职学校合作办学，承担前三年的教育教学任务。高职学校举办的五年制高职实行五年一贯制培养模式。如安庆职业技术学院、池州职业技术学院、铜陵职业技术学院、芜湖职业技术学院、黄山职业技术学院的旅游管理专业，安徽职业技术学院、安徽国际商务职业学院、黄山职业技术学院的酒店管理专业，安徽工商职业学院的导游专业等，都实行五年一贯制高等职业教育，为学生提供了一个新的高层次教育模式。

（2）三、二分段培养模式

普通中专学校与高等学校合作举办的五年制高职，按照五年制高职统一的教学方案，实行三、二分段培养模式，后两年高等教育阶段原则上应在联办的高等学校培养。整体教学方案、教学质量控制、学籍管理和证书发放等由高职学校统一组织和管理。如安徽天柱山旅游学校与安庆职业技术学院、芜湖应用技术学校与安徽商贸职业技术学院、安徽华夏旅游学校与安徽财贸职业学院、安徽省淮北商贸中专学校与淮北职业技术学院、安徽合肥旅游学校与安徽工商职业学院、宣城市工业学校与宣城职业技术学院、安徽省徽州学校与安徽职业技术学院、芜湖师范学校与合肥师范学院、安徽旅游学校与安徽工业经济职业技术学院的旅游管理专业，安徽工商行政管理学校与安徽国际商务职业学院、安徽合肥旅游学校与安徽工商职业学院、安徽省徽州学校与安徽职业技术学院、安徽旅游学校与安徽工业经济职业技术学院的酒店管理专业，安徽合肥旅游学校与安徽工商职业学院的烹饪工艺与营养专业都实行三、二分段培养模式，充分发挥了两个合作学校的优势学科优势，实现强强联合，提供了更为优越的教学资源和教学条件，有利于学生的专业化发展和成长。

表3-12　安徽省五年一贯制和三、二分段培养模式旅游教育

模式	联办高职	联办中职	专业	招生人数（2013）
五年一贯制	安徽职业技术学院		酒店管理	50
	安徽工商职业学院		导游	50
	安庆职业技术学院		旅游管理	30
	池州职业技术学院		旅游管理	40
	安徽国际商务职业学院		酒店管理	40
	铜陵职业技术学院		旅游管理	50
	芜湖职业技术学院		旅游管理	100
	黄山职业技术学院		酒店管理	80
			旅游管理	50
三、二分段培养模式	安庆职业技术学院	安徽天柱山旅游学校	旅游管理	35
	安徽商贸职业技术学院	芜湖应用技术学校	旅游管理	45
	安徽国际商务职业学院	安徽工商行政管理学校	酒店管理	40
			涉外旅游	40
	安徽财贸职业学院	安徽华夏旅游学校	旅游管理	100
	淮北职业技术学院	安徽省淮北商贸中专学校	旅游管理	25
	安徽工商职业学院	安徽合肥旅游学校	旅游管理	40
			酒店管理	40
			烹饪工艺与营养	40
	宣城职业技术学院	宣城市工业学校	旅游管理	50
	安徽职业技术学院	安徽省徽州学校	旅游管理	50
			酒店管理	50
	合肥师范学院	芜湖师范学校	旅游管理	40
	安徽工业经济职业技术学院	安徽旅游学校	旅游管理	50
			酒店管理	100

（3）完善职业教育体系

搭建中高职衔接、专升本联通的人才成长“立交桥”，实行中高职院校人才培养对接，合格中职生直接升入高职就读，拉动中职学校招生，扩大高职招生资源。在高中阶段调整好普教与职教的比例，拓展专升本通道和比例，形成“中职—高职—技术应用本科—专业硕士”的完整职业教育体系。对全省高职院校的专业进行全面梳理，削减一些教育质量不高和社会需求量不大的专业，建立以就业为核心的职业教育评价体系，定期对专业建设进行督导和评估；围绕省支柱产业，重点扶持一批办学理念先进、产学结合紧密、特色鲜明、就业率高的职业院校和专业，有利于建设示范性职业院校、重点专业和资源共享的一流实训基地。

（十一）广东省

1. 概况

2010年广东省在10所高职院校和49所中职学校实行对口自主招生，中职毕业生不参加全国统一高考，可直接升入高职进行两年深造。这种中高职一体化的创新培养模式被称为“中高职三二分段”，即在中等职业技术学校和高职院校选取对应专业，统筹安排中职学段三年和高职学段二年连贯一体化的人才培养方案，分段开展教学活动。2011年广东省选出27所高职院校的45个专业与中等职业技术学校对接，11所高职院校与相关技工学校对接，涉及全省近100所中职及技工学校。招生试点专业主要包括电子信息、汽车、机电、计算机、机械设计制造、医药卫生、化工技术、酒店管理、建筑和艺术设计等，这些专业都属于经济社会发展紧缺人才专业，旨在解决加快转型升级所需的高技能人才紧缺问题。

截至2014年，广东省中职—高职跨层次旅游教育共有三个专业，分别是：酒店管理专业、旅游管理专业和烹饪工艺与营养专业。这三个专业都实行三二分段的中高职培养模式。

2. 中高职三二分段模式简述

中高职三二分段，指在中职学校和高职院校选取对应专业，制定中职学段（三年）和高职学段（二年）一体化的人才培养方案，分段开展教学活动。其培养目标是以就业为导向，为广东产业升级、经济发展方式转变培养高层次技能型专业人才。

（1）中高职三二分段模式

学生经过三年中职学段学习，取得中等职业教育毕业学历证书，并获得国家职业资格中级以上（含中级）技能等级证书，或省（厅）局级行政部门或省级（含省级）以上行业学会颁发的中级以上（含中级）职业技能等级证书，或获得省教育考试院颁发的专业技能课程等级证书B级以上证书。学生经过高职学段学习，掌握相关专业高技能人才所需的专业知识，取得相应专业的专科毕业证书，并获得高级职业技能等级证书，成为高素质技能专门人才。如广州市旅游商务职业学校与广东农工商职业技术学院的酒店管理专业、广东省旅游职业技术学校与广东轻工职业技术学院的酒店管理专业、顺德区中等专业学校与广州番禺职业技术学院的酒店管理专业，都实行三二分段的五年制中高职培养模式，充分发挥了院校的优势学科；广州市旅游商务职业学校与广州番禺职业技术学院的旅游管理专业、河源市理工学校与河源职业技术学院的旅游管理专业、珠海市第一中等职业学校与珠海城市职业技术学院的旅游管理专业实行三二分段培养，课程的设置也更具灵活性；广东省贸易职业技术学校与顺德职业技术学院的烹饪工艺与营养专业的三二分段培养模式，除了理论知识的学习，更注重学生动手能力的训练，最大限度地促进学生知识和技能的可持续发展。

（2）学生就业前景更好，院校吸引力增强

中高职三二分段培养模式下，中职生升学又多了两条路径，升学深造的机会更多，中职生发展将有更好的前景；中职学校的吸引力也将相应增强，有利于进一步优化中职学校的生源，整个中职教育也将会有更好的前景，更好地服务经济社会发展。

表 3-13　广东省中高职三二分段培养旅游教育

联办高职	联办中专	专业	招生人数（2014）
广东农工商职业技术学院	广州市旅游商务职业学校	酒店管理	135
顺德职业技术学院	顺德区容桂职业技术学校		100
广东轻工职业技术学院	广东省旅游职业技术学校		50
广州番禺职业技术学院	顺德区中等专业学校		50
	广州市旅游商务职业学校	旅游管理	135
河源职业技术学院	河源市理工学校		
	河源市职业技术学校		
珠海城市职业技术学院	珠海市第一中等职业学校		150
顺德职业技术学院	广东省贸易职业技术学校	烹饪工艺与营养	

（十二）广西壮族自治区

1. 概况

广西壮族自治区早期中高职教育实行“3+2”形式五年制高等职业教育试点，2011年开始进行“2+3”形式五年制高等职业教育（普通专科）试点，进一步促进五年制高等职业教育的健康发展，畅通技术技能人才成长的“立交桥”，加快建立现代职业教育体系建设。《广西壮族自治区教育中长期教育改革与发展规划纲要（2010～2020年）》和《广西壮族自治区新时期深化职业教育攻坚五年计划》指出，要进一步畅通技能型人才成长的“立交桥”，不断完善本自治区现代职业教育体系，加快发展五年制（包括5学年一贯制、“2+3”学年制、“3+2”学年制）模式，构建终身教育体系，赋予职业教育新内涵。广西教育规划纲要提出，到2020年基本形成全民学习、终身学习的学习型社会；构建灵活开放的终身教育体系，要求努力做到学历教育和非学历教育协调发展、职业教育和普通教育相互沟通、职前教育和职后教育有效衔接，为形成学习型社会奠定坚实基础；要求必须把职业教育摆在更加突出的位置，充分发挥职业教育面向人人、服务区域、促进就业、改善民生的功能和独特优势，通过五年制高等职业教育，进一步完善和畅通技能型人才成长的“立交桥”，更好地满足社会成员多样化学习、终身学习和人的全面发展需要。

截至2012年，广西壮族自治区中职—高职跨层次旅游教育共有五个专业，分别是旅游管理专业、酒店管理专业、烹饪工艺与营养专业、餐饮管理与服务专业和导游专业。这三个专业都实行五年制中高职培养模式，包括五年一贯制、“3+2”分段培养模式和“2+3”分段培养模式。

2. 中高职五年制模式简述

所谓中高职三二分段，是指在中职学校和高职院校选取对应专业，制定中职学段（三年）和高职学段（二年）一体化的人才培养方案，分段开展教学活动。其培养目标是以就业为导向，为广西壮族自治区产业升级、经济发展方式转变培养高层次技能型专业人才。

（1）5学年一贯制

“5学年一贯制”高职试点班是指实施中等职业教育和高等职业教育5学年在同一所学校直接连续学习的职业教育改革，由普通高等职业学校独立承担。即由高等职业院校直接招收应届初中毕业生，并在高职院校内完成5年学习，毕业时可直接获取国家承认学历的大专毕业证。5学年一贯制高等职业教育实行“2+2+1”分段教学，即2学年中等职业教育课程学习，2学年高等职业教育课程学习，1 年企业顶岗实习。5 年学习都由普通高等职业学校独立承担，这更有利于中高职专业学习的衔接，使学生毕业时专业技能更过硬，职业素养更好，就业竞争能力和发展能力都会更强。5 学年一贯制高等职业试点班的学生完成学业发给高等教育大专学历毕业证书。前两年的学习和生活享受中职学生的各种国家资助待遇，后三年的学习和生活享受高校学生的各种奖、助学金待遇。如北海职业学院与北海职业学院附属中等职业学校合作的酒店管理专业、广西经济职业学院与广西经济职业学院附属中等职业学校合作的酒店管理和烹饪工艺与营养专业都实行 5 学年一贯制的教育模式，灵活开展教学活动。

（2）“3+2”培养模式

“3+2”学年制高等职业教育是以专科学历层次高素质高技能人才为培养目标、实施 3 学年中职和 2 学年高职分段制培养模式、实现中等职业教育和高等职业教育有效对接的职业教育。前 3 学年教育的办学主体为中等职业学校，后 2 学年教育的办学主体为高等职业院校。学生在取得中等职业教育（中专）学历文凭后，可申请进入高等职业院校学习，学习年限为 2 学年，学习成绩合格者，由高等职业院校颁发高等职业教育（专科）学历文凭。如桂林山水职业学院与来宾市职业技术学校的酒店管理和旅游管理专业、梧州职业学院与梧州市第二职业中等专业学校的酒店管理专业，广西国际商务职业技术学院与广西交通运输学校、广西右江民族商业学校、南宁商贸学校、田东县职业技术学校、广西南宁高级技工学校的旅游管理专业、酒店管理专业实行“3+2”的中高职培养模式。中高等职业院校要加强合作与交流，与行业企业一起共同组成办学合作联盟，共同制订五年制高等职业教育的专业建设规划、人才培养方案和教育教学计划。

（2）“2+3”培养模式

“2+3”五年制高职的前 2 年为中等职业教育阶段，由中等职业学校组织实施，学生享受中职教育国家助学金、农村困难学生免学费等政策，其招生计划列入广西中等职业教育招生计划。学生在中等职业教育阶段学习成绩合格后升入试点高校，由试点高校实施后 3 年高等教育，其招生计划列入广西高等教育招生计划。“2+3”五年制高职主要从参加中考的考生中录取新生。学校招生工作由中等职业学校负责，合作办学的高职（高专）院校提供指导，如桂林旅游高等专科学校与灵川县职业中等专业学校、广西银行学校、都安瑶族自治县职业中等专业学校、阳朔县中等职业技术学校合作的导游专业、餐饮管理与服务专业、酒店管理专业、旅游管理专业都实行“2+3”中高职培养模式，为学生提供更多的教育选择路径。

（4）五年制培养模式具有明显的优势特色

举办五年制高等职业教育要以专业为基本载体，专业设置与建设坚持“适应多样化高素质高技能人才需求、适合五年制培养模式、具有明显优势特色”相统一的原则，中等职业学校与高等职业院校间的衔接要以优质专业衔接为纽带，围绕区域发展总体规划和主体功能区定位对不同层次、类型人才的需求，合理确定中等和高等职业教育的人才培养规范，以专业人才培养方案为载体，强化学生职业道德、职业技能、就业创业能力的培养，注重中等和高等职业教育在培养目标、专业内涵、教学条件等方面的延续与衔接，形成适应区域经济结构布局和产业升级需要，优势互补、分工协作的职业教育格局。

表 3-14　广西壮族自治区五年制中高职旅游教育

模式	联办高职	联办中职	专业	招生人数（2012）
5学年一贯制	广西现代职业技术学院	广西现代职业技术学院附属中等职业学校	旅游管理	10
			酒店管理	10
	北海职业学院	北海职业学院附属中等职业学校	酒店管理	40
	广西城市职业学院	广西城市职业学院附属中等职业学校	酒店管理	160
	梧州职业学院	梧州职业学院附属中等职业学校	酒店管理	15
	广西经济职业学院	广西经济职业学院附属中等职业学校	酒店管理	50
			烹饪工艺与营养	50
	广西生态工程职业技术学院	广西生态工程职业技术学院附属中等职业学校	酒店管理	80
	贵港职业学院	贵港职业学院附属中等职业学校	旅游管理	50
	柳州城市职业学院	柳州城市职业学院附属中等职业学校	酒店管理	50
	广西演艺职业学院	广西演艺职业学院附属中等职业学校	酒店管理	32

续表

模式	联办高职	联办中职	专业	招生人数（2012）
3+2分段培养模式	广西现代职业技术学院	宜州市职业教育中心	旅游管理	2
3+2分段培养模式	广西现代职业技术学院	河池市职业教育中心学校	酒店管理	45
3+2分段培养模式	桂林山水职业学院	来宾市职业技术学校	酒店管理	14
3+2分段培养模式	桂林山水职业学院	来宾市职业技术学校	旅游管理	10
3+2分段培养模式	梧州职业学院	梧州市第二职业中等专业学校	酒店管理	15
3+2分段培养模式	广西国际商务职业技术学院	广西交通运输学校	酒店管理	50
3+2分段培养模式	广西国际商务职业技术学院	广西右江民族商业学校	酒店管理	50
3+2分段培养模式	广西国际商务职业技术学院	广西右江民族商业学校	旅游管理	50
3+2分段培养模式	广西国际商务职业技术学院	南宁商贸学校	旅游管理	50
3+2分段培养模式	广西国际商务职业技术学院	田东县职业技术学校	酒店管理	50
3+2分段培养模式	广西国际商务职业技术学院	广西南宁高级技工学校	酒店管理	40
2+3分段培养模式	桂林理工大学	广西来宾市职业技术学校	旅游管理	40
2+3分段培养模式	南宁职业技术学院	南宁市第六职业技术学校	旅游管理	50
2+3分段培养模式	南宁职业技术学院	南宁市第一职业技术学校	烹饪工艺与营养	100
2+3分段培养模式	柳州师范高等专科学校	来宾市职业技术学校	旅游管理	40
2+3分段培养模式	广西水利电力职业技术学院	广西第一工业学校	酒店管理	35
2+3分段培养模式	广西水利电力职业技术学院	来宾市职业技术学校	酒店管理	60
2+3分段培养模式	桂林旅游高等专科学校	灵川县职业中等专业学校	导游	20
2+3分段培养模式	桂林旅游高等专科学校	灵川县职业中等专业学校	餐饮管理与服务	20
2+3分段培养模式	桂林旅游高等专科学校	灵川县职业中等专业学校	酒店管理	40
2+3分段培养模式	桂林旅游高等专科学校	广西银行学校	酒店管理	100
2+3分段培养模式	桂林旅游高等专科学校	广西银行学校	旅游管理	100
2+3分段培养模式	桂林旅游高等专科学校	都安瑶族自治县职业中等专业学校	旅游管理	50
2+3分段培养模式	桂林旅游高等专科学校	阳朔县中等职业技术学校	旅游管理	50
2+3分段培养模式	柳州职业技术学院	融安县职业技术学校	旅游管理	5
2+3分段培养模式	柳州职业技术学院	岑溪市中等职业技术学校	旅游管理	5
2+3分段培养模式	柳州职业技术学院	岑溪市中等职业技术学校	酒店管理	5
2+3分段培养模式	柳州职业技术学院	柳江县中等职业专业学校	旅游管理	5

续表

模式	联办高职	联办中职	专业	招生人数（2012）
2+3分段培养模式	广西生态工程职业技术学院	桂林市兴安县中等职业技术学校	旅游管理	20
	广西国际商务职业技术学院	广西交通运输学校	酒店管理	50
		广西机电工程学校	酒店管理	40
		广西商业学校	酒店管理	100
		广西右江民族商业学校	酒店管理	50
			旅游管理	50
		田东县职业技术学校	酒店管理	50
		崇左市职业技术学校	酒店管理	50
			旅游管理	50
		北海市中等职业技术学校	酒店管理	30
			旅游管理	30
	广西现代职业技术学院	河池市职业教育中心学校	旅游管理	40
		宜州市职业教育中心	酒店管理	40
	北海职业学院	北部湾职业技术学校	旅游工艺品设计与制作	40
		广西玉林农业学校	旅游管理	20
			酒店管理	20
	桂林山水职业学院	来宾市职业技术学校	酒店管理	14
			旅游管理	10
	广西工商职业技术学院	广西工商学校	酒店管理	40
	广西城市职业学院	宜州市职业教育中心	酒店管理	40
			旅游管理	20
		北海市中等职业技术学校	旅游管理	30
		柳江县职业教育中心	旅游管理	10
		广西桂林农业学校	旅游管理	10
			涉外旅游	10
		桂林市临桂县中等职业技术学校	旅游管理	5
	广西英华国际职业学院	广西桂林农业学校	涉外旅游	50
		宜州市职业教育中心	酒店管理	25
			涉外旅游	25

续表

模式	联办高职	联办中职	专业	招生人数（2012）
2+3分段培养模式	柳州城市职业学院	广西商业学校	酒店管理	45
		来宾市职业技术学校	酒店管理	45
			旅游管理	45
		柳州市第二职业技术学校	酒店管理	50
			旅游管理	45
		三江侗族自治县职业技术学校	旅游管理	45
		宜州市职业教育中心	酒店管理	30
			旅游管理	30
	百色职业学院	百色市财经职业技术学校	餐饮管理与服务	50
	广西经济职业学院	广西银行学校	酒店管理	100
		广西商业学校	烹饪工艺与营养	50
		柳州市第一职业技术学校	酒店管理	50
			烹饪工艺与营养	50
		大新县中等职业技术学校	酒店管理	25
		宜州市职业教育中心	酒店管理	40
	广西科技职业学院	广西桂林灵川职业中等专业学校	旅游管理	34
		广西宜州职业教育中心	旅游管理	50

第二节　我国现有高职—本科跨层次旅游教育分析

一、高职—本科跨层次旅游教育总体情况

江苏省从2010年开始试点“专转本”工作，目前涉及旅游教育的专业只有旅游管理专业，主要有“5+2”模式、“3+2”模式和“5+1”模式。“5+2”模式是指学生5学年均在高职学校就读，经资格考核后，相关专业的学生升入对应本科专业学习2年，成绩合格后获得普通高等学校全日制本科毕业文凭。“3+2”模式考试选拔对象为应届普通全日制（统招入学）的高职高专毕业生，实质是高职高专（专科）阶段教育与本科阶段的专业教育的衔接，即在高职学习三年，再进入本科高校全日制学习二年的模式。“5+1”模式是高

职和本科联办，第五年获得大专学历，第六年获得本科学历和学位证书，可正式派遣，为学生就业提供更好的教学背景。

山东省从 2013 年起，开始由高职—本科高校开展“3+2”分段培养职业教育招生试点工作，主要涉及旅游管理和酒店管理两个专业。“3+2”模式，就是参加夏季高考的考生，经省教育招生考试院正式录取，以专科生身份进入试点高职高专院校学习，前 3 年在高职高专院校培养。第 3 年经考核测试，择优选拔部分学生进入衔接本科高校学习 2 年。5 年学习期间，由试点高职高专院校和衔接本科高校联合制订“3+2”分段培养职业技能人才教学方案，设置主干课程标准及课程体系，最终发本科高校的毕业证书和学位证书。

二、高职—本科跨层次旅游教育案例分析

（一）江苏省

1. 概况

江苏省教育厅 2010 年开始“五年一贯制”的“专转本”工作，确定了财务管理、英语、机械设计制造及其自动化、旅游管理、护理学、材料科学与工程、园艺、土木工程、经济学（国际经济与贸易）、经济学（电子商务）、日语（国际商务日语）、电子信息科学与技术（电子技术）、计算机科学与技术（网络工程）等为接收专业。计划到 2015 年，所有现代职业教育体系建设试点项目建立起中高等职业教育相衔接的课程体系，形成完整的人才培养方案。到 2020 年，全省中高等职业教育对应专业基本建立起相衔接的课程体系，提供“一条龙”式的教育服务。江苏省《省教育厅关于公布 2013 年江苏省现代职教体系建设试点项目的通知》（苏教职〔2013〕20 号）中指出，2013 年现代职业教育体系建设试点项目的申报工作，五年制高等职业教育与普通本科教育“5+2”分段培养 11 项，三年制高等职业教育与普通本科“3+2”分段培养 54 项，高职与本科联合培养 8 项。

截至 2014 年，江苏省高职—本科跨层次旅游教育主要是旅游管理专业，包括“5+2”分段培养模式、高—本“3+2”分段培养模式和“5+1”模式联办模式。

2. 高职—本科模式简述

根据《江苏省教育厅关于公布 2012 年现代职教体系建设试点项目的通知》（苏教高〔2012〕12 号文），自 2012 年起，江苏省 11 所高职院校和本科院校进行 3+2 分段培养学生；2 所国家示范性高职院校与普通本科院校联合

培养4年制高职本科专业人才。高职与本科衔接或联办的专业必须是3年制高职培养的毕业生不能满足产业发展的需要，或者是本科院校还没有开设的专业，并且这些专业具有很强的职业岗位（群）针对性。每个试点专业招生规模控制在60～120人。

（1）“5+2”模式

2012年在苏州市区实行江苏省现代职业教育体系建设试点项目招生，分为两个类别，其中一个是高职和普通本科“5+2”分段培养项目，学生前5年均在高职学校就读，经资格考核后，相关专业的学生升入对应本科专业学习2年，成绩合格者，获得普通高等学校全日制本科毕业文凭。

“5+2”培养模式区别于我们的普通高中培养模式：5年高职+2年本科。如无锡旅游商贸高等职业技术学校与江苏理工学院的旅游管理专业实行高职—本科“5+2”分段培养模式，无锡旅游商贸高等职业技术学校旅游管理专业与江苏技术师范学院合作“五年制高职与普通本科‘5+2’分段培养”项目，学生学完五年制高职专科的课程后可升入二本院校继续学习。学生具有更多政策优势，不仅享受国家给予中职学生的国家助学金和国家给予高职学生的国家励志奖学金，同时享受普通高等教育学生的各项待遇。苏州旅游与财经高等职业技术学校与江苏师范大学旅游管理专业也推行高职—本科“5+2”分段培养模式，为学生的就业与发展提供新的选择路径。

（2）“3+2”模式

“3+2”模式考试选拔对象为应届普通全日制（统招入学）的高职高专毕业生。实质是高职高专（专科）阶段教育与本科阶段专业教育的衔接，实行的是3+2模式，即在高职学习三年，再进入本科高校全日制学习二年的模式。

“3+2”高职—本科培养模式，所选试点专业往往是试点学校的优势专业或特色专业，采取中高职联合培养能更好地满足市场需求；同时具有很强的职业岗位（群）针对性。如无锡商业职业技术学院与南京财经大学的旅游管理专业实行高职—本科“3+2”分段培养模式。前三年在无锡商业职业技术学院学习，符合毕业资格者获得无锡商业职业技术学院专科毕业证书，后两年在南京财经大学学习，符合毕业资格者获南京财经大学本科毕业证书，符合学士学位条件者授予学士学位。南京旅游职业学院院与南京师范大学的旅游管理专业也采取“3+2”分段培养模式，共同培养旅游管理专业应用型本科高端技能型人才，学生前三年在南京旅游职业学院学习，考核合格颁发南京旅游职业学院专科毕业证书；经南京师范大学考核合格，后两年转入本科段学习，符合毕业条件的学生颁发南京师范大学毕业证书和学位证书，使学生可以接受到更好的专业化教育。

（3）“5+1”模式

南京工程高等职业学校与南京师范大学的旅游管理专业联办“5+1”模式。南京工程高等职业学校主要课程设置：旅游概论、旅游心理学、饭店英语、旅游礼仪、旅游心理学、客房服务、餐厅服务、前厅接待、旅游市场营销、导游技能、导游法规、导游基础、模拟导游、旅游英语、旅游线路设计、旅行社计调与外联、地质旅游、插花、办公自动化、客源国概况。南京工程高等职业学校与南京师范大学联办，第五年获得江苏联合职业技术学院大专学历，第六年获得南京师范大学本科学历和学位证书，可正式派遣，为学生就业提供更好的教学背景。

表 3-15　江苏省 2014 年“5+2”“3+2”“5+1”招生专业

<table>
<tr><th>模式</th><th>联办高职</th><th>联办中职</th><th>专业</th><th>招生人数（2014）</th></tr>
<tr><td rowspan="5">“5+2”</td><td>苏州大学应用技术学院</td><td></td><td>旅游管理</td><td></td></tr>
<tr><td>南京晓庄学院</td><td></td><td>旅游管理</td><td>40</td></tr>
<tr><td>江苏理工学院</td><td rowspan="2">无锡旅游商贸高等职业技术学校</td><td>旅游管理</td><td rowspan="2"></td></tr>
<tr><td>江苏技术师范学院</td><td></td></tr>
<tr><td>江苏师范大学</td><td>苏州旅游与财经高等职业技术学校</td><td>旅游管理</td><td>40</td></tr>
<tr><td rowspan="4">“3+2”</td><td rowspan="3">南京财经大学</td><td rowspan="3">无锡商业职业技术学院</td><td rowspan="3">旅游管理</td><td></td></tr>
<tr><td></td></tr>
<tr><td></td></tr>
<tr><td>南京师范大学</td><td>南京旅游职业学院</td><td>旅游管理</td><td>50</td></tr>
<tr><td>“5+1”</td><td>南京师范大学</td><td>南京工程高等职业学校</td><td>旅游管理</td><td>100</td></tr>
</table>

（二）山东省

1. 概况

山东省教育厅宣布，从 2013 年起，在部分高职高专院校与本科高校开展“3+2”分段培养职业教育招生试点工作。“3+2”在普通文理类专科（高职）获批单列招生计划，2014 年首批试点招生学校为 11 所高职高专院校，共计 11 个专业，衔接本科高校为 10 所，共计招生 1200 名。2013 年 12 月，山东省政府发布建设现代职业教育体系的意见后，就一直在论证具体措施，调整教育结构，力求在建立上下贯通、左右衔接的现代职业教育体系中做一些突破，利用考试招生这个手段，为广大学子提供多次选择、方便灵活、个性化学习的机会和条件，使他们不论接受普通教育还是职业教育，都可以接受良好的教育，都可以继续深造。山东省教育厅对于“3+4”培养模式的定位目标是“培养本科层次高素质应用型人才”。优化后的现代职业教育体系将以中等职业教育、高职高专教育、应用型本科教育为主体，鼓励三者建立基于专业接续、课程衔接、学分互认的联合培养模式。

截至 2014 年，山东省高职—本科跨层次旅游教育共有两个专业，根据山东省《2014 年纳入“3+4”和“3+2”对口贯通分段培养试点范围的本科专业和设点高校名单》，鲁东大学、山东师范大学的旅游管理专业，济南大学的酒店管理专业，如果与山东省《2014 年高职院校与本科高校 3+2 对口贯通分段培养专业设置方案》中的高职院校或《2014 年中职学校与本科高校 3+4 对口贯通分段培养专业设置方案》中的中职学校对接成功，并经省教育厅正式批复后，从 2014 年起开始招生；如果对接不成功，则在以后的工作安排中重新考虑。

2.“3+2”模式简述

“3+2”计划不同于以往的“专升本”。以往通过“专升本”升上来的学生，本科院校并不清楚他们的基础状况，导致学生培养中存在很多困难。现在本科院校可以参与到教学计划的制订中来，专业教育和专业能力的训练放在了高职，本科这个层次的教学重点则放在加强基础理论的夯实和专业能力的进一步提升上。

（1）“3+2”模式

所谓“3+2”模式，就是参加夏季高考的考生，经省教育招生考试院正式录取，以专科生身份进入试点高职高专院校学习，前 3 年在高职高专院校培养。第 3 年经考核测试，择优选拔部分学生进入衔接本科高校学习 2 年。5 年学习期间，由试点高职高专院校和衔接本科高校联合制订“3+2”分段培养职业技能人才教学方案，设置主干课程标准及课程体系，最终发本科高校的毕业证书和学位证书。5 年学习期间，由试点高职高专院校和衔接本科高校联合制订“3+2”分段培养职业技能人才教学方案，设置主干课程标准及课程体系，目的是培养本科层次高素质应用型人才。

（2）贯通培养，打造学生能力优势

“3+2”使应用型人才或技能人才的培养能够贯通起来，也就是说理论和知识、技术技能和他掌握的学术知识，能够相互结合，新的教学方法将学生七年甚至五年时间内的培养贯通起来，使学生能够真正形成一套理论知识和实用技能都能掌握得很实的一种学习能力和技术能力。

表 3-16　山东省 2014 年“3+2”模式

高职学校（待定）	专业	招生人数（2014）
鲁东大学	旅游管理	未公布
山东师范大学	旅游管理	未公布
济南大学	酒店管理	未公布

备注：上述设点高校及专业点，如果与山东省《2014 年高职院校与本科高校 3+2 对口贯通分段培养专业设置方案》中的高职院校或《2014 年中职学校与本科高校 3+4 对口贯通分段培养专业设置方案》中的中职学校对接成功，并经省教育厅正式批复后，从 2014 年起开始招生；如果对接不成功，则在以后的工作安排中重新考虑。（2014 年纳入“3+4”和“3+2”对口贯通分段培养试点范围的本科专业和设点高校名单，2014 年高职院校与本科高校 3+2 对口贯通分段培养专业设置方案，2014 年中职学校与本科高校 3+4 对口贯通分段培养专业设置方案）

第三节　我国现有中职—本科跨层次旅游教育分析

一、中职—本科跨层次旅游教育总体情况

江苏省在 2013 年启动“3+4”中职与本科分段培养项目，由国家中等职业教育改革发展示范校与应用型本科院校合作开展试点。初中毕业生进入该项目学习 3 年，成绩合格并通过转段综合考试，就能就读普通二本院校。前 3 年的中职课程内容与后续本科段学习内容无缝对接，3 年后直接进入对口本科院校就读对口专业。江苏省扬州商务高等职业学校的旅游服务与管理专业与江苏理工学院的酒店管理专业实行中职与本科 3+4 分段培养模式，即 3 年中专和 4 年本科连读，学生通过 7 年学习拿到本科文凭。前 3 年，考生在扬州商务高等职业学校就读中专，后 4 年，在江苏理工学院就读本科。

二、中职——本科跨层次旅游教育案例分析

（一）江苏省

江苏省现代职业教育体系建设试点项目 2013 年启动“3+4”中职与本科

分段培养项目，由国家中等职业教育改革发展示范校与应用型本科院校合作开展试点。初中毕业生进入该项目学习 3 年，成绩合格并通过转段综合考试，就能就读普通二本院校。前 3 年的中职课程内容与后续本科段学习内容无缝对接，3 年后直接进入对口本科院校就读对口专业。中职、高职、本科院校分段联合培养学生试点将扩大。2013 年江苏省首次试点，全省共有 29 所本科院校、43 所高职院校、83 所中职院校的 215 个项目参加了试点，总招生人数达 1 万人。江苏省教育厅高等教育处 2014 年新试点将向新能源、新材料、生物技术和新医药、节能环保、软件和服务外包、物联网和新一代信息技术以及高端装备制造、光电、智能电网等新兴产业相关的专业倾斜。

江苏省扬州商务高等职业学校的旅游服务与管理专业与江苏理工学院的酒店管理专业实行中职与本科 3+4 分段培养模式，即 3 年中专和 4 年本科连读，学生通过 7 年学习拿到本科文凭。前 3 年，考生在扬州商务高等职业学校就读中专，后 4 年，在江苏理工学院就读本科。

（二）即将试行中职—本科跨层次教育的省份

1. 海南省

海南省中职直通本科，按计划从 2014 年开始试点招生“3+4”分段培养。结合海南省中职学校、本科院校的办学实际，海南省教育厅决定在旅游酒店管理类、建筑类、农业类三个专业类别开展试点，这三个专业类别培养的学生比较符合海南省经济社会发展的需求。

2. 广西壮族自治区

广西壮族自治区 2013 年实施中职教育—应用本科教育贯通培养模式，深入实施中长期教育改革和发展规划纲要，深化教育领域综合改革，加快构建现代职业教育体系，2014 年主要在以下本科院校对口自主招收中等职业学校毕业生试点：广西师范大学、桂林电子科技大学、广西中医药大学、梧州学院、钦州学院、桂林航天工业学院等 6 所院校，涉及专业主要有：学前教育、汽车维修工程教育、旅游管理、会计学、护理学、针灸推拿学、药学、机械设计制造及其自动化、计算机科学与技术、物流管理、软件工程等。其中广西师范大学旅游管理专业 2014 年对口自主招收中等职业学校应届毕业生试点招生 60 人，学制 4 年。

第四章 国际旅游职业教育体系研究

第一节 国际旅游职业教育总体概况

旅游教育发源于19世纪末的欧洲，以1893年瑞士洛桑旅馆学院（后更名为洛桑酒店管理学院）的成立为标志。20世纪70年代以前，旅游教育是由旅游企业与旅游机构自发组织的具有职业培训性质的旅游初级教育。因此，重视实践、操作性强但缺乏相应的理论支撑，成为该时期旅游教育的特点。20世纪70年代后，随着欧洲旅游业的飞速发展及行业竞争的加剧，对旅游从业人员素质的要求也相应提升，社会性培训学校应运而生，开设了管理及服务接待方面的理论课程。20世纪80年代后期，随着欧洲旅游行业的发展速度加快，从业人员仅掌握单一的服务及管理技能已无法满足日益庞大的旅游市场的多样化需求，市场急需具备多样性能力的综合型人才。在此背景下，欧洲建立了从职业教育直至研究生教育的旅游教育体系，旅游学快速向其他学科领域渗透，旅游教育迅猛发展。

随着旅游产业的高速发展，跨学科、多学科背景的综合性旅游教育体系逐渐形成。由于各国经济发展水平、产业结构、文化背景、管理方式等方面的差异，不同国家的旅游教育体系也各异。本课题组选取瑞士、美国、加拿大、德国、澳大利亚、英国、日本等最具有代表性，旅游职业教育发展较为成熟的国家为对象，通过资料收集与整理，对其旅游人才培养模式进行总结，以资借鉴。

一、瑞士旅游职业教育

（一）概况

瑞士比较重视高等职业技术教育，其旅游教育处于世界领先水平。目前，瑞士的旅游高等教育主要侧重于酒店管理教育，课程分为证书类、文凭类和学位类三大类。其中，最为全面和系统的是学位类课程，分为学士课程和硕士课程。

洛桑酒店管理学院（EHL）创建于 1893 年，是世界上第一所专门培养旅馆管理人员的学院，1998 年被瑞士联邦政府列入高等职业院校序列，是迄今为止得到联邦政府承认的唯一一所酒店业职业大学，培养具有高水平工作能力的国际酒店高级管理经营人才。瑞士联邦政府与州政府为学院提供约 30% 的经费补助，政府官员也是学校董事会成员。洛桑酒店管理学院是获得我国教育部认可的唯一一所瑞士的酒店管理学院。

瑞士洛桑酒店管理学院目前的在校生近 2000 名，来自近百个国家。学院培养的数万名毕业生分布于世界 100 多个国家，工作领域涉及酒店资产及经营管理、企业财务、咨询及审计、法律法规、房地产、资源开发及信息管理、人才管理等。

（二）人才培养模式主要内容

1. 培养目标

洛桑酒店管理学院的办学目标是培养能胜任酒店任何职位的人才。因此，学院在招生时，侧重对学生综合素质的考察，在强调学生学习能力的同时，更注重学生的学术能力和经历。学院对学生能力的要求可大致概括为，具有科研潜力（Academic potential）、动力（Motivation）、从事酒店业必须具备的能力（Talents needed for the hospitality industry）、领导潜力/团队协作力（Leadership potential / Teamwork skills）、国际视野（International outlook）。

2. 项目及课程设置

课程设置方面，洛桑酒店管理学院采用定制化方式设计不同层次与类别的课程，针对不同学生需要提供三种课程：第一种是适合未来担任酒店部门经理或总经理的人员学习的、为期 18 个月的酒店运作管理证书课程；第二种是适合科研人员学习的、授予科学学士学位的国际酒店管理课程；第三种是适合期望未来成为酒店业领导者的学生学习的、授予国际酒店管理硕士学位的课程。具体而言，分为五类项目。

（1）餐饮管理证书（Certificate in Food and Beverage Management）

此类项目包括 5 个月的理论学习和 4～6 个月的带薪实习，所学课程有：餐饮服务管理，餐饮服务实践，食品生产管理，食品生产实践，餐饮管理，厨房演示，饮料与酒吧，销售学，计算机研究，会计学，旅游与酒店研究，商业交流，个人发展，法语或德语。

（2）瑞士酒店运作管理文凭（Swiss Diploma in Hotel Operational Management）

此类项目包括两个5个月的理论学习和4～6个月的带薪实习。具体课程有：前台及房务部管理，前台运作，客人账目系统，客房管理，客房运作，房务项目，销售学，计算机研究，会计学，旅游学，宴会及会议，商业交流，多种文化交流，法语或德语。

（3）瑞士酒店旅游管理高级文凭（Swiss Higher Diploma in Hotel Management and Tourism）/美国酒店协会文凭（American AH & MA Hotel Association Diploma）

此类项目包括5个月的理论学习和4～6个月的带薪实习。具体课程有：餐饮管理，房务管理，酒店与旅游管理，接待业销售，人力资源管理，金融管理，管理原则，管理项目，建筑物管理，餐饮管理，旅游发展，经济，计算机研究，接待业法，接待业实例分析，商业及文化交流，法语或德语。

（4）酒店管理学士学位（Degree in Hospitality Management）

在学生取得了酒店与旅游管理高级文凭之后，再经过5个月的学习，便可拿到学士学位（荣誉优等，BA Honours）。课程有：第一线管理，高级管理文化，消费者行为，接待业策略方式，未来接待业问题的解答。

（5）国际旅游管理硕士学位（Masters of Arts in International Tourism Management）

学生拿到学士学位之后，再经过24个星期专业课的学习和6～10个月论文准备期（此期间，学生可全职工作），便会拿到硕士学位。所学课程：管理旅游环境，旅游业的发展，管理自我与他人，旅游管理技巧，服务销售与管理。

洛桑酒店管理学院严把学生质量关，实行严进严出的制度。在入学前，所有申请者除了具备高中毕业证书外，还要求提供在酒店或餐馆连续工作一年以上的相关证明材料。洛桑酒店管理学院重视教学的国际化，以英语和法语为教学语言，来自近百个国家的学生可以选择英语或法语学习；培养方式也具有多样性，不仅有第一学位、第二学位，还提供资格证书考试。学院强调学以致用的教学效果，开设了证书、文凭、学士、硕士等相关课程，学生毕业时可以获得瑞士、美国和英国三个不同国家的文凭与学位。

3. 师资队伍

在师资方面，洛桑酒店管理学院强调理论与实践的结合，因此师资配备也遵从这一原则，拥有“双师型”师资队伍，绝大部分任课教师都有在酒店相关岗位工作的经验，不少人还曾担任过高层管理人员。为使教师队伍保持高水平状态，学院对教师实行高薪制，并积极鼓励教师一专多能，在企业挂职，以保证教师不脱离行业。

（三）瑞士旅游职业教育的主要特点

1. 行业协会的倡导及引领

作为世界上最早开展正规饭店教育的国家，瑞士的饭店教育是旅游教育的重点。1882年成立的瑞士饭店协会（SHA）是代表瑞士饭店业的官方组织，非常注重教育及培训。1893年，该协会创建了瑞士洛桑饭店管理学校；随后，协会在瑞士国内陆续建立了20多家培训饭店，后又根据行业发展需要，创立了理诺士及THUN两所饭店学校。

除瑞士饭店协会外，瑞士酒店学校协会、英语教学酒店学校瑞士协会等也发挥积极作用。瑞士的行业协会既保证学校与行业的密切联系，也积极推动瑞士旅游职业教育的发展。

2. 店校合一，强调理论与实践的结合

店校合一是瑞士酒店学校的最大特点，也是为行业培养高素质专业人才的客观需要。在课程设置上，既注重理论，更强调实践，而实践课程所占比重更大。洛桑酒店管理学校的实践课包括操作练习课、模拟分析课、研究调查课。大量的实践操作课穿插于理论课之中，旨在培养学生的职业素养及专业能力。

3. 注重国际化办学

作为世界最大的旅游酒店教育输出国之一，瑞士的旅游酒店类院校办学目标更国际化，面向国内外招收学生及培养人才，走国际化发展路线，力求培养具有国际意识、能适应多元文化背景下国际竞争的高素质旅游酒店人才。因此，在办学方针、课程设置、师资配备、生源结构等方面都不拘泥于瑞士国内，而是从全球出发，结合旅游专业综合性特点，形成国际标准，培养国际化的专业人才，以适应各个国家的旅游人才需求。例如，洛桑酒店管理学院招收来自世界近百个国家的留学生，授课语种分为英语和法语，为学生创造各种行业交流及国际交流的机会，提供最新的行业国际动态，在全球范围内选择实习地点，通过教学实践与国际接轨。

瑞士的酒店管理学院也非常重视知识更新及继续教育。瑞士酒店的中级管理者必须受过技工教育，并且在实际岗位上工作一年以上；高级管理者必须经过中级培训，并且在中级岗位上工作数年。在每次晋升之前，都必须返回学校进行知识更新及培训。

二、美国旅游职业教育

（一）概况

美国的旅游高等教育始于20世纪20年代。到40年代，美国的酒店数量快速增加，对酒店人才尤其是中高级人才需求增加，美国的酒店管理与接待服务教育业迅速发展，但主要侧重于业务操作技能。截至20世纪80年代，共有75所高等院校和300多所中等学校开设旅游专业，初步形成了美国旅游教育体系。20世纪90年代，美国旅游教育朝高层次发展，约有280所大学设有本科以上的旅游专业。目前，美国的旅游教育体系分为两类：第一类是以培养管理人员为主的本科及研究生教育，重视理论知识的传授；第二类是以培养行业实际操作人员为主的职业教育，较为重视学生的技能培训。

1922年，康奈尔大学设立酒店管理学院，开设旅游接待方面的相关课程。康奈尔酒店管理学院作为美国第一所酒店学院，被公认为世界同类酒店管理学院的卓越代表。它与瑞士洛桑酒店管理学院齐名，被公认为世界旅游酒店教育界的两大主流学派。

（二）人才培养模式主要内容

1. 培养目标

美国旅游人才培养强调学生管理能力及综合素养的培养，目标定为管理人才。在此背景下，康奈尔大学酒店管理学院致力于培养领袖级学生，将学院的使命定位为“培养21世纪业界领袖”（Hospitality Leadership Through Learning）。围绕这一目标，学院从培养学生分析问题的能力、解决问题的能力和个人综合素养等方面入手，全面提高学生的领导能力和科研能力，尤其是中高层领导管理能力。

2. 课程设置及师资队伍

课程设置方面，康奈尔大学酒店管理学院针对学生的不同需要，提供8种可供选择的课程体系：第一种，四年制本科教育课程；第二种，为期望成为酒店业领导者而设计的两年制酒店管理硕士学位课程；第三种，专门为在大学从事酒店管理教学或从事酒店管理研究工作的人员设计的授予科学管理硕士学位的课程；第四种，专门为在大学从事酒店管理教学或从事酒店管理研究工作的人员设计的博士学位课程；第五种，针对酒店从领班到高级行政管理人员的专业人员而开设的17项专业发展课程，可颁发17种专业证书；第六种，总经理培训课程；第七种，远程经理培训课程；第八种，面对高中生开设为期3～4周的暑期夏令营课程，旨在提升高中生对旅游酒店行业的兴趣及认识。

师资方面，康奈尔大学酒店管理学院的任课教师普遍拥有硕士、博士学位，大部分教师具备多年的行业工作经历。教师重视理论与实践的紧密结合，通过案例分析、专题研究、课程论文等形式培养学生的综合分析及独立研究的能力。为便于教师在教学中把握业态发展的最新情况，酒店管理中心专门组织研究人员开发教学案例。这些研究人员作为教授的研究助理，根据教授的教学需要，搜集整理企业相关案例，为教师提供鲜活的案例教学资料。

3. 产学研结合

在产学结合方面，康奈尔大学酒店管理学院推行"酒店—学院合一"的实践教学模式。学校拥有一家教学酒店——斯塔特勒酒店，每年有200多名学生受雇于该酒店，以便于加深对理论知识的理解和掌握。学院还可以通过斯塔特勒教学酒店的经营情况，开展相关的企业管理研究。

在产研结合方面，康奈尔大学酒店管理学院非常注重与业界的合作。已举办近50年的院长特邀嘉宾系列讲座（Dean's Distinguished Lecture Series）即为学院每年必办的高端学术活动，促进职业经验和社会技能的沟通与交流。

学院成立了酒店管理研究中心，成为产学研结合的重要平台。在此平台上，教师和业界人士共同合作，探讨和研发新的观点、理论和模式，提高酒店业在决策、管理和操作方面的实践水平。酒店管理研究中心每年举办4～6次产业圆桌会议，举办产业领袖系列讲座（Industry Research Leaders Guest Series），学界、业界专业人员共同探讨酒店业发展的重大议题，并应用于产业实践。

（三）康奈尔模式主要特点

1. 政府推动，行业协会主导作用显著

近一个世纪以来，美国政府逐步"建立和健全了促进产学研合作教育的政策法规，形成了鼓励各方联合，规范各方面行为的政策体系，保障了产学研合作教育的实施"。美国设有白宫旅游政策委员会，负责制定国家的旅游发展政策。其他职能通过产业政策和市场引导，行业协会、企业及教育研究机构发挥重要作用。如美国饭店业协会（AH & LA）下属的教育学院（Education Institute）除了提供酒店管理专科、本科学历教育外，还为从一线员工到酒店总经理35个岗位颁发资格认证。获得该证书可申请赴北美、亚洲、欧洲、澳洲和南美洲的大学，通过1～2年的学习，获得学士或硕士学位。同时，在美国大学酒店管理专业从事教学工作的人员，必须获得美国饭店协会对其资历及能力的认证，取得饭店管理领域“高级教育导师”（CHE）专业证书，足见该协会对业界及学界的影响力。

2. 培养目标明确

美国的旅游高等教育“采纳广泛的商科视角，强调培养学生的管理能力和综合素养，目标定位为管理人才”。康奈尔大学酒店管理学院的培养目标是“通过学习成为行业领袖”。围绕这一目标，课程设置均围绕管理的角度，重视学生管理能力的培养。

3. 产学研一体化

美国是世界上实行产学研合作教育最早的国家。康奈尔大学注重产学研的紧密结合，在教学活动中结合行业的鲜活案例，培养学生的专业技能，“通过精心设置的培训专案与教育资源整合，来提高旅游管理的专业水平”。“这种半是学者，半是企业家的人才，对旅游教育的‘产研’结合起着极为重要的作用。”

三、加拿大旅游职业教育

（一）概况

能力本位的教育（Competency-Based Education，CBE）这个模式以加拿大为代表，目前已在30多个国家和地区推广。CBE模式是以能力为基础的教育，以能力培养为中心。具体而言：第一步骤，根据社会要求确定开设的专业科目，组织顾问委员会制定职业能力分析表，并且组织委员会每年对能力分析表进行一次检查；第二步骤，根据职业能力分析表制定学习包、建立学习信息资源室；第三步骤，运用已有的资源指导学生制订学习计划，按照每个学习包的指导采用不同的学习方式；第四步骤，学生自我评价，导师考核打分，不及格者再次回到上一步骤重新制订学习计划；最后按照职业能力分析表要求完成学习计划考核，并结业、就业。因此，学生是教学活动的中心，以学生能力培养为本设计教学方案。

（二）人才培养模式主要内容

1. 培养目标

CBE人才培养模式以“Competence”（能力）为本，因此根据行业/职业发展需要，以培养学生综合专业技能及职业素养为目标。

2. 课程设置及培养方式

课程设置方面，根据行业的发展变化及国际发展的现状，从职业岗位需要出发，层层分解，制定从事该职业需要具备的能力目标，以能力目标设置课程，通过有代表性的企业专家组织的课程开发委员会，首先制定课程标准（DACUM 表），其次编写教学计划，组织教学内容，最后考核是否达到这些能力要求。因此，必须打破传统的以公共课、基础课、专业课为主导的课程设置模式，引入职业的实际需求，强调以行业实际需要的职业能力为培养目标，动态调整教学方案。例如，建校于 1980 年的加拿大旅游学院，包含旅游、观光、酒店管理等专业培训项目。近年来，由于加拿大的探险旅游资源较为丰富，探险旅游成为旅游热点，但从事探险旅游的专业人士缺乏，因此，该学院围绕这一市场需求开设探险旅游专业，向学生传授探险旅游所必需的专业知识和技能，为学生提供国内外的实习机会，对考核合格的学生颁发国际行业证书。

CBE 模式兼顾学历教育与非学历教育，全日制教育与继续教育。专科学制根据专业的不同划分为两年制、三年制。加拿大旅游职业教育强调对学生服务意识及职业素养的培养，教师采用启发式教学，教学与实践结合，培养模式根据人才类型不同而多元化。

3. 师资队伍

师资方面，由专职教师和兼职教师组成。专职教师必须具备大学以上学历，5 年以上行业工作经验，并具备教学技能考核结业证书。兼职教师均为具备丰富行业工作经历的业界人士，兼职教师占教师总人数的 80%。专职教师需要不定期回到行业挂职锻炼，保证教学相长，理论与实践紧密结合。

（三）CBE 模式主要特点

1. 以能力为本位的培养目标明确

以能力为基础的教育必然以能力培养为中心。旅游行业专家在进行专业课程设计时，先综合分析行业发展状态及发展需求，通过职业分析确定培养的重点和目标。

2. 教学灵活、管理科学

CBE 模式强调根据行业发展需求制定职业能力计划表，开发各种长短不一的项目及课程体系，对学员的要求也根据职业种类不同而各异。学生可以灵活选择学制及学习方式，采用个性化的职业能力定制。但是需要组织顾问委员会参与培养方案的设计，并根据职业需求的变动每年审核、修订方案。有了这样的科学管理体系作为后勤保障，教学方式的灵活多变才能得以实现。

四、德国旅游职业教育

（一）概况

德国的职业教育采用“双元制”模式，其前身是大工业时期对技术工人的训练方式及手工业行会制度。1937 年，德国统一职业学校的名称，中央政府制订统一的教学计划，规范职业学校的赞助规定和培训基金的管理办法等，确定学生参加职业学校的学习为全国性的业务教育，统一职业教育的教学时间，并以法律形式保障职业学校的培训。1974 年，德国政府建立联邦职业培训研究所（即联邦职教所），颁布官方认可的培训职业。形成从学徒培训到中等、高等职业教育以及在职培训的完整体系。

“双元制”，即职业教育中受训者在企业中接受实践技能培训，同时又在职业学校接受与职业相关的专业理论教育和文化教育，把学校的职业教育训练与企业培训结合起来，使学生在正式工作前掌握一门技术或某种专业技术。德国的“双元制”是一种国家立法支持、校企合作共建的办学制度。

“双元制”具体表现为：学习地点包括企业和职业学校，受教育对象包括学生和学徒，师资分为实训教师和理论教师，教学内容包括职业技能培训和专业理论教学，考试形式分为实训技能考试和专业知识考试，证书包括考试证书和培训证书，等等。

德国旅游教育课程体系分为职业类、学术类两大块。旅游职业教育涉及职业技能的传播，旅游学术教育涉及学科技能的传播。德国的旅游职业教育已相当完善，根据旅游行业的岗位类别不同，主要包括初级旅游职业培训、服务业职业培训、旅游中介及旅游协会的职业培训、旅游交通职业培训、旅游与酒店服务职业培训几大块。德国旅游教育仍以职业教育为主，带有浓烈的“双元制”特点。

（二）“双元制”模式主要内容

1. 培养目标

“双元制”模式是以实践为导向的人才培养模式，凸显能力本位的培养目标。除了重视基本从业能力的培养，“双元制”还注重关键职业能力的训练，包括独立计划、实施、控制与评价的能力。

2. 课程设置

以职业活动为核心开展教学，采用分段教学、阶梯训练型课程模式。一方面，设置了文化课、专业课及实训课三类课程，突出职业技能学习；另一方面，采取综合设课方式，注重知识的实用性及知识之间的联系，拓宽学生的专业知识面，平衡文化课与专业课之间的比重。学制上，分为基础学习和主体学习两个阶段。基础学习阶段为期 3～4 学期，主要学习基础理论，不涉及专业技能学习，该阶段学习结束举行学位预考（中间考试）；主体学习阶段为期 4～5 学期，完成专业教育和专长教育层面教学，学生可选择不同专业方向，在各专业上可选择用于专业加深的专门化课程（专长教育）。在基础学习阶段，各专业方向开设相同的理论课程，只是到主体学习阶段才分成不同的专业方向，开设课程也才各有侧重。此外，为期 2 个学期的实习也安排在主体学习阶段，第一个实习学期一般安排在主体学习阶段的第二、第三学期，目的是在理论学习的基础上使学生的技能和能力得以应用和拓宽；第二个实习学期安排在最后一个学期，学生在完成毕业考试后，按要求须做毕业设计，课题一般来源于实践，帮助企业解决实际问题，从而使学生理论与实践结合，培养了学生发现问题、分析问题和解决问题的能力。

3. 培养方式

“双元制”教学培训模式以职业活动为核心，企业培训为主，职业学校教育为辅，校企结合。按照培训章程，大企业多数拥有自己的培训基地，并配备高水平具有理论知识及专业技能的培训教师。培训教师均通过德国国家统一考试取得相关资质，职业技能娴熟，具有教育学、社会学、劳动法等方面的知识储备。除在工作岗位培训学生外，许多企业都有专门的培训基地，能提供良好的硬件设备，提供全面和多样化的职业培训。在经费、设备投入和师资配备上，企业提供教师工资、实习学生津贴、设备与材料购置费等其他与学习相关费用。

教学功能方面，学校与企业的差异逐渐缩小，学校是终身学习机构，企业是学习型企业。德国的旅游职业培训也趋于专业化和高度完善化。企业会对入职申请者进行为期 3 年的学徒培训，并让其在初级职业学校或中等职业学校进行脱产学习。职业学校教育可以每周 1 次，也可以根据个人情况进行全职培训，一年后中期考核，考核分为理论和实践两部分。若取得高等级的教育资质，可缩短培训期限。学徒经过初级职业教育培训后，工作 5～7 年便可参加旅游、酒店等职业的高级技工资质考试。通过完整的职业培训，学校与企业相配合，使学员掌握扎实的专业技能。

4. 考核方式

为保证公平、公正、规范，职业教育的考试由独立的行业协会承担。行业协会成立由雇主联合会、工会及职业学校教师三方代表组成的专门考试委员会，制定或组织考试考核。

（三）“双元制”模式的主要特点

1. 政府支持及法律体系的保障

德国“双元制”模式的推广得益于联邦政府的大力支持。从20世纪30年代以来，德国政府先后颁布了系列有关职业教育的法律法规，并设立了包括立法、司法、行政和社会监督在内的职业教育监督体系，以法律的形式规范职业教育的运行及管理，保障德国职业教育的健康、良性发展。

此外，1969年颁布的《职业教育法》，对入职前和入职后培训、培训企业与受训者关系、双方的权利义务、培训机构与人员资质、监督与考核、组织管理及研究等做出明确规定，随后又相继出台《企业基本法》《培训员资格条例》《职业教育促进法》《实训教师资格条例》等系列法律法规。使得职业教育在培养目标、专业设置、学制、办学条件、经费来源、教师资质、考核办法、管理及监督等方面得到明确的界定。如此完善的法律体系也为“双元制”模式的广泛推广提供法律保障。

2. 通识教育与职业教育的贯通

由于德国十分重视职业教育的发展，因此德国教育体制的一大特点为，通识教育与专业职业教育的互通，二者之间可以灵活转换。具体为，基础教育结束后，学生可以选择在任一阶段转入职业教育学校学习；同时，学生在职业教育培训后，经过一段时间的文化课学习，可以申请进入高等院校接受学术性的专业学习。

3. 校企结合，企业发挥主体作用

校企合作，以企业为主、学校为辅，充分调动企业参与办学的积极性和能动性。学校根据各州教学计划开展理论课程教学，企业根据联邦培训规章制度开展实践课程培训。“双元制”是校企双赢的职业教育模式，企业通过参与职业教育可以获得高质量的、稳定的技术人员资源，加之法律法规的规范要求，企业愿意支持并实施“双元制”教学模式。

4. 以市场及行业需求为依托，提供就业指导

“双元制”模式凸显出政府的宏观调控及管理，也凸显出企业、学校及行

业协会的联动效应。由于教育体制与就业体制紧密衔接，市场需求及行业动态能实时体现在职业培训中，因此，培训与就业挂钩。同时，政府每年更新“国家承认的职业培训”名录，组建“职业资格早期检测系统”，重视职业咨询和指导，为职业资格标准的确定和就业方向提供信息指导。

五、澳大利亚旅游职业教育

（一）概况

20世纪40年代中期，澳大利亚政府开始重视旅游业的发展，面对庞大的旅游人才需求，高等院校逐渐开设旅游、酒店相关专业。澳大利亚旅游教育由职业教育发展而来，将旅游职业教育从高中层次经本科学历延伸至研究生层次，在职业教育与普通教育两个不同教育类型之间建立了教育和谐与教育平等的互通互认机制。

澳大利亚旅游职业教育是以终身学习理念为基础、以能力为本位、以就业为导向的模式，即技术与继续教育模式（Technical and Further Education，TAFE）。TAFE能提供多级证书，一般分为6级：初级证书、操作技能证书、技术证书、高级技术证书、文凭证书、高级文凭证书，其中1～4级证书要求达到本专业领域中特定岗位较强的动手能力；而5～6级文凭证书则要求在上述能力的基础上，具备一定的技术分析、设计能力和解决实际问题的能力。不同等级的证书，是通过学分制逐步积累完成的。一般要找到合适的工作，至少需要拿到3级证书。这种全国统一的资格证书体系不仅使学员所受的教育质量得到保证，同时，也使TAFE的办学更加合理、规范。

（二）TAFE模式主要内容

1. 培养目标

TAFE模式以能力为本位，以就业为导向，其理念基础是终身学习。TAFE模式以学生的能力培养为核心目标，既注重学生专业技术能力的培养，也注重学生各种综合能力的培养。

2. 课程设置

课程设置以旅游行业组织制定的职业能力标准和国家统一的证书制度为依据，具体内容和安排由企业、专业团体、学院和教育部门联合制订，并根据劳动力市场变化情况不断修订。课程类别包括基础课、核心课和选修课。其中，基础课、核心课全是关于学生实际能力培养的课程，每门课程的考核都以职业能力标准和国家统一证书制度为依据，最终根据考核结果授予不同等级的职业资格证书。TAFE 教育围绕能力培养和就业导向，课程设置上体现出“宽口径，厚基础，重实务”的特点。例如，澳大利亚新南威尔士大学商学院旅游管理专业的学生，除了学习经济类基础课程之外，还要学习三个关联专业的主干课程，包括旅游接待、营销学两个专业及选修一个商科专业的课程。在理论学习之外，学生还要接受实务培训，同时进行不低于 250 小时的行业实践。这种培养方式使学生具备旅游管理学、经济学等方面扎实基础和行业经验，同时掌握了管理及沟通技巧。

3.“双师型”师资队伍

由于 TAFE 学院主要为社会和企业培养“蓝领”，即技术工人，因此，对教师的要求也较高，不单具有理论知识，同时更要具备过硬的实践操作经验的“双师型”教师。文化理论课教师要具有大学本科以上学历，并受过一年师范训练；实践课教师必须要在本行业工作 5 年以上，且受过师范训练；要取得 TAFE 学院的专职教师，还至少有 3 年实践经验，以保持其能及时了解最新的专业知识和技能。在整个 TAFE 学院的教师队伍中，兼职教师的比例较大，约占教师总数的 2/3。因此，学院一般不会直接招聘应届大学毕业生。这些硬性规定使得学院中的年轻教师较少，大多数教师年龄在 35 岁以上。此外，教师还应具有人际沟通能力及基本教学技能。TAFE 学院的一个理念就是“只有教师具备了工作能力，才会教给学生工作能力”。

TAFE 学院特别注重教师的专业化发展，有的受聘教师还要到教育学院接受 1～2 年的进修，获得教师资格证书。为激励教师自我完善，在教师的聘任上，TAFE 学院一般采用合同制，需要定期考核，而不是采用终身制。TAFE 学院与企业联合倡导教师与企业员工之间的双向互动。TAFE 要求在职教育者定期去企业进行技术实践，从而确保学院教师的教学不脱离企业实际，每年任课教师会按惯例回到行业工作 2 周，而企业则吸纳教师成为行业协会会员。同时，学校邀请业内人士担任兼职教师，组建顾问委员会，指导案例开发及实务操作。

4. 培养方式

TAFE 教育是技术与继续教育，对生源没有年龄限制，并鼓励学员不断学习，建立了“学习——工作——再学习——再工作”的循环式终身教育体系。澳大利亚联邦政府建立国家职业资格构架，规范就业市场，规定技能要求高的工作岗位必须持有职业证书才能就业，旅游专业学生只有取得 TAFE 证书才能从事旅游相关专业的技术性工作，证书成为就业的必备条件，以国际认证制度的建立来实现旅游从业人员的职业化。

（三）TAFE 模式主要特点

1.“立交桥”式的教育通道

澳大利亚的旅游人才培养，既重视学历教育，又重视职业教育。大学和 TAFE 学院相同课程的成绩互相认可，大学的学生如果想获得专业技能证书，也可进入 TAFE 学院学习专业技能，TAFE 学院的学生凭学习成绩也可考入大学。很多修读 TAFE 学院课程毕业的学员可以根据 TAFE 学院与大学的课程衔接与学分互换协议，获得学历资格的认可，直接升入大学的相关专业学习，并可免修一些科目。免修程度则根据该 TAFE 课程本身的程度以及与该大学课程的相关性而定。澳大利亚的大学课程包括文凭课程及学士学位课程，文凭课程也可在 TAFE 学院修读。TAFE 提供的文凭可以与大学学分转换。澳洲的教育是终身制，而教育终身制最大的特色就是 TAFE，澳洲的教育体制允许高等教育与职业教育的相互转化。通过不同种类和层次课程的相互关联和学分互认，基本形成了互相连接的教育通道和就业渠道，使职业教育不仅是国家教育体系的有机组成部分，同时也是劳动力市场的重要内容。

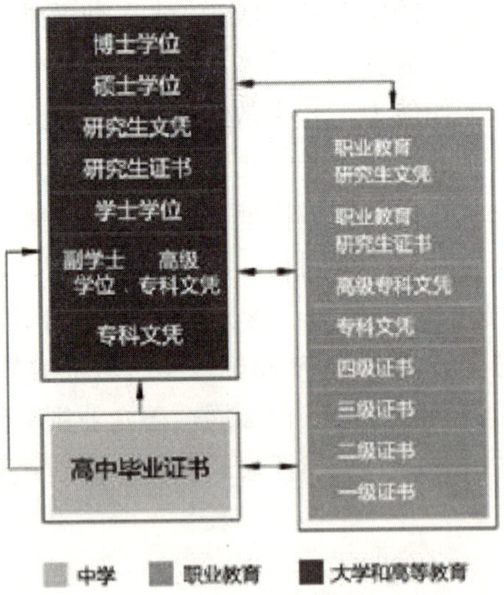

图 4-1　澳大利亚 TAFE 职教体系与高等教育的贯通

2. 以市场为导向的专业细分

澳大利亚旅游与酒店管理专业会根据市场需求进行专业细分。澳大利亚不单独开设旅游或酒店管理专业，而是根据市场需求，将旅游酒店管理专业细分为旅游管理、酒店管理、休闲管理、会展管理等细分专业。专业细分不仅可以保证课程设置的专业性和具体性，也可以帮助学生掌握具体的专业技能，明确就业方向。

3. 建立健全的职业资格体系

澳大利亚联邦政府建立并健全了职业资格体系，使得 TAFE 模式能够成为世界旅游职业教育的典范，通过建立国际认证制度来促进旅游从业人员的职业化过程，并明确规定技能要求高的岗位必须具备职业证书，旅游与酒店相关专业的学生必须获得 TAFE 证书后才能从事旅游或酒店行业的技术岗位。

六、英国旅游职业教育

（一）概况

英国产学合作教育的产生，最早可追溯到 1903 年桑德兰特技术学院（Sundland Technical College）在工程和船舶及建筑系中实施的“三明治”教育模式。所谓“三明治”模式，指在正规学习学期里安排工作学期。在工作学期中，学生以职业人的身份参加顶岗工作并获得报酬。1991 年，英国政府发表《21 世纪教育与培训》白皮书，指出要在 16～19 岁的青年中推广高质量的职业技术教育，从根本上解决职业教育脱离企业实践的弊端。

学徒制，是指在专业的从业者指导下，通过实践学习向下一代传承专业经验和技能的最有效的方法。从学校层面看，现代学徒制是一种人才培养模式，是以工学结合为核心，通过顶岗实习和订单培养等方式培养学生（学徒）岗位实践能力与基本理论知识，被认为是“学校和企业深度合作的典型模式，也是半工半读、工学交替的最佳形式”。

（二）现代学徒制的主要内容

1. 培养目标

英国现代学徒制是以培养学生理论结合实际的能力为目标，用理论知识解决实际问题。有利于学生更好地理解理论知识，掌握专业技能和相关管理知识。

2. 课程设置

英国现代学徒制加大了课程开发的力度，形成既相互联系又相互独立的课程体系，包括三大板块的课程。

（1）关键技能课程。英国政府于 1998 年在《走向成功的资格》中指出：关键技能支持个人职业生涯的转变和过渡。英国工业联盟、教育与就业部以及资格与课程署共同认可了六种关键技能：交流、数字运用、信息技术、与人合作、自我学习以及解决问题的能力。其中前三种技能属于主要的或“硬的”关键技能，通常强制性地应用于国家职业资格证书课程中；后三种属于更广泛或“软的”关键技能，几乎包含在所有的现代学徒制和国家培训计划中。

（2）英国国家职业资格课程（National Vocational Qualification，NVQ）。NVQ 体系是以国家职业资格标准为导向的职业资格证书制度。国家职业资格的标准从低到高划分为 5 个等级，逐级递进，形成一个从低到高的完整的职业资格标准体系，每个等级规定了该等级实际工作岗位相对应的知识、技能和实际工作中拥有的责任、权利范围、行为规范要求。每个等级由若干能力单元组成，每个能力单元分为若干要素，要素、单元、等级标准逐次组合，形成 NVQ 课程体系。英国的国家职业资格证书与学历等级相对应。

（3）技术证书课程。技术证书是评价具体的职业知识和理解力的证书，为国家职业资格的获得提供必要的基础知识和理解力。学习与技能委员会和课程与资格局负责开发。技术资格将与高等教育的基础学位相衔接。在职业教育系列中实行双证书，即职业资格证书和学历证书制度。

英国现代学徒制涵盖了休闲及旅游领域，涉及的具体行业包括：活动领导力、空乘、培训、运动与健身、休闲管理、休闲运营、户外项目、体育开发、旅行服务等。

课程设置为模块式教学，分三年进行。概况而言，第一年主干课程包括旅游与旅游业介绍、旅游研究技巧、旅游财务与旅游经济等；选修课程包括信息技术与旅游等。第二年主干课程包括旅游市场、旅游现象分析、旅游研究方法、旅游人力资源管理、旅游服务法律法规等；选修课程包括旅游电子商务、旅游公共关系等。第三年主干课程包括旅游管理、旅游服务心理学、旅游规划与发展；选修课程包括特殊事件管理、遗产管理等。同时，将国家认可的职业资格证书纳入学校教学内容，要求学生具备一定的职业资格。

3. 培养方式

院校与旅游企业或酒店行业都保持紧密联系，工学交替的实践部分由企业安排。与德国类似，英国也建立了合作式学徒培训的社会监督和保障体系，即工业训练协会，为学员提供标准化的职业课程培训基地，提供实践的具体岗位，并提供一定的经济补助，对培训过程进行监督和评估，将实践学分纳入终极审核体系。

学制主要分为长期和短期两种。长期的工学交替制指在学院学习和在企业工作的年限都较长。有4年制的课程，前两年在学校学习，第3年在企业工作，第4年又回到学院学习、考试，取得证书，即“2+1+1”；有5年制课程，第1年在企业工作，第二、三、四年在学院学习，第5年又回到企业，即“1+3+1”。短期的工读交替制更为常见，通常为6个月。工读交替制的学生也分为两类：以企业为依托的和以学院为依托的。以企业为依托的学生，无论是在企业工作还是在学院学习，都由企业付给薪金。以学院为依托的学生，在学院学习期间由学院提供资助，在企业时领取企业付给的工资。企业的学生可以通过学习获取更高的职业资格，改善其职业前程；学院的学生由于在企业实习，因而有可能在择业中处于优势。

4. 师资配备

产学合作的职业教育模式，必然要求教师梯队的多样性，包括专职教师和兼职教师。从业教师必须具备扎实的理论基础和丰富的教学经验，同时还必须具有行业实际工作经验。

（三）现代学徒制特点

1. 根据学生实际需求，学制灵活多样

2年制的全日制高级专业证书课程类似我国的高等专科学校，对入学的新生要求低于3年制的学位学生。全日制3年制包括“三明治”学制，其毕业生可获得学士学位，相当于英国的大学毕业生。既招收一般中学毕业生，又招收在职人员；既担负职前教育，又承担职后进修培训的继续教育；有全日制、半日制，也有夜间制，函授制。而且可以提供多级水平的课程，毕业生能获得不同的学历资格。

2. 职业资格等级与学历等级对应

英国的国家职业资格（National Vocation Qualification）标准体系，将全国职业资格证书由低到高划分为5级。第一和第二级相当于普通初中教育的毕业证书，第三级相当于普通高中教育毕业证书，第四级相当于大专和大学本科教育的毕业证书，第五级相当于研究生教育的毕业证书。由于职业资格等级与学历等级相对应，使得职业资格培训被社会广泛认可，学生可以根据自身需求选择职业发展道路或学历发展道路。同时，在职业技术教育中获得三级证书者可直接升入大学学习，另外还开设职业技术教育方面的研究生课程。

3. 政府及行业协会大力支持

为了促使企业参与教育，英国政府通过立法，确保在继续教育的学校和公立中学的管委会有企业主代表。1989年政府宣布成立培训与企业协会，目的在于让企业在当地组织中起主导作用，赋予它们培训青年的重任。从而，使学校教育与职业培训得到协调的发展。一方面，企业根据行业发展需求介入院校的教学方法及培养方式的改革，培养企业需要的职业人才；另一方面，院校根据行业需求调整教学方法，掌握行业及就业市场的动向及信息，使职业教育进入良性循环的轨道。

4. 校企合作广泛

企业广泛参与职业教育，包括：企业主在一些教育基金会等关键机构中任职，直接参与学校领导团队的活动，参与制定职业资格标准，参与对学校的评估，提供多方面的资助，与学校建立合作办学制度，提供实训设备、场地。例如，1983 年开始实行“青年培训项目”，该项目重点是让青年在工作中得到实际锻炼，也使雇主关心教育，并和学校一起承担培育下一代的责任。类似的项目还有“技术职业教育计划”及“教育—企业伙伴计划”等。

同时，学校根据社会及企业的需求设置专业，并严格按照企业或行业协会制定的标准进行教学；把职业知识纳入到学校课程，开设“工作经验课程”，最大限度地实现校企紧密合作。例如，1988 年起开展的“共训工程”以企业方为主，企业要协助学校贯彻教学大纲，提高师生对行业和企业的了解，为学生实习项目提供专家咨询，提供贯彻教学大纲所需的物质资源；为学生提供业余或暑假打工机会，有计划地组织企业参观活动，以提高学生对行业的了解，增加社会实践经验。

七、日本旅游职业教育

（一）概况

日本最初的旅游教育为中等职业教育，以民办旅游教育为主，旅游课程注重技能培养，不强调理论。1935 年创立的日本最早旅游饭店——东京 YMCA 国际饭店专科学校，只开设少量旅游课程。1967 年，日本立教大学在社会学部正式设立旅游学科，成为日本最早的四年制本科旅游教育机构，也标志着日本旅游教育从注重实践操作的应用型教育转为注重基础理论研究的旅游教育。20 世纪 80 年代后半期开始，日本的旅游业大发展，受当时《度假区法》的影响，设立旅游专业的学校越来越多。2003 年 7 月《观光立国行动计划》出台后，日本全面实施观光立国战略，旅游教育也进入全新发展时期，强调产学研合作，促进旅游业的发展。在政府的高度重视及推动下，日本的旅游教育形成从职高到研究生的完整教学体系。

（二）人才培养模式主要内容

1. 培养目标

与德国“双元制”模式、加拿大CBE模式类似，日本的产学研一体化模式是利用学校和行业、企业不同的教育资源和背景，以培养一线的应用型人才为目的。同时，相较于欧美各国，日本的旅游业发展起步较晚，因此在旅游教育上注重走国际化道路，在人才培养目标及课程设置上与国际接轨，将培养旅游业发展所需的素质高、专业知识扎实、具备国际视野的人才为目标。

2. 课程设置

为了突出实践能力的培养，适应时代发展的要求，日本的旅游职业教育体系由短期大学、专修学校、高等专门教育、企业教育等多样化教育机构组成。学科设置及课程设置上由于旅游教育涉及政治、经济、文化等多个领域，内容交叉丰富，因此日本文部科学省要求开设旅游专业的大学必须宽口径地设置学科，以适应现代旅游业发展的需求，还要求大学生必须学习相关基础文化知识才能进入旅游专业学习。根据培养对象不同，各校培养目标及课程设置上也不尽相同，也是各个学校特色所在。例如，JTB（日本交通社）旅游专科学校的旅游课程中，导游方向除必修课外，选修课为导游业务、导游英语（1和2）、差异文化沟通、旅游行程管理等；旅游规划方向除了必修课外，选修课为国内旅游资源（2和3）、差异文化沟通、旅游计算机等基础课程。由于文部科学省的严格要求，日本旅游课程内容不仅包括国际旅游文化、国际旅游产业合作，还包括旅游可持续发展、旅游与地区经济振兴等。

3. 培养方式

人才培养上注重产学研结合。日本的产业界和教育界互相配合、紧密合作。业界为了获得企业所需要的科研成果和科技人才，通过提供必要的财政资助，支持学校开展科研。同时，企业为学生提供实习场所。学校会根据行业需求有针对性地培养企业所需的人才，并与企业开展科研合作，企业邀请学界教授组建顾问团队，对企业进行技术指导，对企业员工进行培训。

4. 师资配备

旅游职业院校的师资需要职业资格及行业经验，同时注重教师的继续教育。全职教师除了具有本科以上学历外，还需要获得职业教育许可证，每年接受任职考评。同时，要求每位任课教师参加校内外进修，更新专业知识和技能。此外，日本的旅游院校还会根据课程体系优化师资结构，吸纳业界的优秀专业人士从事一定的教学活动。

（三）日本旅游职业教育的特点

1. 政府以立法的形式保障旅游教育的发展

日本政府的支持促进旅游教育的发展。为了培养社会需要的高级专门职业人才，自2000年以来，日本政府制定了一系列政策，最典型的是2003年7月颁布的《观光立国行动计划》，全面实施“观光立国”战略，强调要培养高素质旅游人才、大力发展高水准的旅游教育，后又相继出台了相应的旅游法规作为支撑体系，保证日本旅游高等教育的质量，避免走外延式发展道路，引导日本高等旅游教育循序渐进地发展。

2. 注重国际合作，走国际化办学道路

由于日本旅游教育发展起步晚于欧美国家，日本的旅游教育注重走国际化道路，借鉴欧美各国的优质经验。在旅游人才培养目标上与国际接轨，将培养旅游业内素质高、专业知识扎实的国际化人才作为目标。在课程设置上体现教育的国际化，为学生提供海外游学及海外实习的机会，并纳入教学学分。此外，突破教育在空间上的国别限制，开展联合办学等国际项目，为学生提供广泛的国际交流与学习平台。

3. 企业培训与学校教育相辅相成

日本旅游企业重视员工的基本素质和发展潜力。经过学校系统的学习，毕业生已具备一定的综合职业素质，但由于企业具体业务的差异，仍需要了解企业的具体业务及工作要求。日本企业将院校教育视为企业招聘人才不可或缺的环节，但更重视企业内训，企业大多设有人力资源培训部，为新聘用的员工组织内部培训。例如，日本最大的旅游公司日本交通公社（JTB）有专门培训内部员工的旅游大学。学校教育与企业内部培训相辅相成，企业内部培训成为院校教育的有益补充，共同为培养日本旅游业发展所需的高素质人才服务。

八、国外典型旅游职业教育体系的比较分析

通过对瑞士、美国、澳大利亚、德国、英国、加拿大、日本等国家旅游职业教育体系的资料梳理，可以较为清楚地了解旅游教育发展的历程及人才培养模式的特点。因国情不同，各国在旅游职业教育发展的策略及方针上也各异。现从培养目标、课程设置、师资队伍、培养方式及模式特点几个方面进行总结（见表4-1），以期对我国旅游职业教育体系的构建起到一定的借鉴作用。

表 4-1 国外旅游职业教育体系分析表

典型代表	课程设置	师资队伍	培养方式
瑞士洛桑模式	以人为本，定制化方式设计不同层次与类别的课程，提供三种课程、五类项目	“双师型”教师梯队，注重职业素养及知识更新，教师不定期行业挂职	严进严出的招生及毕业审核制度，注重综合能力的评价
美国康奈尔模式	针对学生的不同需要，提供 8 种可供选择的课程体系	“双师型”教师梯队，普遍拥有硕士、博士学位，大部分教师具备多年的行业工作经历	实行产学研一体化，“酒店学院合一”的实践教学模式，注重职业指导
加拿大 CBE 模式	引入职业的实际需要，根据行业实际需要的职业能力动态调整教学方案	专职教师、兼职教师并存，行业技能必备	侧重服务意识及职业素养的培养，启发式教学，教学与实践结合
德国“双元制”模式	以职业活动为核心，采用分段教学、阶梯训练型课程模式；分为基础学习和主体学习两个阶段	“双师型”教师梯队	企业培训为主，职业学校教育为辅，校企“双元”结合
澳大利亚 TAFE 模式	“宽口径，厚基础，重实务”	“双师型”教师梯队	“学习——工作——再学习——再工作”的循环式终身教育体系
英国现代学徒制	模块式教学	专职教师、兼职教师并存，行业工作经验必备	院校教育与行业实践相辅相成
日本产学研一体模式	宽口径与专业性结合；学校自主性较大	师资需要职业资格及行业经验，注重教师的继续教育	重视从业人员培训；企业建立内部培训系统；产学研结合

从表 4-1 可以看出，虽然各国旅游职业教育发展的道路不同，在旅游人才培养方式上也有一定的差异，但在师资团队、课程设置及培养方式方面仍有许多相似之处。具体而言，师资团队方面，都强调配备“双师型”教师梯队，并重视教师的知识更新及行业经验；模式特点方面，强调政府及行业协会的引导作用，突出产学研相结合的人才培养方式，重视与行业的紧密合作，坚持理论与实践相结合的人才培养道路。以上这些国家在旅游职业人才培养方面积累了丰富的经验，建立了独具特色的人才培养模式，因其鲜明的特点和辨识度，成为旅游职业教育的典范，值得我们学习和借鉴。

第二节 国际旅游职业教育的特点与启示

一、国际旅游职业教育特点

以上通过对世界主流旅游职业教育模式的分析，可以较为清楚地了解国际旅游职业教育体系的发展情况。各国旅游人才培养的定位不同，其旅游职业教育发展的特点也不同，详见表 4-2。

表 4-2 典型国家旅游职业教育的特点

典型代表	培养目标	特点
瑞士洛桑模式	培养能胜任酒店任何职位的人才	行业协会的倡导及引领；店校合一，强调理论与实践的结合；注重国际化办学；注重继续教育及职业素养的培养
美国康奈尔模式	强调学生管理能力及综合素养的培养，“培养 21 世纪业界领袖”	政府推动，行业协会引导；产学研一体化
加拿大 CBE 模式	以能力为本，以培养学生综合专业技能及职业素养为目标	能力本位，教学灵活、管理科学
德国“双元制”模式	以实践为导向，以能力为本位	政府支持及法律体系的保障；通识教育与职业教育的贯通；校企结合，企业发挥主体作用；以市场及行业需求为依托，提供就业指导
澳大利亚 TAFE 模式	以能力为本位，注重专业技能及综合能力的培养	“立交桥”式的教育通道；以市场为导向的专业细分；健全的职业资格体系
英国现代学徒制	培养学生理论结合实际的能力	学制灵活多样；职业资格等级与学历等级对应；政府及行业协会大力支持；校企合作广泛
日本产学研一体模式	培养一线的应用型人才	以立法的形式保障旅游教育的发展；注重国际合作，走国际化办学道路；企业培训与学校教育相辅相成

二、国际旅游职业教育的启示与经验借鉴

国外主流旅游职业教育体系在旅游人才培养方面积累了丰富的经验，探索并建立起独具特色的人才培养模式，成为各国旅游职业教育学习的典范。本课题组通过分析总结，归纳出以下几点值得学习的经验。

（一）充分发挥政府及行业协会的促进作用

各国政府及旅游行业协会在促进旅游人才培养方面发挥了引导、支持和规范的积极作用。以德国、澳大利亚和日本的政府为例，德国建立了完整的职业教育发展体系，颁布配套的《职业教育法》，构建了包括立法、司法、行政和社会监督在内的职业教育监督系统；澳大利亚建立了“立交桥”式的职业教育资格体系；日本也从立法的层面，颁布《观光立国行动计划》，将培养高素质的旅游人才，推进旅游职业教育的发展上升到国家层面的高度。我国现代旅游职业教育体系的建立，不能仅局限在微观层面的院校建设范畴，而应上升到国家制度层面的高度，通过政策法规明确制度体系的框架结构，帮助院校规范人才培养的模式及方案。

（二）明确培养层次、细分培养目标、优化培养方案

传统的旅游职业教育只局限于中职及高职（高专），该教育结构下培养的学生已不能适应现代旅游业对高素质应用型人才的需求。我国现代旅游职业教育应打破传统的人才培养格局，将旅游职业教育延伸至本科及应用型硕士阶段，突出职业性和实践性特点；根据行业对不同层次旅游人才需求的差异细分培养目标，优化培养方案；并根据各专业培养目标的要求，实现中高职贯通，或高职（高专）与应用型本科的贯通，或应用型本科与应用型硕士的贯通，构建立交桥式的现代旅游职教体系。

（三）通过校企合作，理论联系实际

随着旅游业在全球经济地位的逐步提高，美国、加拿大、德国、英国、瑞士等国相继制定政策，通过促进院校与企业的联动，以保障旅游人力资源的开发利用。在美国，院校往往是企业的智库，从理论和人才输送上保持与企业的密切联系。瑞士是店校合一的最典型的代表，前店后校的办学模式，将人才培养的职业性发挥到最大化。澳大利亚的 TAFE 教育就是强调为企业培育需要的操作性、职业性人才。德国以企业为核心，“双元制”要求企业设有培训基地及培养师资，配合院校的职业化人才培养。

（四）注重国际合作，走国际化办学道路。

由于我国旅游职业教育的起步晚于欧美国家和近邻日本，旅游教育应注重走国际化道路，借鉴欧美各国的优质经验。在旅游人才培养目标上与国际接轨，以培养具有国际意识、能适应多元文化背景下国际竞争的高素质旅游人才为目标；在课程设置上体现教育的国际化，为学生提供海外游学及海外实习的机会，并纳入教学学分。此外，突破教育在空间上的国别限制，开展联合办学等国际项目，为学生提供广泛的国际交流与学习平台。

第五章 构建适应旅游业发展的现代旅游职业教育体系

第一节 现代旅游职业教育体系与学生职业能力分析

一、现代旅游职业教育体系的概念解读

（一）现代职业教育的概念解读

职业教育的培养目标就是“培养具有一定理论知识和实践能力的技术技能型人才”。它的兴起和发展就是为了满足社会对技术技能型人才的需求。在市场经济发展的大背景下，职业教育也必须紧随经济发展而发展，适应大环境变迁下对人才需求的变化。现代职业教育是市场需求的产物，其市场观、产业观比其他类型的教育都强，新的形势要求职业教育的发展必须实现几个转变：人才培养由计划向市场的转变；由传统人才观向现代人才观的转变；由以学校为主体培养人才向学校、社会共同培养人才的转变；由单一传授知识向既传授知识又传授学习方法，实现素质教育的转变；由在校一次性岗前学习向终身学习的转变。

（二）现代职业教育体系的概念界定

现代职业教育体系是指适应经济发展方式转变和产业结构调整要求、体现终身教育理念、中等和高等职业教育协调发展，满足人民群众接受职业教育的需求，满足经济社会对技术技能人才需求的教育系统。现代职业教育体系以各级各类职业院校和职业培训机构为主要载体，具有适应需求、有机衔接、多元立交的特点。适应需求，就是适应经济发展方式转变、现代产业体系建设、人的全面发展的要求，遵循技术技能人才成长规律，实现各级各类职业教育的科学定位和布局；有机衔接，就是统筹协调中等、高等职业教育发展，以课程衔接体系为重点，促进培养目标、专业设置、教学资源、招生制度、评价机制、教师培养、行业指导、集团化办学等领域相衔接，切实增

强人才培养的针对性、系统性和多样化；多元立交，就是指推动职业教育与普通教育、继续教育相互沟通，实行全日制教育与非全日制教育并重，搭建职业教育人才成长“立交桥”（见表5-1）。

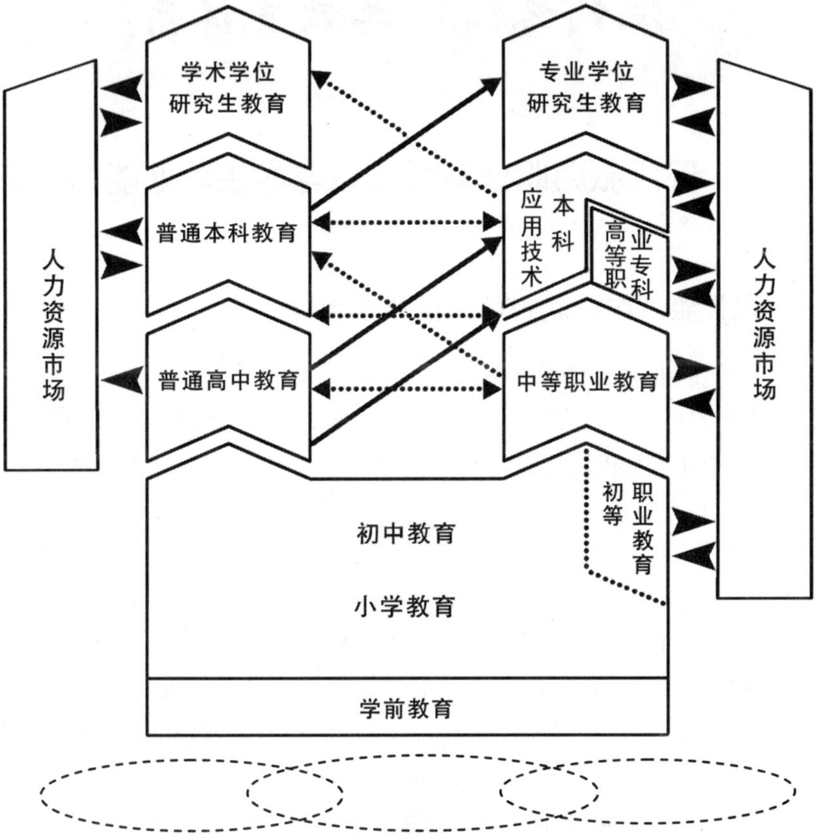

图5-1　教育体系基本框架示意图

资料来源：《现代职业教育体系建设规划（2014～2020年）》

（三）现代旅游职业教育体系的内涵

现代旅游职业教育体系是我国现代职业教育体系的重要组成部分，既包括办学的层次与内容，即与现代旅游业发展业态与技能需求相适应，上下贯通和有效衔接的由旅游中等职业教育、旅游高等职业教育、应用型本科旅游教育以及专业学位研究生旅游教育等组成的多层次的职业教育体系，能够满足各层次的旅游职业人才需求，也包括办学的体制与机制，即办学制度和人才培养模式的具体实施。现代旅游职业教育的特点首先是职业性(或行业性)，即培养的人才要满足旅游行业或职业的需求；其次是应用性，即人才培养的规格是应用型人才；再次是开放性，办学的方式是对社会开放，对行业企业开放；又次是终身性，即职业教育是促进全体劳动者可持续发展的教育；最后是地方性，即职业教育主要立足于服务区域旅游发展和地方经济社会发展需要。

二、现代旅游职业人才的核心培养目标与能力分析

培养目标是指教育目的在各级各类学校教育机构的具体化。它是由特定社会领域和特定社会层次的需要所决定的，也随着受教育对象所处的学校类型、级别而变化。为了满足各行各业、各个社会层次的人才需求和不同年龄层次受教育者的学习需求，才有了各级各类学校的建立。各级各类学校要完成各自的任务，培养社会需要的合格人才，就要制定各自的培养目标。

教育目的与培养目标是普遍与特殊的关系。只有明确了教育目的，各级各类学校才能制定出符合要求的培养目标；而培养目标又是教育目的的具体化。教育目的是针对所有受教育者提出的，而培养目标是针对特定的教育对象而提出的，各级各类学校的教育对象有各自不同的特点，因此制定培养目标需要考虑各自学校学生的特点。

（一）职业院校学生的智能特点

社会上存在这样一种看法，即职业院校学生的学习质量低于普通院校，但这是不公平也是不科学的。以普通院校的考核标准去评价，职业院校学生的成绩确实不甚理想。这是因为职业院校的培养对象，与普通高中，特别是与普通高等学校的培养对象相比，在智能结构与智能类型方面存在着本质的区别。因此，以一个标准考核、衡量所有的学生，而从根本上忽略智能的差异，显然是不公平，也是不科学的。所以，对具有不同智能结构与类型的学生应该用不同的标准考核、衡量，才是正确的做法。

意大利著名心理学家安东尼奥·梅内盖蒂创立的本体心理学，专门研究人的精神活动的原始动因和对存在的理解。他指出，人具有一种天生的智慧。这种智慧有益于同环境的互动。但由于历史的和社会的原因，人的直觉及其天生的智慧很大一部分都丧失掉了。如果找回失去的部分，人就可能获得成功。

如何找回那“失去的部分”呢？从美国哈佛大学心理学家加德纳教授的研究成果中可以获得答案。加德纳认为，人类智能是多元的，不是一种能力而是一组能力。按照加德纳教授的多元智能理论，个体身上独立存在着与特定认知领域或知识范畴相联系的七种智能，主要包括：逻辑、数理智能；言语、语言智能；音乐、节奏智能；视觉、空间智能；身体、动觉智能；交流、交往智能和自知自省智能。根据这一理论，个体由此组成的智能结构以及因此呈现的智能类型是不同的，甚至可能存在着极大的差异。

这意味着，个体的智能倾向是多种智能集成的结果。但从总体上来说，我们仍可将个体所具有的智能类型大致分为两大类：一是抽象思维，二是形象思维。通过学习、教育与培养，主要能力倾向为抽象思维者可以成为研究型、学术型、设计型的专家，而主要能力倾向为形象思维者可以成为技术型、技能型、技艺型的专家。教育的根本任务，就在于根据人的智能结构和智能类型，采取适合的培养模式，来发现人的价值、发掘人的潜能、发展人的个性。

因此，职业教育的培养对象，与相应层次的普通高中以及大学生相比，是同一层次不同类型的人才，没有智力的高低之分，只有智能的结构类型的不同。所以，职业院校与普通院校的培养对象在智能类型上的差异，决定了两类教育的培养目标的差异——社会所需要的不同类型的人才，因此它们是两类不同类型的教育。

（二）确立基于能力本位的旅游职业教育培养目标

职业教育的培养目标，绝不是被动的“知识存储器”，也不是被动的“技能机器人”。经过职业教育，“一个‘生物人’成为一个社会所需要的职业人，但又不仅仅是一个纯粹的职业人，而是一个要生存、要发展的社会人”。因此，以就业为导向的旅游职业教育既要为人的生存又要为人的发展打下坚实的基础，能力培养就发挥着至关重要的作用。

关于个体的职业能力的研究通常认为职业能力的高低取决于专业能力、方法能力和社会能力三要素整合的状态。专业能力是指具备从事职业活动所需要的专门技能及专业知识，要注重掌握技能、掌握知识，以获得合理的知能结构。方法能力是指具备从事职业活动所需要的工作方法及学习方法，要注意学会学习、学会工作，以养成科学的思维习惯。社会能力是指具备从事职业活动所需要的行为规范及价值观念，要注重学会共处、学会做人，以确立积极的人生态度。

能力三要素的整合结果决定着个体在动态变化的职业生涯中的综合能力：当职业岗位发生变更，或者当劳动组织发生变动的时候，个体不会因为原有专门知识和技能的老化而束手无策，而是能在变化了的环境里积极寻求自己新的坐标起点，进而获得新的知识和技能。这种善于在发展与变革中主动应对的定位能力，是一种更高层次的能力，常被称为关键能力，这已成为世界职业教育的共识。

综上所述，职业能力的内涵，不仅包括了专业技能，同时也包括了为掌握这些职业技能所必需的专业知识与理论基础，另外还包括为掌握这些知识与技能所需要的方法能力以及社会能力等要求。因此，旅游职业能力包含了从事旅游职业工作的知识、理论和技能，同时还包括了旅游职业岗位的通用的方法能力，如综合分析能力、应变能力、决策判断能力、组织协调能力、工作评价能力、团队学习能力、创新开拓能力等；社会能力则包括求实敬业能力、遵纪守法能力、人际交往能力、团队协作能力、开拓进取能力和参与竞争能力等。其中专业能力要求更多体现知识与能力的关系，方法能力与社会能力更多体现能力与素质的关系。在制定旅游职业教育人才培养目标时，首先应明确不同层次旅游职业教育所面向的主要职业岗位，其次是明确这个职业岗位（或岗位群）所包含的各项具体工作和任务，最后根据这些具体工作和任务明确某专业学生应具备的知识、能力与素质，再将这些知识、能力和素质经过有效的方法转化为专业人才规格。

职业教育的本质特征体现在培养目标和培养模式上，因此，不论是哪个层次旅游职业人才，其培养目标均应体现以下特点：

1. 必须面向旅游企业生产、经营、管理、服务第一线培养实用人才；

2. 必须根据旅游产业发展需求界定不同层次人才的培养规格；

3. 必须重视培养包含专业能力、方法能力和社会能力等要素的综合职业能力；

（三）现代旅游职业核心岗位调研与分析

1. 现代旅游职业核心岗位群

基于《旅游行业发展与人才需求调研报告》及《中国旅游教育年度报告》（2012年）等调研论证，目前自中职、高职（专科）、本科到专业硕士，旅游职业各层次人才培养相衔接的职业岗位主要有以下几个大的类别。

（1）旅游接待业类服务与管理岗位群。该类岗位分布于酒店、餐饮、交通、景区、各类旅游服务综合体等多种旅游服务与管理机构中，也是旅游管理专业学生最普遍的就业岗位，如酒店、餐饮等机构的接待人员、服务员等。

（2）旅游活动类服务与管理（如观光、度假、旅行等）岗位群，该类岗位主要分布于旅行社、旅游在线服务商等旅游服务机构中，如导游、导购、旅行社计划调度、综合业务人员等.

（3）旅游项目策划与管理类（如旅游产品策划、景区策划、旅游营销策划等）岗位群。该类岗位主要分布于节庆会奖公司、旅行社、旅游在线服务商、酒店、旅游规划咨询公司、景区管理公司等旅游服务与管理机构中，如各类旅游服务机构的旅游产品策划师、景区项目策划师、景区规划师等.

（4）新兴旅游业态类（如体育休闲、旅游电子商务、智慧旅游等）服务与管理岗位群。该类岗位主要分布于酒店、景区、体育商旅综合体等企业中，是伴随旅游产业快速发展而兴起的新业态中的工作岗位。

2. 现代旅游核心人才层次与结构

面对大旅游时代，任何可以满足好奇心、获得新体验的事物都可以开发为旅游产品，针对这些产品的开发、制作、服务、使用的专业人才都可以称为旅游人才，但是旅游教育不可能解决大旅游时代的所有旅游业态的人才需求，最具旅游内涵且具有不可替代性的旅游人才才是旅游教育应该关注的重点，如图 5-2 所示。

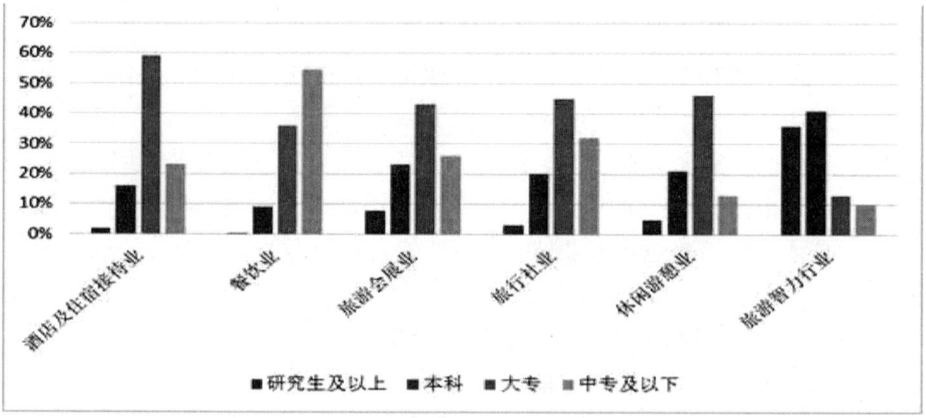

图 5-2　旅游行业人才与学历结构

（四）现代旅游职业人才的核心培养目标与能力分析

基于上述现代旅游职业核心岗位调研与分析，这些岗位（群）对旅游人才的需求，包含了从具有一定技能水平的初、中级服务者，到具有较高职业素质、文化素养和能力构成的应用性专门人才、中高级管理人才，以及具有一定创业创新能力的人才。具体来说，中等职业学校以培养高素质劳动者和技能型人才为主要目标，在现代职业教育体系中起基础性作用；高等职业学校以培养一线的高素质技能型专门人才为主要目标，以提高质量、创新体制、优化结构为主要任务，能适应社会科技的进步，满足可持续发展的需要，在现代职业教育体系中起关键作用；本科院校以培养高素质业务骨干和管理人才为主要目标，在现代职业教育体系中应该起引领作用；研究生教育以培养管理和策划人才为主要目标，在现代职业教育体系中起开拓和创新作用（见表 5-1）。

表 5-1　各层次人才培养目标定位、适应岗位和培养方法

	中职	高职（专科）	本科	专硕
人才培养目标定位	面向旅游服务"一线岗位"，培养具有本专业基本技能的服务人才。	面向旅游高级服务和基层管理岗位，培养具有本专业系统技能的高级服务人才和初级管理人才。	面向旅游初、中级专业技术岗位和基层、中层管理岗位，培养具有系统理论知识、专业实践能力和跨文化交际能力的高素质服务人才与管理人才。	面向旅游中、高级专业技术岗位和中层、高层管理岗位，培养具备国际化视野、战略思维能力和创业创新能力的高级专业技术人才与管理人才。
适应岗位	接待业普通服务人员。 如：酒店服务员。	各岗位群的高级服务、助理管理人员。 如：酒店管家式服务员、高星级酒店服务员（具体有前厅、客房、餐厅、礼宾部服务员等），各类岗位群班组领班、部门经理助理等。	各岗位群的高素质服务人员，初、中级技术服务人员，部门、中层管理人员。如：高星级酒店管家式高级服务员（接待师），旅行社或旅游在线服务商顾问型服务员（咨询师），旅游规划咨询公司策划师、规划师，酒店、旅行社、旅游在线服务商部门主管、部门经理等。	各岗位群的中、高级技术服务人员，中、高层管理人员。 如：旅游规划咨询公司高级策划师、高级规划师，各岗位群部门经理、总经理助理、总经理等。
培养方法	以传授基本知识和单项技能为载体，重在培养职业礼仪和服务技能。	以基本工作任务和生产性实训项目为主要载体，重在培养职业综合技能、素养和运行管理能力。	以"项目驱动式"教学和专业实习实践、毕业设计（实习）为主要载体，重在强化专业理论知识结构化、应用管理能力综合化。	以复杂的典型工作任务、案例和课题为主要载体，重在强化专业知识与实践的整合能力，以及管理运营的创新能力。

三、现行旅游职业教育体系的瓶颈

（一）中职旅游教育与高职（专科）旅游教育的内涵衔接不畅

目前的中高职旅游教育衔接只是解决了形式上的衔接，内部还存在许多问题，而最核心的问题是人才培养目标界定不清晰以及课程设置缺乏层次和梯度，主要表现在内容重复及层次不清。中等职教和高等职教是同一类型教育中的两个不同的层次。它们的课程结构有很大的相似之处，职业技术课程都占很大的比重，都非常重视实践性教学环节。但是，无论是专业理论知识的深度和广度，还是实践能力的性质和范围，旅游高等职教都应比旅游中等职教高一个层次。然而现实情况不完全是这样。以旅游管理专业为例，高等职业教育的很多课程设置和课程内容与中职严重重复，重复率为30%（见表5-2）。

表5-2　旅游管理专业中职教育与高职（专科）教育主干课程设置

培养层次	人才培养目标	主干课程
中职	培养面向旅游旅行社、酒店、企事业单位服务和管理第一线的应用型人才，培养具有良好的旅行社服务与管理知识，掌握旅行社、旅游酒店各岗位基础知识和专业技能，并具有综合职业能力的高素质（技能）人才	导游基础知识、导游语文、导游业（实）务、导游政策与法规、旅游学概论、旅游资源学、旅行社经营管理、旅游营销与策划、旅游地理、旅游服务礼仪、商务旅游、旅游商品与导购、旅游职业道德与职业指导、客源国概论、市场营销、景点模拟导游、旅游景区服务、旅行社业务等
高职（专科）	培养适应社会主义经济发展需要，德、智、体、美、劳全面发展，熟悉旅游管理专业基本理论知识，培养具有旅游休闲企事业机构（如大型度假区、星级酒店、旅行社、会所俱乐部及相关行政管理机构）相应岗位必备的服务与管理能力，多元文化沟通技巧、外语与计算机应用能力，能胜任旅游休闲企事业单位基层管理岗位的高素质技能型专门（应用型）人才	导游基础知识、导游业务、法律与道德、现场导游、客房服务与管理、餐饮服务与管理、饭店管理实务、饭店英语、旅游礼宾礼仪、旅游经济学、旅游企业财务管理、旅游市场营销、酒店管理概论、旅行社经营管理、宾客服务沟通技巧、旅游英语、旅游电子商务、管理学原理、财务管理、旅游心理学、旅游概论、旅游资源开发、旅游景区管理、中国旅游地理、前厅经营与管理、酒店连锁经营管理、人力资源管理

（二）高职（专科）教育的办学瓶颈

1. 多头管理的不协调问题

所谓多头管理问题，是指高职院校在宏观调控和行政管理方面分属于两个不同的管理渠道和部门，国家教育行政部门与国家劳动和社会保障部门，都是高职院校微观运行的宏观调控的行政管理部门。高职院校具有学历教育和职业资格教育的双重属性，培养区域社会需要的高技能应用型“双证书”（高职院校学生毕业必须取得国家教育行政部门承认的高等职业院校毕业证书和相应的职业资格证书）人才，同属于高职院校的使命。然而，由于目前我国高等职业教育实际存在的多头管理，彼此之间没有一定的渠道进行沟通，制约了职业教育的协调发展。

2. 市场经济背景下高职院校行政化管理与市场化运营的不适应问题

比较尖锐的矛盾冲突表现在以下三个方面。第一个方面，是高等职业教育行政化管理与引入社会第三方监督、评价机制的矛盾。目前，公办高职院校是高等职业教育的主体，引入第三方监督和评价机制，势必将加剧公办高职院校与民办高职院校的激烈竞争。第二个方面，多元办学与公办高职的公平竞争问题。公办高职院校面临着不公平的竞争政策环境（如招生、财政拨款等），主要表现在公办高职与各类院校之间的衔接贯通受到限制，要突破这一限制，意味着高职院校将迎接来自不同层次和类型高等教育主体的直接挑战，而目前高职院校无论从教育资源、师资队伍的层次结构和学术水平都不具有显著的竞争优势。

3. 学历与非学历职业教育双规运行的不兼容问题

一是以高职院校、普通高校和成人高校为办学主体的学历教育。二是以企业和社会高等职业教育的培训机构为主体的非学历高技能应用型人才培训。由于从事旅游高等职业教育的教师缺乏旅游行业的实践经验，教学内容只能局限于自己原来的教学领域，缺乏旅游实践领域知识，这使得高等职业教育的应用性、职业性问题得不到来自业界的支撑，解决这个问题需要企业参与高等职业教育，要为企业实行产学融合提供政策保障。

在开放条件下，高职院校、普通高校和成人高校会面临共同参与以学分互换为焦点的高等职业教育竞争，高职院校发展方式转型需要解决一系列难点问题。首先是高职院校师资队伍整体的学历层次、学术水平有待提高；第二是高职院校目前的实训教学基地建设还比较滞后，有些高职院校的实训教学基地还赶不上技师学院；第三是高职院校具有特色的高等职业教育课程建设还不尽如人意，特别是服务区域经济发展、能够满足区域社会转型、适应产业结构调整和产业升级的项目课程体系建设；第四是高职院校向上发展的动力不足，目前状态下还难以为普通本科院校（特别是应用型本科高校）提供相应的学分课程，参与专科层次以上的高等职业教育竞争。

（三）旅游本科教育人才培养模式的学术化倾向

现行旅游职业教育体系存在的最为突出地问题是纵向衔接、上下贯通问题，即中高等旅游职业教育与应用型旅游本科教育及旅游专业学位研究生教育的衔接问题。目前，我国的中等、高职阶段的旅游职业教育成效显著，培养目标明确，人才受到欢迎，其为当地经济发展的需要提供了支持和保障。但是应用型旅游本科教育仍然长路漫漫。从《中国旅游本科教育年度报告（2014）》来看，尽管旅游管理专业培养目标能够体现旅游本科教育重视应用型人才培养的总体趋势，能够开展校企合作，但是比较突出的共性问题体现在：第一，人才培养目标定位和市场、行业需求错位；人才培养仍然沿袭学术人才培养的方式，课程体系多注重学科知识的体系性、逻辑性，而实践性有所欠缺；缺乏“双师型”教师和专业领军人物；旅游教育教学的理念与模式较为落后，行业发展的新理念、新要求没有及时反映在旅游人才培养的教育教学中；教材陈旧、设备落后；等等。实际上，旅游本科教育要解决的关键问题是适应高等职业教育的培养目标，在明确培养目标和培养任务的前提下，进一步规范旅游高等职业教育的专业设置，搞好专业课程体系建设和教学研究，培养适应市场需要的有用人才。目前我国现代旅游职业教育体系呈现“断头”现象，应用型旅游本科教育是现行旅游职业教育体系的瓶颈，也是构建现代旅游职业教育体系的关键环节和突破点。

（四）旅游专业硕士教育尚处于起步阶段

旅游专业硕士教育尚处于起步阶段，专业设置单一，具有行业经验的师资队伍力量比较薄弱，专业硕士的培养质量距离培养目标尚有一定的差距。

四、现代旅游职业教育体系构建

旅游职业教育需要建立体系内上下衔接，体系外相互转换的现代教育体系。目前我国的旅游职业教育体系已初步建立了初、中、高三级层次，专科层次比较成熟，本科层次定位不清，研究生层次才刚刚开始，还没有博士层次的旅游高等职业教育。旅游职业教育各层次之间还没有真正科学、有机地衔接起来，也就是说还没有搭起真正的立交桥，更谈不上“网状”体系了。

打通从中职通向专业硕士、博士层面在本科阶段出现的瓶颈，建立完善的应用型本科教育体系是目前建立旅游职业教育体系的关键所在，因此在下面的研究中将主要探讨旅游职业教育在本科层面的改进问题。

第二节 构建适应现代旅游职业教育体系的人才培养模式——突破本科瓶颈，建立顺畅体系

人才培养模式是指学校为实现其培养目标而采取的培养过程的构造样式和运行方式，它主要包括专业设置、课程模式、教学设计、教育方法、师资队伍组成、培养途径与特色、实践教学等构成要素。同一类型的人才可以有不同的培养模式，但具体到某一种模式，必然有其独特的构架。高等职业教育要真正与普通高等教育齐头并进，必须构建适应社会发展需要、具有鲜明特色的人才培养模式。现代旅游职业教育也不例外，但是，目前旅游职业教育尤其是旅游本科教育缺乏广泛的社会合作，与企业缺乏有效的沟通与协调，导致学生所学与企业和社会所需严重脱节，造成教育资源与人力资源的双重浪费，使得毕业生在就业市场中失去了应有的竞争力。因此，为适应现代旅游职业教育体系的要求，不同层次的旅游职业教育尤其是本科层次的高等教育的培养体系应在培养目标、教学方法、师资和教学质量评价方面进行重新构建。在培养目标方面，突出应用，将“教育”“职业”“技能”“技术”等关键词融入培养目标，优化不同层次的人才培养方案。处理好知识与应用、学习生涯与职业生涯的关系。基于应用型旅游本科教育是构建现代旅游职业教育体系的关键环节和突破点，本节以应用型旅游本科教育为例重点探讨人才培养模式的构建。

一、课程体系设计

依据应用型本科教育的科学内涵及旅游专业人才培养模式的要素分析，旅游本科教育必须以旅游应用能力为主线设计专业课程体系，组织开展教学活动和教学评价。

（一）转变课程设计理念，优化课程设置

1. 坚持知识系统和能力系统设计并重的指导思想

知识系统重在奠定学生的理论基础，使学生具备可持续发展的潜力，能力系统重在培养学生的实际应用能力。在课程体系设计时，既要统筹考虑基础课程，解决知识的传输问题，即“教什么、如何教”的问题，又要整体设计实践课程和实践教学环节，解决能力的培养问题，即“做什么，如何有效做”的问题。

2. 依托办学优势，整合基础理论课程，优化学校专业特色课程

旅游专业理论课程一般包括管理学、经济学、地理学、人类学、社会学、心理学、旅游政治学、旅游美学等。学校要依托办学优势，统筹各学科知识，将一些有交集的课程进行整合，整合基础理论课程（专业基础理论课和旅游基础理论课），同时要聚焦专业方向和专业特色，设置研究重点和发展方向都有较大特色的课程，优化课程体系和课程设置。

3. 把握旅游发展脉搏，开发前沿课程，拓展素质课程

旅游产业的迅猛发展需要旅游领域的知识不断更新，旅游教育理应把握旅游实践发展的脉搏，关注实践中的问题，及时地将新内容或学科前沿研究动态补充到教学中，开发新课程，同时在教学中将反映科技进步和经济社会发展趋势，反映职业与职业教育、高等教育的发展趋势的相关内容和要求列入教学计划，拓展素质养成课程。

（二）课程体系构建

旅游本科教育的培养目标，应坚持综合素质、专业知识和创新能力辩证统一的原则，构建宽厚的理论基础，提升学生的专业智慧，发展学生的专业执行能力，为国际和国内旅游业输送优秀人才。依据该目标，课程体系应包括以下几个课程模块（表 5-3～表 5-6）：

表 5-3　通识教育课程

课程模块	具体课程
基础技能类	英语、写作、计算机应用、体育与保健等
人格养成类	德育、政治、法律、哲学、礼仪与沟通、心理学、美学等

表 5-4　专业基础知识课程

课程模块	具体课程
工具类	高等数学、统计学、市场调研与分析、文案与商务写作、制图、网页制作
经营管理类	经济学、管理学、管理心理学、人力资源管理、信息管理、会计学、财务管理、战略管理、市场营销、经济法等
历史文化社会学类	文化学、社会学、历史学、西方社会文化、中国哲学与传统文化、跨文化沟通、民俗学、宗教知识
地学林学类	地理学、园林学、人文地理
规划策划类	策划学、决策学、创造学、谋略学、传播学、信息学、建筑学
旅游类（细分为旅游管理类或其他专业，例如，旅游服务与管理等）	旅游学、旅游法、旅游文化、旅游经济、旅游目的地管理、旅游社会学、旅游地理、旅游资源学

表 5-5　专业应用能力核心课程

课程模块	具体课程
旅游景区开发与规划类	旅游地图、区域地理、旅游资源学、景区旅游开发与规划、区域旅游开发与规划、旅游策划、旅游线路设计、景观规划设计原理、景区环境管理与规划、景区规划设计（包括园林设计）、景区建筑设计、景区旅游规划（详规）、案例研究与分析等
旅游策划与设计	旅游策划学、旅游企业形象策划、旅游营销策划、旅游项目策划实务、旅游产品策划实务、旅游节事活动策划、旅游演艺策划、娱乐场馆及活动设计、旅行线路设计（或者，策划设计模块：城市休闲空间设计与规划、区域旅游规划、旅游市场调研与预测、活动策划与管理、旅游环境解说系统设计、主题公园经营与管理、旅行社计调、旅游法规等）
休闲服务管理	城市游憩理论与实务、旅游度假区开发与管理、国家公园规划与管理、娱乐与休闲场所经营与管理、休闲经济服务与管理、文化遗产管理、景区旅游管理、导游业务
旅游景区管理	景区旅游管理、景区运营管理、景区管理信息系统及设计、景区解说系统设计、电子商务与景区营销、主题公园经营与管理、国家公园管理、遗产地管理、景区营销、案例研究与分析等
旅游企业管理—酒店管理类	旅游企业战略管理、酒店服务质量管理、酒店投资决策、酒店规划设计与设施管理、酒店收益管理、酒店经营管理、酒店管理信息系统、酒店督导管理、酒店营商环境、酒店工程管理、康乐管理、案例研究与分析、酒店管理综合实训等

续表

课程模块	具体课程
旅游企业管理—餐饮管理管理类	旅游企业战略管理、食品原料与采购管理、餐饮企业成本控制、餐饮产品开发与设计、餐饮经营与管理、宴会与会议业务管理、食品营养与卫生、餐饮企业信息化管理、餐饮集团化经营与管理、案例研究与分析、餐饮活动策划与管理综合实训等
旅游企业管理—旅行社管理类	旅游企业战略管理、旅行社经营管理、旅游产品营销、旅游电子商务、客户关系、旅游传媒、案例研究与分析、旅行社管理综合实训等
旅游企业管理—会展策划与管理类	会展融资、会议策划与管理、展览会策划与管理、奖励旅游策划与组织、公司活动管理、节庆策划与组织、婚礼策划与组织活动风险管理、会展场馆经营与管理、会展与节事营销、会展文案、展示设计与搭建等

表 5-6 专业交叉应用课程

课程模块	具体课程
国际旅游	国际旅游、客源国概况、国际贸易、服务贸易、旅游跨文化行为、谈判艺术
旅游创新与可持续发展	旅游业态创新、旅游学理论研究进展及趋势、旅游环境管理、旅游投资与经营环境、生态旅游管理、旅游治理、旅游社会组织、旅游安全与危机管理、绿色旅游管理
企业经营管理类	旅游投资与经营环境、旅游服务营销、消费者行为学、商业伦理与企业社会责任、旅游品牌管理
休闲游憩类	休闲学、城市游憩、娱乐与休闲场所经营与管理、主题公园经营与管理、活动策划与管理、自助旅游、生态旅游
酒店管理类	国际酒店集团化管理、度假酒店开发与经营管理、会所经营管理、活动策划与管理等
餐饮管理类	食品营养与卫生、食品原料知识、美食与美酒赏析、茶艺与茶文化等
人文修养类	中国传统文化、旅游美学、文学赏析、美术摄影等

除此之外，还应有向学术型教育转型与提高的系列课程等。

（三）强化实践教学体系

实践教学体系是实现旅游人才培养目标的最基本途径。实践教学体系决定了它全部教学工作必须要面向社会，面向企业，面向具体的工作岗位，使所培养的人才最终实现从学校到工作的“零距离”过渡，即在走上工作岗位后即能适应工作环境、熟练操作、顺利完成相应的工作任务。

实践教学体系包括了校内实践教学体系和校外实践教学体系两大部分。校内实践课程体系应该紧扣以职业必备能力为目标的实践性教学课程这条主线，主要由专业技能课程组成，为进入旅游领域的工作做技能的准备和思想的准备。推出与市场相衔接、以入行实践为基础、适应全体学生就业的课程板块。

校外实践教学体系以培养学生适应能力和综合素质为目标，依托行业和社会资源，以服务地方经济为宗旨，广泛建立校外实习实训场所并逐步形成具有反映旅游不同专业特色的实践教学体系。实践教学体系有两大特点：第一，教学目标明确。要求学生学什么、掌握到什么程度等，均在大纲中有明确规定。每项实践活动可操作性强，实训评价好。第二，教学方式灵活多样。根据不同的教学内容采用不同的教学方法，如模拟训练、参观考察、顶岗实习、毕业设计等。

二、培养模式改革

（一）强化产教融合

旅游本科教育的培养目标、新技术对旅游的影响以及旅游与其他产业融合产生的新业态等，对旅游专业人才提出了更高要求，因此，为适应上述要求，旅游本科教育要改革以教师为中心、以书本为中心、以课堂为中心的传统培养方式，实施产学融合的培养模式，充分利用学校、企业等多种不同教学环境和教学资源，充分发挥其在人才培养方面的各自优势和独特作用，把以课堂知识传授为主的传统学校教育与以获取实际经验、提升实践能力为主的生产、科研活动有机结合起来。例如，位于深圳特区华侨城的暨南大学深圳学院与深圳华侨城集团公司密切合作，在教学模式、教学内容及方法上着力创新，探索出了培养高素质旅游管理人才的新路子。主要依托华侨城集团的实践基地，鼓励学生到行业实践中亲身感受和体验。其产学合作的经验有三条。一是理论与实践相结合。该院因地处华侨城社区，周围有世界之窗、锦绣中华、中国民俗文化村、欢乐谷等著名的主题公园群，有深圳威尼斯酒店、深圳湾大酒店、海景酒店等一流的星级酒店，还有华侨城中旅社、华侨城高尔夫俱乐部等。学院的学生每年在实践教学的学期中，要取得旅游企业的实践评价并写出实践的报告或论文，经教师审阅评分通过，才能取得这一项的必修学分。二是知识与技能相结合。在实践中，学生作为旅游企业员工顶岗工作，专业技能的学习和磨炼。三是人才培养与市场需要相结合。根据旅游业的国际化发展和人才市场的需要，该院发挥自身优势，灵活及时地调整专业和课程，如与地处高尔夫教育发源地的英国苏格兰爱姆伍德学院合作，在旅游管理本科专业增设高尔夫与休闲管理专业方向，依托华侨城高尔夫俱乐部及深圳地区一批良好的高尔夫基地，培养高尔夫管理与休闲业管理的本科专业人才。

（二）优化实践教学环境

产学研合作的实践环境——实践教学基地、专业实训室建设，是实践教学的重要保障。分为校内实践教学环境和校外实践教学环境两部分。校内实践教学环境包括建立实训中心、校办企业、职业技能（如烹饪）鉴定中心以及搭建创业平台。校外实践环境的运行，包括建立校董事会和校企协作委员会，建立实践教学基地，与企业建立共享专业实训室，甚至联合办学等。至于校外实践教学基地，则要充分发挥旅游行业协会的作用。行业协会对整个行业情况掌握的比较全面，而且协会本身及其拥有的行业人才队伍，是实践教学的重要平台和实践所需师资的重要资源。行业协会或学会对行业的发展提供咨询与研究服务，具有一定的行业权威性。

（三）建立实践教学评价体系

实践教学评价体系对学校的教育教学具有“指挥棒”的作用，影响专业人才培养的全过程，而实践教学评价是否能在旅游专业人才培养过程中充分发挥应有的作用，这就要看对实践教学评价检查工作能否落到实处。实践教学评价的落实需要制定目标，组织评价主体、评价内容和评价实施等诸环节。人才培养目标是进行实践教学评价检查的准绳。而实践教学评价的主体除了师生的自我评价以外，应由企业和教学行政管理部门联合执行。这样的考核结果既全面，又能充分发挥各方面的长处，使考核的结果更加合理化。实践教学评价体系应包含两个方面：一是教师实践教学绩效评价体系，二是学生实践能力评价体系。对教师的实践教学效果主要放在课程设计和教授规范上，由教学质量评价委员会和学生两方面进行评价。对学生实践能力的评价应根据实践教学目标确定评价指标，实习单位的考核与学校考核相结合。实践评价的内容是检查学生是否掌握了旅游专业所应具备的专业理论知识和各主要岗位技能和从业能力。评定的内容和标准以工作岗位中常用的和必须具备的理论知识和实践技能为评定标准。

（四）创新教学质量评价

《教育部关于全面提高高等职业教育教学质量的若干意见》（教高〔2006〕

16号）文件指出，高等职业院校要强化质量意识，尤其要加强质量管理体系建设，重视过程监控，吸收用人单位参与教学质量评价，逐步完善以学校为核心、教育行政部门引导、社会参与的教学质量保障体系。对高等职业院校人才培养工作水平的评估中强调质量指标的考核，在评估过程中要将毕业生就业率与就业质量、“双证书”获取率与获取质量、职业素质养成、生产性实训基地建设、顶岗实习落实情况以及专兼结合专业教学团队建设等方面作为重要考核指标。旅游教育的培养目标决定了其教学质量评价体系应具有自身的特色，需要在评价的组织形式、评价指标方面进行创新。在评价在组织方式方面，评价的组织形式突出评价主体多元化。应以学生为主体、包括同行教师、教学管理者、督导和校外专家和企业实际工作者参与的教学评价系统，确保教学质量能满足胜任实际工作的需要。在评价的内容方面，在掌握知识评价的基础上要突出能力培养效果的评价。在“工学结合”或“订单式培养”等高等职业教育模式下，由于实践课在高职教学计划中比例加大，传统的以“知识本位”为基础的评价指标已满足不了教学评价要求，教学方法上，启发式、互动式和现场操作教学方法需要新的评价模式，突破单一的理论传授和知识基础评价，教学效果的评价要看是否有利于学生职业素养和职业能力的提高。

三、师资队伍建设

（一）双师型教师概念的解读

高素质和实践技能强的师资队伍，是实现实践教学目标、培养学生掌握较高的实践技能的关键。应用型人才的培养目标对教师的素质提出了相应的要求，专业教师不仅要有高尚的师德，优良的品质，而且还要具有丰富的专业实践经验；不仅要求胜任专业理论课讲授，而且要能指导业务实践与岗位实习操作。这就必须要有应用型的教师，即社会普遍所称的“双师型”教师。

双师教师应具备以下几种能力。

1. 拥有职业道德教育能力。高职院校教师要熟悉相关行业的职业道德规范，并在教学中加以灌输培养。教师在工作中应坚持教书育人，为人师表，这对学生能起到良好的引领示范、潜移默化的作用。

2. 具有现代职业教育理念。现代职业教育理念的核心思想，要以学生为中心，以能力为本位，以行业需求为导向，实现人才培养目标。要因材施教，注重个性发展，在教育质量和教学效果上，要遵循满足“行业需求，满足学生发展需求”。

3. 具有进行相关行业沟通联系和相关专业技术操作的能力。必须具备行业意识，拥有与行业沟通联系的能力，并必须具有专业技术的操作技能，事实上，这是合格的高职教师必备的基本能力。

4. 具有从事课程开发的能力。随着现代产业结构不断调整变化，整个社会生产呈现出劳动分工复合化和职业技术综合化的趋势，各种新行业、新职业、新技术、新工艺不断出现，这就要求职业教育的内容必须因市场需求的不断变化而不断调整变化，这种变化也要求从事职业教育的教师，必须针对不断变化的劳动力市场，根据社会需求，进行新课程开发，职业教育教师必须具有行业调研、设计课程、编写教材、评估课程的基础知识和操作能力。

5. 具有教育教学能力。职业教育教师尤其需要具有根据行业所需的职业能力，设计教学活动的能力；针对学生制定以探究为基础的学习方案，引导和帮助学生学习、设计和管理学习资源和环境。

6. 具有教育科研能力。职业教育的行业性对职业教育教师提出了更高的要求，职业教育教师要具备科研能力，要对现代企业的新型科技、新型管理加强理解研究，在课程中加以体现，从教学实践中不断总结经验和教训，不断提高教学能力，提高教育科研的专业技能水平，用教育理论指导教学实践。

（二）双师型教师队伍的建设

“双师型”教师培养一般通过两种方式：一是高等院校的教师通过到企业去获得岗位的实践能力，成为既懂专业理论又有很强实践动手能力的“双师”；二是业界的相关层次的管理人员到高等院校任教，成为能指导大学生实践活动、参与产学合作教育的“双师”。

“双师型”教师队伍建设是提高旅游本科教学质量的关键，只靠理论型教师培养不出高素质的高职学生。因此高职教育应着力建设一支既有专业理论知识，又有较强实践动手能力，素质较高的师资队伍。整合师资力量，改革教师业绩考核评估和职称评审制度，建立更完善的考评制度，鼓励教师向双师型发展，通过有计划地赴企业考察学习与挂职锻炼，弥补实践经验的不足，提升教师的实践应用能力；聘请旅游企业资深人士作为兼职教师，全方面开展教学工作。

四、人才培养模式优化与创新的探索性实践

（一）旅游人才分层次培养模式的设计

旅游人才的培养必须与产业发展需求相适应，旅游行业对各层次人才资

源的需求在数量和业务规格上是不同的。首先，在人才的结构上要改变目前的纺锤形分布为金字塔形分布，以服务于社会为目标，调整各层次人才培养模式；更重要的是，在调整结构不合理的同时，必须充分考虑并高度重视不同层次人才质量标准各异的问题，使旅游人才的培养方向与市场需求对接，不仅要对各层次人才的培养目标有所区分，在培养模式上更要有所差别。本书提出要根据产业需要进行个性化的分层培养，针对三种不同的人才类别：高级管理研究型人才、中级管理服务型人才、初级服务操作型人才分别实行产学研相结合、教学经营一体化、工作本位学习的培养模式，培养适用对路人才，以期解决总量平衡宏观协调和单体失衡微观失调的旅游人力资源的矛盾。

旅游产业对人才资源的需求呈金字塔形分布，位于塔尖的是高级人才，顺次为中级人才，最底端是数量众多的初级服务操作型人才。各层次的人才需求除了数量上的差异，对业务规格的要求也不同。因此，各层次人才不仅在培养目标上要有所区分，在培养模式上更要有很大差别。旅游教育人才培养模式需要根据市场对不同层次人才的需求进行分层设计（见图5-3）。

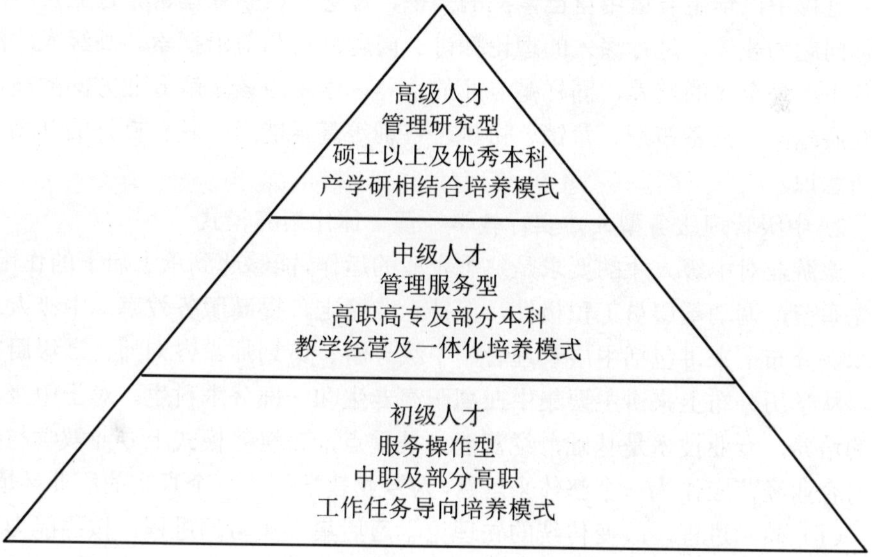

图5-3　旅游人才分层次培养模式

1. 高级管理研究型人才实行产、学、研相结合的培养模式

旅游业对高级人才的要求是能够站在前沿引领行业发展，能够开发潜在

资源，能够创造企业效益，能够规范和制定行业标准。从职业分布上来讲包括教师、理论研究者、高层管理者、高级顾问、高级策划师、高级导游等。从学历分布上来讲主要集中在硕士以上及优秀本科生。对于高级人才的培养，理论素养是基础，开拓能力、创新能力、驾驭能力是重点，采取知识学习、理论研究和行业深度参与有机结合的培养模式。

（1）知识学习。高级人才的知识学习要力争从根本上掌握产业运作规律，从宏观上把握行业发展的脉搏，从前沿上积淀深厚的知识底蕴。

（2）理论研究。高级人才的理论研究应着眼于行业发展过程中的前沿问题、难点问题、空白点问题，采取基础研究与应用研究相结合的方式，力争从宏观和中观层面推动行业发展。

（3）行业深度参与。目前高级人才的缺乏，一方面是数量少，另一方面是高学历者缺乏企业工作经验，尤其在企业运营、资源开发方面基本上是空白。因此，高级人才的培养必须通过横向课题研究、企业见习、校企合作等方式深度参与企业的实务运营，训练宏观驾驭能力和中观调适能力。

三者关系中，知识学习是基础，产业参与是途径，理论研究是核心。在培养过程中，学生要运用自己掌握的知识、理念，以企业运营、行业发展的实际问题为载体，进行深入的理论探讨、问题剖析和前沿探索。高级人才的培养也不是全才的培养，同样是专才的培养，学生应该了解专业方向的产业化发展趋向，具备策划、营销、协调、咨询等基本能力，具有良好的开拓、创新意识。

2. 中级管理服务型人才实行教学经营一体化培养模式

旅游业对中级人才的要求是熟悉企业的运作，能够起到承上启下的作用，率先垂范，调动基层员工积极性，保持企业稳定，提高服务效率。中级人才从职业分布上来讲包括中层管理者、中级导游、策划师、咨询师、高级厨师等。从学历分布上来讲主要集中在高职高专生和一部分本科生。对于中级人才的培养，专业技术是基础，经营能力是重点，在培养模式上专业教学与在实习企业经营应作为一个整体来运营，为专业教学创造一个真实的职业环境。

（1）教学进程。改变传统的先理论学习后集中实习的进程，按照能力的形成规律，将不同的理论课程和相应的实际运用组合起来，形成不同的教学阶段（可以在一个自然学年内，亦可跨越不同学年），时间灵活控制。每阶段增加一个 2～3 个月的实践学期，既是对已学理论的应用，也是在实践中发现问题，以进一步为解决问题而继续学习。整个进程的学习训练从基础到高级，从简单到复杂，从单一到综合，使学生理论运用得当，能力稳步提高。

（2）教学内容。打破传统的按学科体系设置课程的模式，根据职业岗位的分类确定功能模块。如饭店的前厅模块、客房模块、餐厅模块，景区的管理模块、导游模块、工程维护模块，旅行社模块等。将不同教学内容通过组合形成不同的学生能力模块。这样既有利于按阶段实施教学与经营一体化的培养方案，也有利于学生专向能力的培养和职业目标的确立。

（3）实践组织。根据教学内容和进程的设计，实践教学组织难度有所增大，学校应采取校企联合和自建实习企业相结合的办法来实施一体化教学。自己的主干专业、名牌专业应建立实习企业，学生实行轮岗轮训制，保证学生得到从职员、领班到经理各个岗位的职业体验。例如，瑞士洛桑酒店管理学院的教学楼是完全按酒店的模式设计建造的，学生在校学习、生活、举止谈吐、衣饰一律按酒店工作实践要求严格训练。其他专业可与相应企业合作，实行分阶段分岗位实习，部分优秀学生可能到中层管理岗位实习。

3. 初级服务操作型人才实行工作本位学习培养模式

旅游业对初级人才的要求是掌握熟练的技能和技巧，拥有良好的服务意识，吃苦耐劳，熟悉并热爱本职岗位。初级人才从职业分布上来讲包括：初级导游、各企业基层服务员和基层管理者、厨师、推销员等。从学历分布上来讲主要集中在中职生和一部分高职生。对于初级人才的培养，服务意识和职业道德是基础，服务技能是重点，在培养模式上宜采取工作本位学习的方式。

（1）工作本位学习与学校本位学习。所谓工作本位学习是由企业为主实施，提供指导人员，与学校合作制订培训计划，让学生接受一般工作能力的教育，培养积极的工作态度和受雇能力，联合活动协调企业、学校和家长之间的关系，向各方提供帮助，促使他们积极参与，使学生的发展活动与企业密切相关，以提高技能。而学校本位学习是以学校教育为主，理论课、实训课均在校内完成了，只在毕业前半年到一年在企业实习。这种以学校为本位的学习具有三个靠本身无法克服的缺陷：第一，不管学校教学内容如何先进，与经营、服务一线最新知识、最新技术、最新工艺相比总有距离；第二，不管学校实训设施如何先进，与经营服务一线最新设备相比总有距离；第三，不管学校的专业课师资如何“双师型”，与经营、服务一线技术专家、操作能手相比总有距离。

（2）以工作岗位为基础建立柔性课程结构与内容体系。初级人才的培养，课程结构和教学内容必须适应企业的现实需要。在制定教学计划时，应统筹工作和学习的需要，兼顾岗位需要的灵活性和专业学习的稳定性。根据专业培养的要求确定必修课程，组成专业学习的主干课程群，在此基础上安排适应若干职业岗位需要的选修课程，通过企业管理者、员工和学校指导教师三方共同合作，开发出帮助学生（准员工）解决实际问题、提高职业技能的定制课程，删去那些对学生所选择的职业生涯的发展无助的课程。学校要充分依托行业和企业优势，建立广泛的就业实习基地，在为企业提供劳动力的同时，也利用企业的环境及资源。教学组织中采取工学交替的学习方式，学生既是学校的学生也是企业的员工，1/3 时间在学校上课，2/3 的时间在企业实践及工作。老师一部分在学校教授课程，一部分在企业指导学生。工作本位学习强调员工的职业生涯发展与组织战略目标相结合，把员工个体的发展和组织的发展、员工个体的利益和组织的利益紧密地结合在一起。这样的课程结构和教学组织在设计思想上体现了服务学生、服务企业的理念。课程结构与内容具有更强的柔性，使学生在工作中学习，在工作中完成学业，在工作中提高技能；工作本位学习对接了企业培训和学校教育，这样培养出的初级人才更符合企业的要求，更了解行业的发展。

（二）旅游人才培养模式的创新探索（以酒店管理专业为例）

1. 教育理念创新

变革不适应时代特点、市场需要的传统教育模式，首先要改变教育理念，树立“大人才”的教育观。就饭店业而言，既需要一线操作人才，又需要基层督导人才，还需要部门指挥人才和高层决策人才；而构成这些人才的知识存在着较大的差异。大学三年或四年毕竟是短暂的，客观条件的限制使任何一所学校都不可能在如此之短的时间内将学生塑造成一位精通方方面面管理的万能人才。因此，我们在讨论相关主题时，也必须科学地区分不同层次教育的使命，才能设计出不同的教育模式并因材施教，正确地处理基础与专业、课堂与课外、教学与实习的关系，使各教学环节各司其职，相得益彰。根据高校教育的分工，酒店管理专业的人才培养分为本科和高职两个层次。前者的任务是培养企业的中、高层管理者；而后者的责任则是培养基层（初级）管理人员，或称技能型人才。定位的不同决定了人才培养模式包括课程设置、教材、教法、教学设施等的不同。

2. 教育内容创新

实现全球经济一体化，按照统一的市场规则运作，必须以提高国民素质为基础。饭店业是窗口行业，要率先实现与国际接轨，更是任重道远。教育本是一个宏观的概念，理论知识的传授是教育，操作技能的训练也是教育；课堂上的答疑解惑是教育，社会中的实践尝试同样是教育；学知识、学业务是教育，学思想、学做人还是教育。所谓素质教育涵盖了知识教育和能力培养，是一个大的命题。既然素质教育是一个宏观概念，那么酒店管理的高等教育应以什么作为其主要内容呢？中国旅游研究院教授戴斌（2002）认为：一是专业自豪感、职业理念和行为规范的养成；二是饭店服务和企业管理的感性认识；三是语言、数学、计算机、法律等工具性技能的熟练；四是经济学、管理学、营销学、财务与会计等专业基础知识的掌握；五是饭店服务系统、饭店工程系统、饭店计划与财务系统、饭店人力资源系统、发展战略系统、产业政策与行政法规系统等职业经理人必备的专业理论和管理工具的熟练掌握；六是诸如历史学、社会学、基础科学、艺术、美学、宗教、民俗等使一个职业经理人更具人文色彩的知识感悟。此外，还包括包容性、合作性、生活品位等个人修养的提升、对环境适应能力和耐受挫折意志的培养，以及组织管理能力的训练，等等。

3. 师资结构创新

学校教育的关键在于教师，因为培养目标一旦确定，教什么，怎么教便由教师来把握。从某种意义上讲，教师掌握着学生未来的命运。国外同类院校的专业教师往往本身就是企业家。针对现实条件下我国高等院校酒店管理师资的不足，笔者认为，可以用走出去、请进来，建立专、兼职教师队伍的方法弥补。“走出去”是指专职教师实行轮训制。新来的年轻教师首先到饭店去实习，从某部门服务员一级级做起，利用 1 年左右的时间，完成一个部门的实习。时间分配上可按 3:3:6 的比例操作，即服务员岗位 3 个月，领班主管岗位 3 个月，部门经理岗位 6 个月。由于服务员岗位众多，可根据教学需要进行调配。在教师完成了初次实习后，每两个教学年度都要到企业轮训半年（6 个月），了解行业的变化，与饭店人员一起研究工作中遇到的问题并探讨解决的方法。此外，院校还应创造条件，安排专业教师到东南亚和欧美国家的饭店进行实习。教师轮训后要完成一份专业报告并修订授课大纲，更新教学内容。“请进来”是指聘请企业有较好的学历背景，工作出色并具有较强表达能力的业务骨干、各级管理人员担任学院的客座教师，为学生讲授相应的专业课程。这样做的好处在于①可使课程内容更加实用；②可使学生更直接地了解企业现状和行业动态；③密切校企间的关系。对于客座教师，学院视同专职教师，如邀请参与学术会议、外地甚至境外的参观、考察等活动。

在高校体制进一步改革之前，走出去、请进来可能是解决专业师资的一种较好的办法，实施的关键在于校、企之间能否建立真正互利的机制。

4. 教材编写创新

酒店管理高等教育的主要培养目标是职业经理人，因此教材的理论应该与实践紧密相连，不能停留在抽象的概念和定义上面。解决教材问题的基础是教师的实践。笔者认为可采取下述方法：①专、兼职教师合作编写教材，彼此取长补短，既可保证教材的理论性，又能体现其实用性；②将教材分为两部分，其一为讲义，主要阐述酒店管理的基本原理、知识和方法，其二为练习，主要由案例组成；③遴选国际上认可的英文教材（如美国饭店协会教育学院的系列教材）组织行业人士与专业教师共同翻译，并结合国内酒店经营管理实际进行内容上的重新编排。目前，万豪酒店集团与国内数十家旅游院校共同编写的酒店管理专业系列教材已经出版了第一本《酒店实用英语》，为校企合作共同开发专业教材提供了范例。

5. 教学方法创新

教学方法创新主要涉及三个问题。其一是加强实践教学。管理是一门实践性极强的科学，深谙管理学原理不等于会管理，何况酒店管理者还必须真正懂饭店，所以酒店管理专业的学生必须到企业去实践。实践可分为两类：实践教学和集中实习。前者根据课程特点随堂组织；后者依靠企业，在学生完成了服务实习后，安排其分别做见习领班、见习主管、见习部门经理，每一层次两到三个月。其他专业基础课程，也应改变教学方式，例如市场调研，可针对某一热点问题组织问卷调查、专题采访等活动。其二是变被动接受为主动参与。联合国教科文组织在其出版的学会生存的报告中指出：教会学生学习，即学生通过教学不仅能掌握系统的知识，而且能获得独立的学习与更新知识的方法与能力。因此，应积极推行启发式教学，将灌输变为引导，开展必要的探究学习，把主动参与意识和发明创新能力的培养作为教学的一个目标。其三是充分运用现代技术。现代技术为酒店管理的教学创造了良好的条件，教师可将声像并茂的多媒体技术运用到课堂中，以它们的直观性、动态性和巨大的信息容量提高教学效果。

（三）构建适应现代旅游职业教育体系的人才培养模式

人才培养模式是在一定教育思想或教育观念的指导下，对培养目标和培养规格、培养过程、培养方法和途径、培养管理及培养条件和环境的系统组合，因此，适应现代旅游职业教育体系的人才培养模式构建应着力于以下几个方面。

1. 实施分层次旅游人才培养模式

不同层次的人才需求要求旅游教育不仅在培养目标和规格的定位上不同，而且在培养方法、培养环境等方面更要有很大差别。旅游教育人才培养模式需要根据市场对不同层次人才的需求进行分层设计并贯彻实施（见表5-8）。

表5-8　不同层次旅游人才培养模式重心

层次	培养重点	课程体系	培养方式	培养环境
中职	基本服务礼仪和服务技能	服务类通识课程+专业基础知识课+专业核心技能课	以传授基本知识和单项技能为载体，教学以演示和模仿训练为主	以学校仿真环境为主
高职专科	职业认同、专业综合技能和运行管理基本能力	服务和管理类通识课程+专业基础理论课+专业核心技能课	以基本工作任务和生产性实训项目为主要载体，教学以单体任务演练和实境训练为主	以学校专业实训环境，兼顾企业真实环境
本科	职业理念、综合应用管理能力	人文素养和管理类通识课程+专业基础理论课+专业核心能力课+专业拓展课	以项目教学和专业综合实习以及毕业设计为主要载体，教学以综合能力训练为主	以学校专业实训环境和企业真实环境为主
专业学位	人文精神、专业知识应用于实践的整合创新能力以及跨文化交际能力	人文素养和系统化管理类课程+系统化专业课+专业拓展课	以复杂的典型工作任务、案例和课题为主要载体	以企业真实环境为主

2. 树立系统教育观念

现代旅游人才（不论哪一层次）所具备的人文精神、专业知识以及实践能力都要求现代旅游教育必须树立系统培养观念，既要培养学生的旅游职业认同感，又要培养学生的旅游专业素养和专业能力，更要注重学生现代职业理念和良好职业操守等人文精神的培养。

3. 建立旅游产业发展驱动课程改革机制

适应旅游产业发展与转型升级的要求，建立国家旅游职业标准与专业教学标准联动开发机制。通过旅游企业用人单位直接参与课程设计、评价和国际先进课程的引进，建立对接紧密、特色鲜明、动态调整的现代旅游职业教育课程体系。

4. 建立真实应用驱动教学改革机制

创新“产教融合、校企合作、三位一体、共同培养”模式，三方联合开展旅游职业教育人才培养改革试点。大力推行现场教学、项目教学、仿真教学、案例教学、工作过程导向教学等具有现代旅游职业教育特点的教学模式。高度重视旅游创新案例，特别是要将创业创新群体引进校园，引进课堂，引进教材。建立质量评价体系，完善学校、行业、企业、研究机构和其他社会组织共同参与的评价机制。

5. 建立人才培养衔接机制

遵循旅游人才成长规律，推进中职与高职教育在培养目标、课程内容、教学过程、考核评价等方面相衔接，形成促进技术技能人才职业素养与能力不断提升的成长通道。打通旅游职业教育在本科层面的“断头路”，实现不同层次职业教育的衔接。探索建立符合职业教育特点的学位制度，积极推进MTA专业学位课程和实践考核与有关职（执）业资格考试互认，专业学位证书与职（执）业资格证书颁发结合，专业学位教育与职（执）业准入制度有机衔接。

第三节　适应现代旅游职业人才培养模式的机制建设

一、建立开放性的、多元办学体制

自改革开放以来，特别是在高等教育大众化过程中我国高等职业教育的大发展以来，政府、学校和职教工作者一直在寻求一种能够从真正意义上实现校企合作的办学体制和机制，1999年前后曾对高等教育进行了以“共建、合作、合并、划转、协作”为主要形式的、开放性的办学体制改革，以期培养出与市场需求相匹配的、实践动手能力强的高职毕业生，满足社会经济发展对高级技能人才的需要。旅游高等教育也在寻求旅游教育与社会办学的最佳平衡点。

高等职业教育的办学特征是社会参与的。根据刘洪宇（2011）的研究，校企合作的参与主体已多达十个。在旅游教育方面，我国长期以来形成的“学校本位”的高等职业教育办学模式，人才培养目标和培养规格要求与市场需求不对称，导致旅游专业毕业生到旅游企业无法直接达到企业对人才能力的要求，导致毕业生就业难和企业招聘难的两难局面。旅游高等职业教育需要进行办学体制改革，形成以教育部门为主的，企业、行业参与高等职业教育办学为补充的产学研合作模式。

产学研合作模式的组织管理因学校和企业的不同优势而不同，通过实践教学经验总结和实习调查，目前旅游高职高专教育产学研合作模式主要有：成立校企合作理事会、校企合作成立董事会、校办企业、共建实体四种形式。各高校和企业可以根据自己的优势，选择合适的合作模式。

（一）校董事会制度

校董事会部分成员来自企业一线的资深专家，部分来自高职院校，他们共同为高职院校在每一战略阶段的重大事项如办学规模、教育产品开发、人事安排、经费统筹等问题进行研究并做出决策，由此能真正实现对企业工作岗位能力需求变化信息的及时更新，也使企业实时地掌握高职院校的发展方向。在校董事会的基础上设立理事会，由高职院校和企业具体专业领域负责人组成，使其成为专业建设的对接人。他们负责专业设置、课程安排、教材编写，做到专业围绕产业、课程围绕产品、教材围绕一线。同时，落实教研室与本专业一线骨干定期就理论课程模块与实践课程模块相结合模式、教学方法与手段进行广泛沟通，做到每一个课程单元和实训单元都有企业参与。这样的教育教学符合一线生产的要求，而不是脱离实际的空泛理论知识。这也是高等职业教育真正区别于其他类型教育的特点。这一层次分明、权责明确的全新高职院校管理体制为校企双方找到了利益的共赢点，会使企业享受到参与高等职业教育的成果和益处。

（二）校企合作共建的双元制办学制度——双元制的教学安排

“双元制”模式是以德国为代表的人才培养模式，是一种国家立法支持、校企合作共建的办学制度，这种模式由企业和学校共同担负培养人才的任务，按照企业对人才的要求组织教学和岗位培训。“双元制”中的其中一“元”是指学校，其主要职能是传授与职业有关的专业基础理论知识，接受严格的文化理论教育；另一“元”是指校外实训场所，其主要职能是让学生在企业或单位里接受职业技能方面的专业培训，在接受严格的实践操作训练，因此，这种人才培养模式又叫“双重训练制”。

（三）共同体模式——多对多的专业合作模式

建立共同体的专业联盟。这种联盟不仅仅是企业与院校的合作，而且也是不同层次的职业教育跨层次的联盟。

中高职专业办学联盟（以下简称专业联盟）定位于中高职教育在专业层面的合作共建、一体发展，是由职业院校、行业企业等有关单位作为构建主体，为了共同的目标和利益缔结盟约（合作协议）组建而成的合作发展共同体（马宗明、韩伟东、赵悦，2013）。专业联盟以系统培养技能人才为核心、以加强中高职教育教学贯通衔接和进一步深化校企合作为重点，实行具有集聚优质教育资源、提高内生活力的集约化专业办学模式。专业联盟主要由相关职业学校、企业等主体自主合作成立，是相对独立的公共实体（拥有自己的名号），但尚不具备独立法人地位。从组织架构要素的角度看，现阶段的专业办学联盟以专业为依托而成立，以中高职专业一体化建设发展、校企合作共建为纽带，将各成员主体连结为一体，具有较明显的对接产业指向。

这种模式的特点是拥有两类实体：学校和企业。一个联盟应当包括多所职业学校和企业，而一所学校（企业）也可以因不同专业属于不同的联盟。其中职业学校的主要属性表现在学校的专业、教师队伍、教学资源等，企业的主要属性表现在兼职教师、教育资源尤其是实习实训条件等。

不同层次之间的高等职业教育通过学制衔接产生关联。通过联盟实现不同层次和不同类型旅游职业教育学制上的衔接。这也就是专业联盟对于现代职教体系建设的重要意义之所在。

合作共建，优势互补，互利共赢。专业办学联盟内务成员并不因此改变其办学主体地位和性质，明确各自所拥有的权力、责任和义务。专业联盟自身明确的发展目标任务，也要充分尊重各成员的利益和需求、调动各成员积极性，致力构建优势互补、资源共享、互惠互利、责任共担的利益均衡关系，探索形成长效、稳定的合作机制，在实现联盟持续健康发展的同时，促进各成员单位共同发展。

至于地方政府举办的综合性高职院校，可以尝试实施理事会制，建立“校、企、政”共创三位一体合作关系新模式。建立健全理事会制，有利于形成以公益目标为导向、内部激励机制完善、外部监管制度健全、管理规范有序、公共服务质量高的运行机制，有利于职业院校更好地贯彻落实“以就业为导向、以服务为宗旨”的职业教育办学思想，有利于促进职业院校持续健康发展，为地方经济建设和社会发展提供智力支持和人才保障。

二、推进政府主导、行业指导、企业参与的校企合作机制建设

世界上发达国家高职教育的成功经验，无论是德国、美国，还是日本、澳大利亚，不管它们具体采取什么样的办学模式，但基本方法和路径是一致的，即以校企合作改革为办学机制。现代旅游职业人才培养模式的内涵要求旅游职业院校必须着力推进政府主导、行业指导、企业参与的校企合作机制建设。

（一）建立校企合作的激励机制

校企合作办学大多是在校企双方自愿基础上开展的合作，既是自愿合作，就应该有足够的推动力。建立激励机制，政府是关键。政府应该通过政策法规等明确引导、支持产学研结合的政策，鼓励院校、企业开展校企合作办学。当前，应根据我国的实际情况，积极借鉴国外经验，制定符合我国国情的、具有一定特色的、有利于推动校企合作办学发展的一系列政策法规。同时，通过制定一些优惠政策，如对参与校企合作办学的企业，可根据接受学生的数量和消耗企业材料的费用，享受一定的减免税等，以此吸引更多的企业参与合作办学。高职院校要树立面向市场、融入社会、开放办学的思想，把开展校企合作办学视为办学道路和特色，同时在教学管理制度等方面制定鼓励学生、教师参与校企合作办学的相关政策。在政府政策的支持和鼓励下，企业方面也需提高认识，重视人才培养和技术革新，把开展校企合作办学纳入企业发展规划，以此推动自身的改革和发展。

（二）建立校企合作的调控机制

校企合作，院校是主体。政府通过文件、法规及建立稳定的行业组织指导、协调校企合作办学的开展是十分必要的。但更主要的是院校自身必须建立一种根据市场、企业变化随时适应、调整的机制，能够主动适应变化调整办学方向、专业设置、培养目标、人才规格、办学规模和教学内容方法等，其途径是建立起“社会需求调查——决策——调整——适应”的机制。首先，成立由行业主管部门、行业协会、行业企业、教育主管部门、人事部门以及地方政府代表组成的“产学研结合指导（顾问）委员会”，其基本职能是宏观调控校企合作办学的发展，统一协调解决校企合作办学过程中遇到的问题，为校企合作办学的发展提供咨询、指导与服务等。其次，应成立专业建设指导（顾问）委员会，委员会应由具有丰富经验的技术人员、管理人员及学校的专业教师、教育专家等组成。其基本职能是：根据人才市场需求的现状与变化，进行专业设置与调整；根据岗位（群）职能变化，提出专业培养目标、

专业及岗位的知识结构、能力标准、技能训练要求；根据以能力为中心的思想，制订专业教学计划、课程教学大纲、技能训练大纲、教材编写计划、知识与技能的考核标准与方法、指导毕业设计，为本专业提供就业指导及职业继续教育发展方案等。通过组织职能的发挥，校企合作办学必然能建立起一种主动适应、自我调节的机制，使校企合作办学真正具有生命力。

（三）建立校企合作的保障机制

建立保障机制，政府、高校、企业三方各有责任。校企合作办学在宏观上应是严格规范的，国家须有强有力的法律制约；在微观运作中也应是有章可循、有据可依的，校企双方应该责权利明晰。政府应在有关文件法规中明确校企双方在校企合作办学中各自的地位、作用、权利、义务和相互关系等；校企双方应通过签订协议等形式明确各自责任，如学校如何保证人才培养质量，如何保证企业用人的优选权，如何保证为企业提供培训、科技支持等，企业如何保证在条件、人员上的支持，如何保证学生实训任务安排等。通过建立有效的保障机制，防止短期行为和流于形式，有利于在产学研结合运行过程中规范双方行为，形成契约机制，保障校企合作办学长期稳定开展。

（四）建立校企合作的评价机制

成熟的校企合作办学的评价应该是市场规则来评价与检验的，在目前的发展初期，校企合作办学持续、健康发展需要建立一套科学合理的评价机制。政府、校企合作办学双方以及社会都想要也应该了解这项工作的全面情况，需要对其进行综合检验与评估。而校企合作办学的内涵与外延极其复杂，有“软”的指标，包括培养人才的质量、管理的科学化程度等；也有“硬”的指标，如培养人才的数量、效益，合作企业的成本、产值等，只有通过有效的评价机制，才能够检验校企合作办学形式的正确与否、效率快慢、效果好坏、效益高低及成熟度等。建立评价机制，包括政府与高校两个方面。政府应建立对校企合作办学工作的评估体系，促进校企合作办学工作的规范开展，同时在政府对高校的评价工作中加大对开展校企合作办学方面的评价权重；高校与企业也应制定各自开展校企合作办学工作的具体评价指标，纳入各自的质量保障体系中，以不断检验、改进校企合作办学工作。

（五）构建有利于双师队伍成长的人事运行机制

当前，旅游教育发展的瓶颈是师资队伍的结构性矛盾，即缺乏既具有实际经验又具备专业理论知识的双师型专业教师。教师队伍的专业化能力堪忧，相当一部分教师远离行业，脱离社会实践，特别是一大批高等院校毕业直接到院校任教的青年教师（包括本科生、硕士生乃至博士生），更是缺乏起码的实践经验与专业素质，自身动手能力不强，极不适应实践教学的改革。他们的专业化能力远远跟不上实践教学改革的步伐，知识补充不及时，不熟悉行业发展的动态，更缺少对行业的同步跟踪和深入研究，教学内容缺少针对性，教学演示和动手能力不强，实践教学效果不理想；另外，实践教学没有相对稳定的专职教师队伍，很多实践与改革多是孤军作战、缺乏团队的支持和必要的财力、智力方面的支撑，导致最终难以为继，或浅尝辄止。

解决这个问题的有效手段，就是构建有利于双师队伍成长的人事运行机制。即校企合作建设专兼结合的双师结构教学团队，但是，由于院校的人事制度并未形成有利于具备双师能力的教师成长，学校依然固守传统的人才引进观念，对教师队伍的学历结构、知识结构和职称结构强调较多，而对其实践教学能力要求不高，需要的人进不来，不需要的人又出不去，实践教学师资匮乏；实践教学激励机制相对滞后，缺乏激励教师开展实践教学改革的倾斜性政策和薪酬奖励，难以调动和发挥教师的积极性和创造性；职称评定政策不配套，缺乏吸引行业人员参与及院校教师参与实践的考核激励、职称晋升等政策。目前，双师型职称评定尚无完善的政策，过分强调科研论文的数量与质量，忽视甚至无视教学方面的评价，导致教师投入教学改革的动力不足。因此，要构建双师结构的教师队伍，必须致力于以下几个方面。

第一，旅游院校要转变教师管理模式，建立适应专兼结合双师结构教师队伍管理机制。①通过完善校企互通机制，建立双专业带头人与双专业骨干教师队伍，引入业界参与专业建设、课程建设、基地建设、教学资源建设等，调动行业企业高技术人员参与教学的积极性。②通过完善实践型教师激励机制和培训机制，安排专业教师做“访问工程师”，到企业挂职或脱产进行应用课题研究，到生产一线研究工作过程和岗位标准，参加国家的有关职业资格和职业技能鉴定培训。鼓励本专业教师积极参加由旅游企划与营销行业、国家劳动部门组织的各类职业资格课程培训考试并取得相应的职业资格证书，如导游证、市场营销证等。要求教师定期去旅行社、饭店、广告公司等相关企业挂职锻炼，以提高专业教师的实际操作能力。③通过聘请旅游行业技术骨干或能工巧匠到学校担任兼职教师，逐步形成实践技能课程主要由具有相应高技能水平的兼职教师讲授的机制。例如，旅游策划专业引进或聘请在旅游企划与营销企业第一线从事工作并具有丰富实践经验和教学能力的管理人员到学校任教，承担学生实践课程的培训、指导工作。

第二，创设有利于双师型教师成长与发展的环境。双师型教师的成长，不仅需要管理者的引导和组织，更需要教师的不断钻研和终身学习，不能仅靠短期的几次培训或者活动来解决，学校应当提供给教师队伍和教师个体不断成长的“土壤”。①学校制订“双师”素质教师的建设发展规划，激励教师全程参与，实现“双师”培养的制度化、常态化、自主化、实战化。②制定“双师”素质认定标准，在具体的培养措施、培养途径、培养时间、培养经费等方面全力支持，确保学校培养“双师”素质教师的工作能够真正做到规范、标准，形成完整的体系与制度。③制订详细的挂职实践计划和管理办法，组织教师到企业或行业组织轮训，进行挂职实践，确保每一名专业教师都有时间和机会到相关企业参与实践，增进常态化的“双师”培养工作，以提高专业任课教师的实践能力。④建立健全师资培养机构和制度。保证教师的培训工作能够正常顺利的开展。

第三，制定有利于稳定专任教师和兼职教师队伍的激励政策。①要有具有吸引力的政策吸引有职业背景的人才或聘任旅游企业高级管理人员参与专业建设，有兴趣成为高等职业教师，兼职教师有兴趣为专业建设出谋划策。②改进教师准入制度，例如，新进专业教师一般应具有一定年限所需专业工作经历，或者是高级以上专业技术职务或二级以上职业资格（执业资格），以鼓励支持有专业经验的人才到学校从教，使学校成为各类高层次应用型人才传授技术知识的聚集地。③建立起具有职业教育特色的教师职称评审与任职标准，使职称评审工作成为教师个人职业发展的有效推动力。“目前我国高职院校教师的职称评审标准与普通高校教师的职称评审标准基本一致，这是不科学、不合理的。”普通高校教师与职业学校教师的教学科研内容是有很大差别的，因此，在职称评审标准方面应该区别对待，应将专业经验、技能水平、教学实绩、技术开发能力等作为专业教师职务（职称）评聘的重要依据。

第四，建立分类的双师型教师考核评价机制。教师除了要取得政府规定的相关证书外，还特别注重教师的实践经验。避免单纯的以学术论文和教学时数作为考核评估指标，将教师参与课程开发、专业建设，课程建设、教学基地建设、团队活动等能力纳入教师评价体系，将教师教学改革和创新成效纳入评价体系，造就一批符合旅游教育特点的职业型教师。

三、案例：上海师范大学旅游管理专业产教融合机制探索

上海师范大学旅游学院旅游管理专业在开展应用型本科试点专业的过程中对产学融合机制进行了一定的思考和探索，具体如下。

（一）专业建设理念

适应新形势下旅游产业发展与建立现代职业教育体系的要求，深化“具有系统理论知识、专业实践能力和跨文化交流能力的高素质服务与管理人才”的培养定位，以“面向国际，服务上海，引领全国”，适应上海城市发展和建设世界著名旅游城市的应用人才需求为专业建设目标，以国际化、智慧旅游、新型校企合作为专业内涵特色，构建应用型旅游人才培养模式和教育体系，全面提升人才培养质量。

（二）产学融和机制

建立由学校和知名旅游企业共同组成的合作办学力量，以体现“国际化、智能化、产学融和”内涵特色的三大项目为突破点，在培养方案设计、课程开发、教学实施等人才培养全过程中实现校企深度融合，带动校企合作育人机制的创新。

1. 建设校园智慧旅游体验示范区

以“共建、共管、共享、共育”为指导思想，与黄山旅游景区、携程旅行网等著名旅游企业建立校企合作工作委员会，制定校企合作、工学结合运行机制的规章制度，制定合作实施方案，共建校园智慧旅游体验示范区，开展有关智慧旅游的产学研一体化工作，进一步深化产学融合的人才培养模式，具体建设内容包括共建智慧旅游校园（景区）、共同开发旅游电子商务、智慧景区管理、智慧旅游目的地管理等智慧旅游系列课程、共同培训智慧旅游人才、共同承接智慧旅游社会服务项目等。

2. 建立校内接待业综合实训中心

与现有的校企合作单位万豪集团开展深度合作，成立校企合作办学委员会，计划合作建立集教学、实训、培训、研发以及社会服务等为一体的校内接待业综合实训中心，共建产学研一体化经营性实体（具体划分为住宿接待、餐饮接待、会议接待、活动接待等实训分支设施），以此为平台深化校企合作管理机制、工学结合运行管理机制，共同开发接待业岗位标准和员工培训包；共同制定具体管理制度，以确保合作企业专家参与实训中心管理与运行，参与专业建设指导、兼职教师参与教学，学校教师参与企业运行、参与企业员

工培训和技术研发，以及社会服务、学生参与企业服务与管理等，形成“以教促训、以训促产、以产哺教”的“教学——实训——生产”一体化的运行机制。

3. 实施“校区（海湾旅游度假区）深度合作”

成立由学校、海湾旅游区管理委员会牵头，联合奉贤区旅游局、奉贤区文广局以及其他驻区旅游企业，共同组成“校区（海湾旅游度假区）深度合作”指导机构，借助校区合作的“星座文化博览会”“国际风筝会”等旅游大型活动，整合相应专业课程参与，以教师与旅游度假区人员共同指导、学生实战参与，由相应的课程教学具体实施组织，完成基于专业课程实践教学的实战型大型旅游活动组织实践，深化本专业与旅游度假区产教深度融合，推进旅游活动策划、旅游活动管理、旅游营销、旅游项目融资、旅游解说等课程，不断深化“项目驱动型的教学模式”和教学改革。

（三）产学融合机制下的阶段性成果

依托校企合作平台和产教融合机制，旅游管理专业在建设过程中取得了如下一些阶段性成果。

1. 人才培养方案得到进一步优化

该专业以服务上海城市发展与建设世界著名旅游城市为主要目标，不断适应新形势下旅游业快速发展带来的人才需求变化，从旅游产业链核心业态和主要岗位任务出发，跟踪分析各岗位工作任务所需的专业核心能力，借鉴国际代表性旅游专业院校办学经验，确定旅游管理应用型人才培养目标和规格，构建旅游管理专业应用人才培养模式与课程体系，制定完成人才培养方案。突出表现在：第一，面向需求，服务发展。该专业人才培养立足于服务上海城市发展与建设世界著名旅游城市的人才需求，支撑旅游产业快速健康发展。第二，构建能力，全面对接。解析和构建适应旅游产业主要岗位群的能力构成，制定与旅游行业、工作岗位紧密衔接的课程体系。第三，强化实践，创新教学。优化课程体系中理论课程与实践课程的结构，以国际化、信息化为引领，创新开展理论与实践教学。目前实践类课程共包括三种类型：课程中的实践环节（见习）、实践课程（专业实习，包括行业考察与实习）、生产性实习。

2. 专业课程特色进一步彰显

基于学科基础和上海城市发展需求，该专业的专业课程共划分为4个基本模块：管理学课程模块、旅游学及相关学科课程模块、方向课程模块、实践课程模块。具体如下：

管理学课程模块以国际高等旅游教育通例为参照，重点开设面向旅游主体（游客）、客体（资源）、媒体（企业）的管理类课程，如：旅游活动管理、旅游市场管理、旅游资源管理、旅游企业管理等课程。

旅游学及相关学科课程模块以旅游学基本理论和相关学科支撑为基础，突出该专业的学科渊源（如都市文化、资源环境、信息技术等学科）特点，开设具有显著领域特色（都市旅游）、区域特色（上海及长三角地区）、应用特色（信息技术）的学科课程。

方向课程模块包括接待业类课程亚模块、旅游活动类课程亚模块、旅游项目策划与管理类课程亚模块、新兴业态课程亚模块。

实践课程模块按照“课程实践环节”、“实践课程”、“生产实习”分别构建学习内容和教学方法，完善培养过程中理论知识与实践能力的结合。

3. 基于旅游产业发展驱动的教学方法体系初步形成

通过整合上海师范大学旅游学院、上海旅游高等专科学校的教学资源，以建设完成共享型旅游专业人才培养平台（校内实情、实景、实境性理论与实践教学综合平台，包括覆盖旅游产业主要业态岗位的实验室、实训岗位、模拟工作室等）为途径，推进教学方法的全面改革，形成“三段、四能、双向互动”培养模式下全新的教学方法体系，包括：项目驱动式教学，主要运用于多门课程集成式实践活动与实践教学中；理论模拟与沙盘推演教学，主要运用于专业理论、应用理论课程；实情、实景、实境教学，主要运用于理论与实践相结合内容的教学，以及校内课程实践、实习的教学中；考察与见习，主要运用于管理流程、工作任务认知，以及专业视野拓展方面的教学中；生产实践，主要运用于岗位实践能力的培养等。

参考文献

1. 赵鹏，汤利华. 旅游高等院校校企合作机制研究——以北京联合大学旅游学院为例[J]. 旅游学刊，2006（1）

2. 陈小虎. “应用型本科教育”：内涵解析及其人才培养体系建构[J]. 江苏高教，2008（1）：86～88

3. 戴斌等. 中国饭店业人才问题大讨论[J]. 中国旅游饭店，2002（8）

4. 冯年华. 深化教学改革，构建具有“十化”特点的高级应用型本科人才培养体系[J]. 金陵科技学院学报（社会科学版），2010（1）：1～6

5. 高洁. 吉林省独立学院师资队伍建设研究[D:硕士学位论文]. 长春工业大学，2012

6. 何建伟. 旅游产业化国际化背景下高素质人才培养创新探索——兼谈暨南大学深圳旅游学院的教育改革与发展[J]. 社会科学家，2006（1）

7. 黄双华，蒲利春等. 产学研合作教育是培养应用型本科人才的有效途径[J]. 科学学与科学技术管理，2004（4）：124～126

8. 黄燕玲，罗盛锋，伍进. 旅游管理本科专业实践教学体系探析[J]. 学理论，2010（26）：300～303

9. 刘春生. 发展职业教育需要良好政策环境[J].中国高等教育，2001（19）

10. 刘复兴. 教育政策的边界与价值向度[J]. 清华大学教育研究，2002（1）

11. 刘洪宇. 我国高等职业教育校企合作体质机制建设的新思路[J]. 教育与职业，2011（5）

12. 刘佳雪. 地方本科院校旅游管理专业人才培养目标定位与实现路径[J]. 吉林省教育学院学报，2012（10）：13～14

13. 刘开萌. 旅游企业策划与营销专业实践性教学体系的保障措施之我见[J]. 湖北广播电视大学学报，2013（12）：32～33

14. 马宗明，韩伟东，赵悦. 中等和高等职业教育协调发展路径探——以

中高职专业办学联盟为例[J]．中国成人教育，2013：97～100

15. 潘懋元．建立高等职业教育独立体系当议[J]．教育研究，2005（5）

16. 王兴斌．旅游企业办学正2010.4.2 http://wang-xingbin.blog.sohu.com/147524248.html

17. 魏世亮．高等职业教育办学体制改革的探索与实践研究[D：教育学硕士学位论文]．石家庄：河北师范大学，2007

18. 杨近，姚启和．高等职业教育概念的界定——兼谈高等教育类型的区分[J]．教育与职业．2000（8）：16～18

19. 张金霞．应用型本科旅游管理专业立体化实践教学体系的改革探讨[J]．中国校外教育下旬刊，2008（4）：44～45

20. 张炼．产学研合作教育若干理论问题的思考[J]．江苏高教，2000（1）：93～96

21. 张民辉．用产学合作教育模式组织高职教育的探索[J]．教育与现代化，2000（3）：22～23

22. 张念宏．中国教育百科全书[M]．北京：海洋出版社，2002.

23. 中国旅游协会旅游教育分会信息．全国高职高专旅游管理类专业发展调研报告（摘要）[R]．2010（2）

24. 中华人民共和国国家旅游局（编者）．中国旅游业“十一五”人才规划[M]．北京：中国旅游出版社．2007

后　记

编者长期耕耘于旅游教育教学一线，在旅游职业教育的持续研究及探索性实践中渐渐有了一些体会，本书便是这些体会的呈现。尽管我们已经非常努力，限于多种因素，本书在思路整理、结构安排、文字表达方面仍有些缺失与遗憾。好在我们的探索与实践将长期持续，今日的缺憾有望得以弥补。

本书的编写得到了上海旅游高等专科学校领导和老师的大力支持，校党委书记杨卫武、副校长贾铁飞及张帆教授对本书的总体框架设计给予了不余遗力的指导，王培来、曾琳、王国栋、陈为新以及张亭等老师参与了部分章节的编写，刘荣老师在资料搜集、整合以及文字校对等方面做了大量工作。

谨向上述领导与老师致以最诚挚的感谢！

编者

2015 年 2 月